세계 교회사 전통에 비추어 본

한국 기독교사

국립중앙도서관 출판시도서목록(CIP)

(세계 교회사 전통에 비추어 본) 한국 기독교사 / 김명배 지음. --
서울 : 북코리아, 2010

  p. ;   cm

ISBN 978-89-6324-064-0 93230 : ₩17000

한국 교회사[韓國敎會史]

236.911-KDC5
275.19-DDC21   CIP201000169

세계 교회사 전통에 비추어 본

한국 기독교사

김명배 지음

북코리아

머리말

    1949년 독일의 젤러(Winfried Zeller)는 세계 교회사 서술을 위한 두 개의 축, 곧 보편성과 유일성에 관해서 언급했다. 즉 전 세계 모든 교회의 역사 속에 공통으로 들어 있는 보편성과 다른 지역의 교회사에서 찾아볼 수 없는 유일한 특성을 동시에 수렴하는 교회사 서술에 대한 구상이었다. 이러한 구상에 대한 공감을 바탕으로 1981년 루카스 피셔(L. Visher)의 주선으로 스위스 바젤에서 국제교회사협의회가 개최되었다. 이 협의회는 먼저 역사적·신학적으로 분열되어 있는 세계 여러 교회의 특성을 인정하고, 이 다양한 특성들을 묶어서 하나의 통합교회사로 서술될 수 있는 가능성에 대해서 토의했다. 이 자리에서 '다양성 속에서 일치'를 모색하는 에큐메니칼 교회사 서술이 본격적으로 논의되었고, 토론과 발표문들을 루카스 비셔가 편집하여 『에큐메니칼 시각에서 본 교회사』(*Church History in an Ecumenical Perspective*)로 출판하였다.

이러한 에큐메니칼 관점의 교회사 서술방법론은 최근 한국 교회 차원에서도 활발히 논의되고 있다. 이 논의들은 에큐메니칼 시대에 상응하는 교회사 연구방법론을 제안한다. 이들은 에큐메니칼 역사 서술은 어느 특정 지역이나 교파를 위한 것이 아니라, 세계 보편교회를 위한 에큐메니칼 신학이어야 한다고 강조한다. 그런데 이 에큐메니칼 신학은 또한 자기 자신의 정체성을 더욱 분명히 내세우면서 보편성을 향한 대화의 길로 나갈 것을 강조한다. 즉 지역화와 세계화를 동시에 추구하면서 지역교회와 세계 보편교회를 서로 맞물리게 하고, 동시에 이런 긴장관계를 놓치지 않으면서 에큐메니칼 역사 서술을 모색해 나가는 것이다.

이 책은 이러한 에큐메니칼 통합교회사 서술방식에 의한 교회사 서술이다. 이 책에 포함된 논문들은 필자가 박사학위를 받은 후 세계 교회사 전통에 비추어 한국 교회사를 조망한 것으로 에큐메니칼 교회사 서술방법이 지향한 지역화와 세계화를 동시에 추구하면서, 지역교회와 세계 보편교회를 서로 맞물리고 대화를 시도한 작업들이다. 이 책을 구성하고 있는 논문들을 살펴보면 다음과 같다. 먼저 제1부 '세계 교회사 전통과 한국 기독교'는 제1장 '에큐메니칼 관점에서 본 유세비우스의 역사 서술방법론과 역사 이해에 관한 연구', 제2장 '루터의 두 왕국론과 한국 개신교'로 이루어져 있다. 이 가운데 전자는 한국 교회사에 관한 내용을 담고 있지는 않지만, 필자가 판단하기에 이 책이 지향하는 에큐메니칼 역사 서술방법론이 무엇인지를 소개하는 길잡이 역할을 할 수 있다고 생각하여 여기에 실었다. 그리고 "루터의 두 왕국론과 한국 개신교"는 필자의 석사학위(Th.M)논문 "루터의 두 왕국론에 관한 연구"를 한국 기독교와 관련시켜 다시 수정하고 정리하여 실었다. 제2부 '선교사들의 신학과 한국 기독교'는 제1장 '한말 기독교 사회·민족운동의 신학적 배경과 그 성격에 관한 연구', 제2장 '윌리암 베어드와 숭실대학' 등으로 이루어져 있다. 그리고 제3부 '에큐메니칼 운동과 한국 기독교'는 제1장 '에큐메니칼 운동의 역사와 제10차 WCC 부산 총회의 전망', 제2장 '한국 장로교회 분열의 역사와 일치추구 방안에 관한 연구'로 구성되어 있다. 이 논문들은 모두 세계 교회사 전통과 신학이 어떻게 한국 교회사 전통과 신학에 영향을 주었는지 서술되어 있다.

그러나 이상의 글들은 한국 교회사를 특정한 일관된 주제로 서술하거나 시기를 구분하여 통시적으로 서술한 역사책이 아니다. 이미 밝힌 것처럼 필자가 박사학위를 받은 후 그동안 에큐메니칼 통합교회사 서술방법론의 관점에서 써왔던 논문들을 하나의 책으로 엮은 것이다. 그러다 보니 논문의 주제들이 많이 통일성이 결여되어 있고 더 보충되어야 할 많은 내용들이 있음을 또한 느낀다. 그러나 그럼에도 불구하고 교회사 서술방법론의 통일성이라는 차원에서 용기를 내어 이 책을 내어 놓는다.

이 책이 나오기까지 많은 선생님들의 사랑과 도움이 있었다. 누구보다도 이 책을 출판하도록 격려해 주신 숭실대학교 기독교학대학원 원장이신 박정신 교수님의 사랑을 잊을 수 없다. 박 교수님은 이 책의 출판뿐 아니라, 제2부 선교사들의 신학과 한국 기독교에 수록된 두 논문을 필자가 쓸 수 있도록 주선해 주시고, 한국 교회사에 대한 학문적 조언을 아낌없이 해주셨다. 그리고 역사방법론과 세계 교회사 전통과 신학을 가르쳐 주시고 필자의 석사학위논문을 지도해 주신 장로회신학대학교 명예교수이신 이형기 교수님의 은혜를 잊을 수 없다. 이외에도 한국 교회사에 입문하도록 해주신 미주장로회신학대학교 김인수 총장님, 필자가 속한 기독교학대학원에서 잘 가르칠 수 있도록 살펴주시는 기독교학대학원의 부원장이며 사회학과 주임교수이신 이철 교수님에게 이 자리를 빌어 진심으로 감사를 드린다. 그리고 끝으로 요청할 때마다 필자의 논문을 기꺼이 출판해 주시는 북코리아의 이찬규 사장님에게도 진심으로 감사드린다.

2010년 4월 5일
김포새소망교회에서
김명배 목사

CONTENS

제2부 선교사들의 신학과 한국 기독교

제3부 에큐메니칼 운동과 한국 기독교

1

세계 교회사 전통과 한국 기독교

에큐메니칼 관점에서 본 유세비우스의
역사 서술방법론과 역사 이해에 관한 연구[1]

1. 들어가는 말

1949년 독일의 젤러(Winfried Zeller)는 세계 교회사 서술을 위한 두 개의 축, 곧 보편성과 유일성에 관해서 언급했다. 즉 전 세계 모든 교회의 역사 속에 공통으로 들어 있는 보편성과 다른 지역의 교회사에서 찾아볼 수 없는 유일한 특성을 동시에 수렴하는 교회사 서술에 대한 구상이었다. 이러한 구상에 대한 공감을 바탕으로 1981년 루카스 피셔(L. Visher)의 주선으로 스위스 바젤에서 국제교회사협의회가 개최되었다. 이 협의회는 먼저 역사적·신학적으로 분열되어 있는 세계 여러 교회의 특성을 인정하고, 이 다양한 특성들을 묶어서 하나의 통합교회사로 서술될 수 있는 가능성에 대해서 토의했다. 이 자리에서 '다양성 속에서 일치'를 모색하는 에큐메니칼 교회사 서술이 본격적으로 논의되었고,[2] 토론

---

1) 이 부분은 숭실사학회의 『숭실사학』 제23집(서울: 국학자료원, 2009. 12)에 게재된 논문을 수록한 것이다.

2) 임희국, 『봉경 이원영 연구: 에큐메니즘에 입각한 지역교회사 연구의 사례』(서울: 기독교문

과 발표문들을 루카스 비셔가 편집하여 『에큐메니칼 시각에서 본 교회사』(Church History in an Ecumenical Perspective)로 출판하였다.

　　이러한 에큐메니칼 관점의 교회사 서술방법론은 최근 한국 교회 차원에서도 활발히 논의되고 있다. 이 가운데 대표적인 논의는 이형기의 『21세기를 향한 새로운 신학적 패러다임의 모색』과 임희국의 "20세기를 회고하고 21세기를 전망하는 역사신학방법론: 기독교 세계의 변화와 교회사 서술의 새로운 구상"[3]이 있다. 이들은 에큐메니칼 시대에 상응하는 교회사 연구방법론을 제안한다. 이들은 에큐메니칼 역사 서술은 어느 특정 지역이나 교파를 위한 것이 아니라 세계 보편교회를 위한 에큐메니칼 신학이어야 한다고 강조한다. 그런데 이들에 의하면, 에큐메니칼 신학은 자기 자신의 정체성을 더욱 분명히 내세우면서 보편성을 향한 대화의 길로 나가는 것이다. 즉 지역화와 세계화를 동시에 추구하면서 지역교회와 세계 보편교회를 서로 맞물리게 하고, 동시에 이런 긴장관계를 놓치지 않으면서 에큐메니칼 역사 서술을 모색해 나가는 것이라고 한다.[4] 지금까지 이러한 에큐메니칼 통합

사, 2001), 287쪽. 이 발표문들은 멕시코의 엔리코 듀셀(Enrique Dussel)에 의해 쓰여진 "라틴 아메리카 교회사: 하나의 해석"(The History of the Church in Latin America: An Interpretation), 피지의 존 게렛트(John Garrett)의 "태평양 연안의 교회사"(The History of the Church in the pacific), 인도의 헨리 S. 윌슨(Henry S. Wilson)의 "인도교회사 협의회: 하나의 에큐메니칼 경험"(The Church History Association of India: An Ecumenical Experiment), 나이지리아의 오그부 카루(Ogbu U. Kalu)의 "오늘날 아프리카 교회사 연구의 동향"(Doing Church History in Africa Today), 프랑스의 프란체스코 치오바로(Francesco Chiovaro)의 "기독교 민중에 의해 살아 움직였던 역사: 기독교사에 대한 새로운 방법론적 접근의 전제들"(History as Lived by the Christian People: Hypotheses For a New Methodic Approach to Christian History) 등이다. 이 책은 주재용에 의해 『새롭게 되는 교회사』(서울: 대한기독교서회, 1995)로 번역되었다.

3)　김동건 편, 『신학과 전망』(서울: 한국장로교출판사, 1999).

4)　이형기, 『21세기를 향한 새로운 신학적 패러다임의 모색』(서울: 장로회신학대학교출판부, 1997), 220쪽; 임희국, "에큐메니즘에 입각한 영남 지역 교회사 연구," 『신학과 목회』 제12집

교회사 서술방식에 입각한 한국 교회사 서술은 임희국의 "에큐메니즘에 입각한 영남 지역 교회사 연구"와 『봉경 이원영 연구: 에큐메니즘에 입각한 지역교회사 연구의 사례』가 있다.[5] 그리고 최근에 에큐메니칼 역사 서술방법에 입각하여 서술한 학위논문으로 "한국 개신교 사회참여운동에 나타난 교회와 국가의 관계: 1960-1987."와 "한국 교회 에큐메니칼 운동사: 1884-1945."가 있다.[6] 이상의 연구들은 에큐메니칼 서술방법론과 이에 기초한 역사 서술을 시도하고 있다.

그러나 지금까지 에큐메니칼 역사 서술방법론에 입각하여 개별 역사가들의 역사 서술과 그 방법론에 대한 분석과 비교, 그리고 평가는 전무한 것이 사실이다. 그러므로 이 글은 "다양성 속에서 일치"를 추구하는 에큐메니칼 교회사 서술방식에 입각하여 초대교회 유세비우스의 교회사 서술방법론[7]을 분석하고 비교하고, 이를 평가해 보고자 한다. 이를 위해 이 글은 다음과 같은 내용으로 서술할 것이다. 첫째로 먼저 유세비우스의 역사 서술방법을 살펴볼 것이다. 유세비우스는 초대교회의 가장 중요한 역사가이며, 그의 저작인 『교회사』(Ecclesiastical History)의 중요성으로 인하여

(1998), 87-88쪽.

5) 임희국, "에큐메니즘에 입각한 영남 지역 교회사 연구," 『신학과 목회』 제12집(1998); 『봉경 이원영 연구: 에큐메니즘에 입각한 지역교회사 연구의 사례』(서울: 기독교문사, 2001).

6) 김명배, "한국 개신교 사회참여에 나타난 교회와 국가의 관계"(미간행박사학위논문, 서울: 장로회신학대학교, 2007). 이 논문은 『해방 후 한국 기독교 사회운동사』(서울: 북코리아, 2009)으로 출간되었다. 신수일의 "한국 교회 에큐메니칼 운동사"(미간행박사학위논문, 서울: 장로회신학대학교, 2008). 이 논문은 『한국 교회 에큐메니칼 운동사: 1884-1945』(서울: 쿰란출판사, 2008)으로 출간되었다.

7) 지금까지 유세비우스의 교회사 서술방법에 대한 논문은 이양호의 "유세비우스의 교회사연구," 『신학논단』 제18집(1989. 2)과 단행본으로는 조인형의 『초기 기독교사연구』(서울: 한국학술정보(주), 2002)가 있다.

"교회사의 아버지"(Father of Church History)로 언급된다. 그의 『교회사』
는 기독교 역사의 완전하고 연속적인 이야기를 구성하고자 한 첫
번째 시도로, 사도시대로부터 4세기 초반까지의 기독교 역사에
관한 가장 중요한 정보자료 가운데 하나이다.[8]

    그러므로 이 글은 우선 유세비우스의 『교회사』에 나타난
역사 서술방법과 그의 역사 이해를 살피고자 한다. 둘째로 이 글
은 에큐메니칼적 역사 서술방법론에 의거하여 유세비우스의 역
사 서술방법론을 분석 비교하여 이를 에큐메니칼 시각에서 평가
해 보고자 한다. 이를 위해 먼저 에큐메니칼 역사 서술의 방법론
이 무엇인지 살펴볼 것이다. 특히 1981년 루카스 비셔의 주선으
로 바젤공의회 500주년을 기념하여 열렸던 국제교회사협의회의
토론과 발표문인 『에큐메니칼 시각에서 본 교회사』에 나타난 역
사 서술방법에 대하여 살펴볼 것이다. 그리고 이어서 에큐메니칼
운동이 추구하는 통합교회사 방법론에 입각하여 유세비우스의
역사 서술방법론을 평가할 것이다.

---

8)   Michael Bauman & Martin Klauber, *History of the Christian Tradition*(Nashville, Tennessee, 1995),
    62-63쪽.

2. 유세비우스의 역사 서술방법과 역사 이해

　　유세비우스는 A.D. 260년 팔레스타인 지역에서 태어난 것으로 알려져 있다. 그는 청년 시절 팜필루스(Pamphilus, 240-309)가 가이사랴에 창설한 기독교 학당에서 연구 활동을 하였고, 그곳에서 세례를 받고 장로가 되었다. 팜필루스는 오리겐의 헌신적인 문하생으로 유세비우스에게 영향을 주었다. 유세비우스를 가이사랴의 유세비우스나 팜필리의 유세비우스로 부르는 이유는 그가 가이사랴 교회의 감독으로 섬겼고, 가깝고 존경하는 친구이며 그에게 가장 영향을 끼친 인물이 팜필루스이기 때문이다. 유세비우스는 오리겐과 팜필루스의 영향 아래 일반 역사 요약서인 『연대기』(Chronica)와 그에게 주요한 저서가 되는 『교회사』(Ecclesiastical History)를 비롯한 많은 저서들을 집필하였다.[9] 최후 박해기간에 기독교에 대한 박해가 가이사랴에 일어나 A.D. 310년 그의 스승 팜팔루스가 처형되고 유세비우스도 구속되었다. 그러나 유세비우스는 순교를 면하였고, 이 사실로 인하여 비난을 받았다. 그러나 그는 315년 가이사랴의 감독이 되었고, 정치적 수완을 발휘하여 콘스탄틴 대제의 후원자로 인정받아, 지방적 한계를 뛰어 넘어 활동했으며, 콘그탄틴 대제의 여생 동안 그의 총애를 받았다.[10]

---

9)　위의 책, 59-60쪽. 유세비우스는 다른 중요한 저작들, 즉 고대근동, 그리스와 로마, 그리고 아브라함 시대로부터의 성경역사를 비교 연대기적으로 진술함으로 보편사 개요를 제공하는 『연대기』(Chronicle), 대박해의 이해를 위한 중요 자료인 『팔레스타인 순교자들』(The Martyrs of Palestine), 많은 유용한 역사적 정보를 제공하는 『콘스탄틴의 생애』(The Life of Constatine), 변증적 작품들인 『복음의 준비』(The Preparation of the Gospel)와 『복음의 증거』(The Proof of the Gospel) 등을 저술하였다.

10)　R. M. Grant, "Eusebius", in *The Ancient Historians*, New York: Charles Scribners' Sons, 1970,

1) 『교회사』에 나타난 역사 서술방법

(1) 『교회사』의 구성

유세비우스의 『교회사』(*Ecclesiastical History*)는 하나님의 아들 예수 그리스도에 의한 교회의 설립으로부터 콘스탄틴 황제까지의 교회의 이야기를 기록한 책이다. 이 책은 총 10권으로 이루어졌는데 연대적 구조는 그의 『연대기』에서 따온 것으로 두 개의 기본적인 요소들, 즉 로마 황제들의 치세와 중요한 사도교구들에 속한 주교들의 직위들을 포함한다.[11] 유세비우스는 처음에는 3세기 말 이전에 일곱 권으로 구성된 『교회사』의 초판을 기록하였다. 초판은 제1권에서 7권까지로 구성되어 있는데 그 내용을 살펴보면 다음과 같다.

먼저 제1권은 교회의 기원에 대해 서술한다. 즉 예수의 출생부터 승천에 이르기까지의 예수의 일생을 다루고 있다. 유세비우스는 예수가 지상에서 생활하면서 교회 설립의 기초를 확립한 것에 대해 서술하는 한편 외적 증언에 의해 확인된 신약성서의 증거들을 제시한다. 즉 그는 예수의 족보에 대하여 요셉푸스와 아프리카누스를 상세히 인용한 것이었다. 제2권은 유대전쟁 이전 하나의 제도로서 교회의 발전, 유대주의와 불화를 연대기순으로 다룬다. 이것은 티베리우스(Tiberius, B.C. 42-A.D. 37) 황제로부터

347쪽; 조인형, 『초기 기독교사 연구』(서울: 한국학술정보(주), 2002), 27쪽.

11)   R. M. Grant, *Eusebius as Church Historian*(Oxford, 1980), 345-347쪽.

네로(37-68) 시대까지 취급하고 있는데, 주로 그리스도의 사후 바울과 베드로의 순교에 이르기까지의 사도들의 활동에 따른 그들의 업적과 짧은 기간 안에 그리스도의 사상이 로마제국 내에 어떻게 급속히 전파되었나를 서술한다.[12] 제3권은 유대전쟁(66-73), 유대전쟁 다음 세대의 교회의 박해와 성장, 사도시대의 결말을 다룬다. 구체적으로 언급하면 교회의 최초의 고위성직자들의 기원과 그리스도 이후의 유대인들에 대한 로마제국의 최후의 공략과정에 대해 서술하고 있다. 제4권과 5권은 2세기 말까지의 역사를 다루고 있다. 제4권은 트라얀(Trajan, 98-117) 황제로부터 마르쿠스 아우렐리우스 황제(Marcus Aurelius, 161-180)까지의 감독을 중심으로 한 성직계승과 그들의 기록물들과 순교에 관해 서술하고 있다. 제5권은 마루쿠스 아우렐리우스로부터 셉티무스 세베루스(Septimus Severus, 193-211) 시대까지의 감독들의 계승과 말시온과 몬타니즘이라는 이단사상에 대한 논박, 그리고 부활절 축제의 날에 정통파들이 이들 이단들과 화해하는 과정을 서술하고 있다.[13] 그러나 이 시대에 대한 언급은 산만하고 지리멸렬하게 서술되어 있다. 제6권은 알렉산드리아 신학자 오리겐을 중심으로 전개하고 셉티무스 세베루스 통치하에서의 박해로부터 데키안(Decian, 약 250년경)의 박해까지를 다룬다. 제7권은 초판의 마지막 부분으로 유세비우스 시대의 교회역사를 제시하고, 박해와 고통의 기간 이후 상대적인 평화의

---

12) 조인형, 앞의 책, 164-165쪽.

13) 위의 책, 166-167쪽.

시대인 교회의 안식일을 상징적으로 묘사한다.[14] 그러므로 반즈 (T. B. Barnes)는 제1권에서 7권까지의 서술과 내용에 대하여 유세비우스가 동시대인들의 행위와 업적에 대하여는 침묵을 지키고, 오로지 저술 당시의 주요 교구의 감독들의 이름과 연계하여 기록하였다고 평가한다.[15]

한편 유세비우스는 313년 이후에 제8권, 9권, 10권을 기록하였다. 이것은 디오클레티안(Diocletian)의 통치(284년에 시작)로부터 대 박해를 거쳐 콘스탄틴의 승리와 기독교인들에 대한 제국의 박해의 종식까지를 다룬다. 이 세 권은 단지 여러 기록된 사료들로부터 수집된 과거의 기록인 앞의 일곱 권들과 달리 자신의 시대의 사건들에 대하여 자신의 경험과 관찰에 근거하여 기록하였다.[16]그리하여 제8권은 이집트, 페니키아, 알렉산드리아, 프리기아, 테바이스 등에서 발생한 순교에 대하여 다루고 있으며, 특히 디오클레티안으로부터 갈레리우스 당시의 대박해를 상세히 서술하고 있다. 제9권은 막시무스 황제 시대의 교회에 대한 새로운 공격과 박해의 종식에 대해 서술하고 있다. 마지막 제10권은 콘스탄틴 대제의 승전 후의 교회의 평화와 권위회복과 그리스도교들에 대한 조치를 언급하고 있다. 특히 성직자들에 대한 콘스탄틴의 특혜조치와 콘스탄틴에 대한 찬사와 축복을 서술하고 있다.[17]

이상과 같은 구조로 이루어진 유세비우스의 『교회사』는 초

---

14) Michael Bauman & Martin Klauber, 앞의 책, 63쪽.

15) T. D. Barnes, *Constantine and Eusebius*(Cambridge, Mass, 1981), 129쪽.

16) Michael Bauman & Martin Klauber, 앞의 책, 63쪽.

17) 조인형, 앞의 책, 169쪽.

기 교회사의 수많은 자료들을 이용하였고, 그 자료들을 정리함으로 자칫 소멸해 버릴 귀중한 자료들을 보존시켰다. 그는 당시 신학적 논쟁과 303년의 대박해를 상기하면서 놀랄만 한 이해력을 가지고『교회사』를 서술했다.[18]

(2)『교회사』의 주제들

유세비우스의 교회사 서술 목적은 그리스도의 시대로부터 자신의 시대에 이르기까지 이어온 거룩한 사도들의 일을 기록하는 것이다. 그는『교회사』의 서론에서 교회사 서술의 포괄적 주제들을 다음과 같이 언급하였다.

이 작품에서 다루는 주요 문제들은 다음과 같다. 거룩한 사도들의 승계와 전통, 그리고 우리 구주의 시대로부터 우리 시대까지의 시대, 교회의 이야기 속에 기록된 가장 중요한 사건들, 가장 유명한 기독교 공동체 내의 두드러진 지도자와 영웅들에 관한 이야기, 설교와 가르침으로 하나님의 말씀의 대사들인 각 세대의 사람들, 이리처럼 무자비하게 그리스도의 양무리를 약탈하고 지식의 원천을 거짓되게 선포하는 자들의 이름과 연대, 우리 구주에 대항한 음모 후에 즉각적으로 전체 유대 민족에게 닥친 재앙, 하나님의 말씀에 반대하는 믿지 않는 자들에 의해 진행된 광범위하고, 계속

---

18) J. W. Thompson, "Early Christian Historigraphy," in *A History of Historical Writing*, 1967, Vol. 1, 130쪽; 조인형, 위의 책, 169쪽.

되는 캠페인, 고문과 죽음에 직면한 영웅들의 이야기.[19]

그랜트(R. M. Grant)는 유세비우스가 그의 『교회사』에서
① 사도적 계승, ② 교회사에 있어서 가장 중요한 사건들과 인물
들, ③ 이단들의 발전, ④ 유대인들의 운명, ⑤ 그리고 기독교인들
의 박해와 순교 등을 다섯 가지 주제들을 언급하였다고 말한다.[20]
그러나 반즈(T. D. Barnes)는 여기에 포함되어 있지는 않지만, 『교회
사』를 통하여 되풀이되는 것은 ⑥ 초대교회 내에서 성경의 본문
과 정경의 역사라고 말한다.[21]

① 원종교로서의 기독교

유세비우스는 『교회사』의 제1권에서는 자신이 서론에서
언급한 주제들을 다루지 않는다. 대신에 서문으로서 기능할 주제
를 다루는데, 이것은 세속사와 교회사, 그리고 역사에 대한 유세
비우스 자신의 해석의 근거가 되는 것으로 예수의 신성과 선재성,
그리고 예수의 출생에서 승천까지의 지상의 삶에 대한 이야기이
다. 유세비우스의 진술의 의도는 기독교가 인간사의 무대에서 최
근에 나타나고 있는 새로운 종교가 아니라, 지상의 모든 다른 종
교들이 기원하는 원종교(The primeval religion)임을 설명하는 것이다.[22]

---

19) Eusebius, *Ecclesiastical History*(Baker book House, 1990), edited, by Christian Freerick Cruse. 14쪽
     (이하 H. E.로 표시함).

20) R. M. Grant, *Eusebius as Church History*(Oxford, 1980).

21) Michael Bauman & Martin Klauber, 앞의 책, 64쪽.

22) 위의 책, 65쪽.

유세비우스에 의하면, 로마인들에 의해 십자가에 달리신 나사렛 예수는 그의 급진적 가르침 때문에 당국자들과 충돌한 분이 아니다. 그분은 하나님의 신적인 말씀이며 모든 사물이 그분으로 말미암아 존재하게 된 세상의 빛이시다. 그리고 이 하나님의 말씀은 인간의 형태로 세상에 구주로 지상에 나타났다. 그에 의하면, 기독교인들은 고대시대 이래로 형상과 상징을 통해 알려지고, 지금은 명백히 계시된 진리이신 하나님의 말씀인 예수 그리스도를 경배하는 자들이다. 그래서 기독교는 단지 주후 3세기 동안에만 존재한 것이 아니며 새로운 종교가 아니다. 유세비우스는 이러한 전망으로 기독교는 모든 종교 가운데 가장 고대의 것이며 하나님을 경배하는 유일한 참 길이라고 주장한다.[23] 결과적으로 유세비우스의 역사 서술은 세속사(Historia Profana)를 경시하고 교회사(Historia Sacra)를 중시하는 시각에서 그리스도교의 역사를 서술하였다. 그래서 그의 역사 서술은 그리스도교의 승리의 역사, 그리스도교를 위한 투쟁사, 그리스도교의 발전에 공헌한 인물들을 세속적인 인물들보다 더욱 위대한 인물로 부각시키게 된다.[24]

② 사도적 계승

유세비우스는 『교회사』 제2권에서 제10권까지 연대기적 이야기 속에서 그가 확신한 주제들을 다룬다. 먼저 그는 사도적 승계의 문제를 서술한다. 이와 관련하여 그는 사도들로부터 감독

---

23) 위의 책, 65쪽.
24) 조인형, 앞의 책, 105쪽.

들의 계통(The line of bishops)을 세운다. 비록 그가 안디옥과 예루살렘의 감독들에 대한 완벽한 정보를 가지고 있지는 않았지만, 로마, 알렉산드리아, 안디옥, 그리고 예루살렘에서 감독의 지위에 올랐던 사람들의 명단을 제공한다. 이를테면 다음과 같다.

> 네로의 통치 8년에 안니아누스(Annianus)는 사도이며 복음 전도자인 마가의 뒤를 이어 알렉산드리아 교회를 다스리게 되었다. 그는 특히 경건한 사람이었으며 모든 면에서 훌륭한 인물이었다.[25] 트라얀 3년 로마교회의 감독 클레멘트는 유아레스투스(Euarestus)에게 감독직을 맡기고 세상을 떠났다. 클레멘트는 거룩한 말씀을 전파하는 일을 9년 동안 수행하였다.[26]

그리고 로마 황제들의 통치기간과 관련시킨 로마와 알렉산드리아의 감독직에 근거하여 교회적 사건들의 날짜를 정한다.[27] 그런데 여기에 주목해야 할 중요한 점은 사도적 승계(apostolic succession)에 관한 유세비우스의 서술이 순전히 역사적이라는 사실이다. 그는 정확한 교리의 전달이나 감독직의 성례전적 본성(The sacramental nature of episcopacy)에 관하여 강조하지 않았다.[28] 그러므로 그랜트(R. M. Grant)는 유세비우스의 자료들 중 어떠한 것도 고상한 감

---

25) Eusebius, 앞의 책, 120쪽.
26) Eusebius, 위의 책, 124쪽.
27) T. D. Barnes, 앞의 책, 130쪽.
28) Swete, *Essays on the Early History of the church and the Ministry*(London, 1918), 132~142쪽.

독교리(high episcopal doctrine)를 가르키는 것 같지 않으며, 그가 사도적 승계에 의해 의미하고자 한 것은 본질적으로 역사적 감독직(The historic episcopate)이었다[29]고 주장한다.

③ 교회사의 중요한 사건과 인물들

유세비우스가 『교회사』에서 세 번째로 다룬 주제는 교회사의 중요한 사건과 인물들에 관해서이다. 그는 초대교회의 지도자들과 교사들에 대한 서술에서 중요한 사건들은 구전을 제한적으로 사용하였지만, 대부분 교회지도자들의 설교, 편지, 그리고 다른 저술들에 의존하였다.[30] 유세비우스는 여러 박해 사건들과 순교자들에 대하여 기록하였고, 중요한 개인들의 역할을 기록하였다. 유세비우스가 기록한 흥미로운 사건들 중에는 주님의 형제 야고보가 예루살렘에서 돌에 맞아 죽은 사건, 네로의 통치 아래에서 베드로와 바울의 죽음, 밧모 섬으로의 요한의 추방과 에베소에서의 그의 죽음 등과 같은 것들이었다.[31]

한편 유세비우스는 알렉산드리아의 지도적 사상가들인 필로, 클레멘트, 그리고 특별히 제6권의 중요한 주제로 오리겐의 생애와 사상을 강조한다. 알렉산드리아에 대한 유세비우스의 편향성은 그의 자료의 출처에 기인한다. 사건과 인물들에 관한 그의 자료의 선택은 그가 가이사라의 도서관에서 발견한 것에 의

---

29)   R. M. Grant, *Church History*, 59쪽; Michael Bauman & Martin Klauber, 앞의 책, 66쪽에서 재인용.

30)   R. M. Grant, *Eusebius as Church History*, 61-63쪽.

31)   Michael Bauman & Martin Klauber, 앞의 책, 66쪽.

존하였는데, 이 도서관은 알렉산드리아에서 기원한 것이었다. 또한 알렉산드리아에 대한 관심은 그의 오리겐주의적 확신의 결과였다. 이러한 확신은 그에게 알렉산드리아의 것들에 대한 특별한 관심을 기울이도록 하였고, 결과적으로 알렉산드리아 방향으로 왜곡되고 균형을 상실한 교회의 모습을 만들어냈다.

한편 유세비우스는 기독교 신학의 역사적 발전을 이해하지 못함으로 교회의 교사들과 문헌을 다루는 데 방해를 받았다. 그는 기독교의 교리적 개념들 속에 진보와 성장이 있다는 사실을 인식하지 못하였다.[32] 그의 이해에 따르면 신앙은 교회의 모든 이들에게 단 한번 전달되었다. 따라서 성서 안에 계시된 진리들에 관한 어떠한 개선이나 진보도 불가능하다. 결과적으로 그의 이야기는 일관성이 있는 이야기라기보다 일련의 분리된 주석과 논평으로 표현되었다.[33]

④ 이단의 발전

유세비우스의 『교회사』가 다루는 네 번째 주제는 이단의 발전에 관한 것이다. 그는 교회론은 그리스도께서 가르치시고 사도적 계승 속에 보존된 것이라고 믿었다. 이단은 사단의 역사인바, 사단은 항상 동일한 방식으로 동일한 교리를 가지고 있는 보편적이고 유일한 참교회의 광채를 어둡게 하기 위하여 이단을 사용한다. 그러므로 혁신적이며 잡다하고 다양한 방식으로 표현된

---

32)   위의 책, 66쪽.

33)   T. D. Barnes, *Constantine and Eusebius*, 132쪽.

가르침들은 명백히 거짓이다.[34] 그는 이레니우스를 따라 최초의 이단분파들은 감독들의 계승에 의해 순수한 형태로 유지된 진정한 기독교에 이차적으로 첨가된 것들이라는 주제를 발전시켰다. 저스틴과 이레니우스를 따라 유세비우스는 사마리아의 마술사 시몬을 모든 이단의 최초의 창시자로 언급하였다.[35] 시몬을 이단의 원천으로 인정함으로 유세비우스는 시몬의 지도를 따른 사람들의 이름과 교리들을 연대순으로 정하였다.

> 주 예수 그리스도를 믿는 신앙이 널리 사람들에게 펴졌으므로 제국의 중심지를 장악할 계획을 강구하던 구원의 원수는 시몬을 그곳으로 보내었다. 그는 교활한 술책으로 많은 로마 시민들에게 접근하여 그들을 미혹했다. 이 사실은 유명한 저술가인 저스틴에 의해서 증명되었다. 이레니우스도 그의 저서『이단을 논박함』제1권에서 동일한 진술을 하였다. …… 어쨌든 시몬을 모든 이단의 선도자라고 생각하고 있다. 그의 시대로부터 오늘에 이르기까지 그의 이단을 쫓는 사람들은 한결같이 지극히 순결한 생활을 한 기독교인들의 겸손한 철학에 영향을 끼쳤다.[36]

　　이단에 대한 유세비우스의 설명은 대부분 저스틴과 이레니우스의 작품들에 의존하고 있다. 그러나 이단에 관한 그의 견

---

34)　*H. E.* 4. 7. 13.
35)　*H. E.* 2. 13.
36)　*H. E.* 2. 13.

해는 그가 이용할 수 있는 제한된 수의 자료들에 의해 형성되었기 때문에, 거의 가치를 지니지 못한다. 그는 이단들에 대한 연구가가 아니었으며 그들을 철저하게 조사할 기질이나 수단을 지니고 있지도 못하였다. 이단을 다룸에 있어서 그는 이단들의 교리를 거의 언급하지 않고 그 대신에 그가 모욕적인 언어로 기술한 이단들에 관한 정보를 제공하는 수준이었다. 이단에 대한 그의 견해는 단순하여 그 자신의 신학이 정통이라는 가정과 자신과 믿을 만한 동료들에 의해 주장되고 초기와 후기 이단들에 의해 거부된 "고정된 예치물의 개념"(The notion of a fixed deposit)에 의해 지배되었다.[37]

⑤ 유대인들의 운명

유세비우스의 『교회사』가 다루는 다섯 번째 주제는 유대인들의 운명이다. 유세비우스에 의하면 유대인들의 고난은 칼리쿨라가 황제에 등극함과 동시에 시작되었다. 그들의 고난은 70년 예루살렘의 파괴로 절정에 달하였고, 하드리안에 의해 예루살렘의 재건축이 금지되었다. 이러한 금지는 여전히 유세비우스의 시대에도 유효하였고, 유세비우스는 이것을 반복적으로 유대주의의 역사적 실패의 증거로 언급하였다. 유세비우스는 이 사건들을 예수를 죽이는 데 공모하고 빌라도 앞에서 자신들은 왕이 아니라 가이사를 가지고 있다고 주장한 유대인들에 대한 하나님의 직접적 심판으로 해석하였다. 유세비우스에게 유대인들에게 닥친 재

---

37) R. M. Grant, *Church Historian*, 87쪽; Michael Bauman & Martin Klauber, 앞의 책, 67쪽.

난은 기독교와 비교하여 명백히 유대교의 열등한 특징을 증명해 주는 것이다. 유대교의 실패와 반대로 유세비우스는 초기 기독교를 상당한 성장과 성공을 거둔 것으로 기술한다. 그는 초대교회의 표준적인 모습을 증오 받고, 박해 받는 소수로 표현하지 않았다. 오히려 유대인들에 대한 계속적인 증오와 박해와 현저히 다르게 교회는 일반적으로 제국의 초기부터 제국의 존경과 관용을 향유한 것으로 기록한다.[38]

⑥ 기독교인들의 박해와 순교

유세비우스의 『교회사』가 다루는 여섯 번째 주제는 기독교인들의 박해와 순교이다. 유세비우스에게 박해는 예견할 만한 역사의 과정으로부터의 일탈이고 그래서 설명을 필요로 하는 것이다. 그러므로 유세비우스는 박해를 잠정적으로 파괴적인 종교에 대하여 기존질서가 가하는 일종의 적대감이 아니라, 사단의 음모, 로마 황제의 도덕적 타락, 혹은 비열한 개인의 시기를 반영하는 희귀하고 평범치 않은 현상으로 설명한다.[39]

이러한 관점에 근거하여 유세비우스는 여러 박해를 연대순을 정하고 그들의 발생에 대하여 설명을 하고자 했다. 그는 기독교인들을 박해한 첫 로마 황제는 네로인데 유세비우스는 네로를 자신의 가족을 포함하여 헤아릴 수 없이 많은 사람들을 무자비한 파멸로 이끈 "삐뚤어지고 비정상적인 광기"에 의해 지배를

---

38) Michael Bauman & Martin Klauber, 위의 책, 68쪽.

39) T. D. Barnes, *Constantine and Eusebius*, 136쪽.

받은 "타락의 괴물"로 묘사하였다.[40] 유세비우스는 도미티안의 조직적인 박해도 또한 황제의 타락의 결과로 여긴다.[41] 그러나 유세비우스는 트라얀의 경우에서 볼 수 있는 바처럼, 다른 경우의 박해는 황제의 악한 본성이 아니라, 정치적 억압에 기인하였다고 주장하였다. 그래서 트라얀의 통치 이래로 유세비우스는 기독교에 대한 각 황제들의 태도를 설명하고자 했다.

한편 유세비우스는 그의 『교회사』에서 박해는 때로는 기독교와 로마제국 사이의 일반적으로 조화로운 관계 가운데 있을 때 일어나는 것으로 묘사한다. 그러므로 유세비우스는 교회에 영감을 제공할 목적으로, 그리고 이러한 시련에도 불구하고 교회를 번성케 하시는 하나님의 은총과 순교자들의 용기에 기초한 신앙을 변증하기 위하여 여러 박해와 순교를 상세하게 기록하였다.[42]

⑦ 성경의 본문과 정경의 역사

유세비우스의 『교회사』 마지막 주제는 성경의 본문과 정경의 역사에 관한 기록이다. 이것은 유세비우스의 『교회사』 전반에 반복적으로 나오는 주제이다. 그는 구약과 관계하여 영감된 책들은 팔레스타인 유대인들의 정경에 포함된 것들임을 분명히 했다. 이 팔레스타인 정경은 현대의 구약과 동일하며, 외경을 포함하지 않는다. 신약은 교회 내에서 계속 논쟁되는 어려운 주제였다. 유

---

40) *H. E.* 2. 25.

41) *H. E.* 3. 17.

42) Michael Bauman & Martin Klauber, 앞의 책, 69쪽.

세비우스는 신약을 다음과 같이 네 부류로 나눈다.

> 본 장에서는 이미 언급된 신약성서의 책들에 관한 설명을
> 요약해 보려고 한다. 먼저 네 개의 거룩한 복음서가 앞에 놓
> 여야 하며, 그 뒤에 사도행전, 그 다음에 바울서신이 언급되
> 어야 한다. 그 뒤에는 진서로 인정을 받고 있는 요한의 첫
> 번째 서신과 베드로의 첫 번째 서신이 와야 한다. 이 서신들
> 뒤에 요한 계시록이 놓여야 하는데, 이에 대해서는 적절한
> 때가 되면 여러 상이한 견해들을 제시할 계획이다. 이 책들
> 은 진서로 인정된 책들이다.[43]

유세비우스는 다음으로 논쟁되지만 넓게 보아 유사한 것
으로 야고보서, 유대서, 베드로 후서, 요한 2 · 3서를 언급한다. 그
리고 그가 위작이라고 부른 것으로 바울행전, 헤르마스의 목자,
베드로 계시록, 바나바 서신, 사도들의 가르침을 지적한다. 그리
고 끝으로 이단들에 의해 사도들의 이름으로 출판된 것으로 베드
로 복음, 안드레 행전, 도마, 마티아스, 그리고 기타의 행전, 요한
과 다른 사도들을 언급한다.[44] 성서의 지위와 일치한다는 위작들
(The suprious writings)의 주장을 다룸에 있어서 유세비우스는 일반적으
로 교회의 견해 이상의 어떤 이론적 설명도 하지 않았다. 그러나
그는 논쟁 없이 받아들여진 책들의 사도적 기원을 확립함에 있어

---

43) *H. E.* 3. 24.

44) Michael Bauman & Martin Klauber, 앞의 책, 69쪽.

서 사려 깊게 보다 많은 문헌들을 제공한다. 유세비우스에 의해 제공된 흥미로운 세부적 주장에는 마태가 복음서의 최초의 작품이며 원래 히브리어로 쓰였고,[45] 마가는 그의 복음서를 베드로의 설교를 보전하기 위하여 기록하였고,[46] 누가는 그의 복음서를 바울의 설교로부터 기록하였으며,[47] 바울은 히브리서의 저자라는 주장이다.[48] 요한계시록과 관련하여 유세비우스는 일부 사람들은 받아들여진 책들의 목록에서 포함시키고, 반면에 다른 사람들은 그것을 위작이라고 주장한다고 지적하였다.[49]

2) 『교회사』에 나타난 역사 이해

(1) 하나님의 섭리와 은총

유세비우스가 그의 전체 『교회사』를 관통하는 것은 하나님의 섭리와 은총의 사상이다. 하나님은 역사를 운행하시며 교회가 번성할 것을 확신시키기 위해 역사 속에 개입하신다. 유세비우스는 교회사를 통하여 교회를 향한 하나님의 보호와 은총의 증거를 발견하였다. 하나님은 교회를 강화시키고 교회의 메시지를 확

---

45) *H. E.* 3. 24. 6.

46) *H. E.* 2. 15.

47) *H. E.* 3. 4. 6.

48) *H. E.* 3. 3. 5.

49) Michael Bauman & Martin Klauber, 앞의 책, 69쪽에서 재인용.

증시킴과 동시에 기독교의 반대자들에 대한 하나님의 심판을 통하여 교회를 향한 그의 돌보심을 선언하셨다. 대헤롯, 헤롯 안티파스, 유대인들, 교회를 박해한 자들, 특별히 황제들, 그리고 선한 감독들을 반대한 바쁜 감독들에 대하여 하나님은 직접적으로 역사에 개입하시고 그들을 심판하신다.

유세비우스는 특히 제8권과 9권에서 제국의 정치적 역사 속에서 하나님의 섭리의 영향을 서술한다. 하나님의 은총에 의해 대박해는 통치자들의 정책의 변화로 종결되었다. 유세비우스에게 이 변화는 물론 인간적인 결과가 아니라 하나님의 간섭이시다. 그런데 유세비우스에 의하면, 교회를 향한 하나님의 섭리적 돌보심의 궁극적 표현은 콘스탄틴의 회심과 그의 경쟁자 막센티우스와 막시민의 몰락으로 나타났다. 이들은 스스로를 교회의 적으로 간주하였다.

유세비우스는 자신이 기록한 사건들의 과정들이 교회에 실제적으로 유익함을 증명하기 위하여 제8권부터 10권까지 제국의 칙령들을 수집하여 포함시켰다. 이 칙령들은 대박해의 여파 속에서 기독교의 관용과 콘스탄틴 치하의 기독교의 결정적 우월성을 입증하였다. 유세비우스는 하나님의 섭리의 도움으로 참 종교의 적들을 정복하고 하나님의 목적을 수행함으로 교회에 평화를 가져온 황제들에게 찬사를 보냄으로 그의 『교회사』를 끝맺는다.[50]

---

50) 위의 책, 70쪽.

(2) 콘스탄틴 제국에서의 약속의 성취

유세비우스는 모든 인간사의 근본적인 운동은 아담에서 그리스도까지 진보요, 모든 세상에 복을 주시는 하나님의 계획의 펼쳐짐으로 파악한다. 이 운동의 목표는 수없이 많은 후손과 영토의 소유를 약속하시고, 아브라함의 씨가 모든 세상의 복의 근원이 될 것이라는 아브라함을 향한 하나님의 약속에 뿌리를 두고 있다. 유세비우스는 이 약속의 성취는 단지 개인적 구원이 아니라, 공동체적 주권 속에서 실현될 것으로 이해하였다. 그는 모든 인간들을 포함하고 그의 신실한 백성들을 통치하시는 신정정치를 상상하였다.

유세비우스는 4세기 초반 콘스탄틴의 도래는 이 진보의 절정이라고 믿었다. 그는 콘스탄틴에 관한 그의 저작들, 『콘스탄틴에 대한 찬양 연설』(*The Oration in Praise of Constantine*)과 『콘스탄틴의 생애』(*The Life Constantine*) 에서 그의 통치의 신적 기원을 증명하고자 했다. 그는 콘스탄틴의 통치를 하나님의 선민이 영토적 지배를 실행할 것이라는 아브라함을 향한 하나님의 약속의 성취로 이해하였다. 그래서 그는 콘스탄틴 아래의 제국을 지상에서의 하나님의 나라의 확장으로, 역사의 완성으로 보았다. 인간 역사의 포기라는 이러한 개념에 기초하여, 유세비우스는 자연스럽게 그 이전 세기들에서 공통적이었던 천년왕국적 견해들을 거부하였고, 그는 그것들을 주장하는 사람들을 경멸하였다.[51] 그러므로 유세비우스는

---

51) 위의 책, 71쪽.

콘스탄틴을 하나님에 의해 특별히 선택된 인물이라 생각하여 황제를 지지하는 데 주저하지 않았다.

그의 『교회사』 최종판은 단지 고대 교회의 역사 속에서 나타난 여러 사건들을 기록한 것이 아니라, 특별히 로마제국이라는 맥락 속에서 본 인간 역사의 궁극적 목표가 곧 기독교임을 보여주기 위한 변증문이었다.[52] 콘스탄틴의 개종은 이러한 주장을 뒷받침하는 가장 중요한 초석이었다. 그러므로 콘스탄틴 이후의 새로운 상황은 인류역사가 지향하고 있는 복음의 진리를 증명하는 살아 있는 증거였다.[53]

3. 에큐메니칼 관점에서 본 유세비우스의 역사 서술

1) 에큐메니칼 역사 서술방법론

교회사를 어떻게 에큐메니칼 측면에서 서술할 수 있을까 하는 문제로 교회사가 40여 명이 스위스 바젤에서 1981년 10월 12일부터 17일까지 협의회를 가졌다. 이 협의회에서 발표된 논문들과 토론 끝에 얻어진 보고서들은 루카스 피셔에 의해 『에큐메

---

52) Justo L. Gonzalez, *The Story of Christianity*, 160쪽; 곤잘레스 저, 서영일 역, 『초대교회사』(서울: 은성출판사, 1988), 212쪽.

53) Justo L. Gonzalez, 위의 책, 161쪽; 곤잘레스 저, 서영일 역, 위의 책, 214쪽.

니칼 시각에서 본 교회사』(*Church History in an Ecumenical Perspective*)로 편찬되었으며, 이것은 에큐메니칼적 차원에서 역사를 어떻게 서술할 것인가 하는 내용을 담고 있다.

(1) 보편성(Catholicity)을 지닌 역사 서술

그리스정교회와 개신교회가 참여하던 에큐메니칼 운동에 로마 가톨릭이 1960년대 제2차 바티칸 공의회 이후 참여하기 시작하였다.[54] 그리하여 역사적 사건과 과정에 대하여 교파적 해석을 뛰어넘기 위한 시도가 일기 시작하였다. 에큐메니칼 운동 속에서 교회들은 점차 '교회의 보편성'을 인식하였고, 교회가 모든 대륙에서 뿌리를 내렸다는 사실을 확고하게 인식하게 되었다. 그 결과 '모든 대륙을 포함한 교회사 서술이 가능한가?', '가능하다면 어떠한 방식으로 기술되어야 하는가?'의 두 문제가 주요 쟁점으로 대두되었다. 많은 노력들이 진행되어 라틴아메리카, 아시아, 그리고 아프리카 교회사에 대한 연구와 보고서는 교회사의 서술 형식을 심화시켰으며, 특히 유럽 중심의 교회사의 재해석을 요구하였다.[55]

이러한 요구에 부응하여 에큐메니칼 운동은 '하나의 거룩한 보편적'(una sancta catholica)인 역사 서술방식을 그 과제로 등장시켰다. 이 역사 서술은 단순히 하나의 특정한 교회 공동체의 역사가

---

54) Lukas Vischer. *Church History in an Ecumenical Perspective*, Papers and Reports of an International Consultation held in Basle October 12-17, 1981. 7쪽.

55) 위의 책, 8쪽.

아니라 전체 교회의 역사를 상기하는 것이며, 동시에 복음을 함께 증거하도록 부름 받은 '하나의 거룩한 보편적'인 차원에까지 그 범위를 확대하는 것이다. 그런데 이 역사 서술방법은 세 가지 차원의 보편성을 요구한다. 첫째로 '시대적 보편성'(catholicity in time) 이다. 이것은 역사의 모든 시대는 기억될 만한 가치가 있으므로 에큐메니칼 교회사는 전 세기에 걸친 역사의 모든 발자취를 밟아 가야만 한다는 것이다. 둘째로 '공간적 보편성'(catholicity in space)이다. 이것은 지리적 한계성을 극복하고, 전 세계의 교회들에게 관심을 기여야 한다는 것이다. 셋째로 '하나님의 모든 백성들의 보편성' (catholicity of the whole people of God)이다. 즉 에큐메니칼 교회사는 전체 교회들에게 귀를 기울여야 하며, 쉽게 간과해 왔었던 집단들의 역사까지도 그 범위로 포함시켜야 한다는 것이다.[56]

(2) 보편성 확보를 위한 수단들

에큐메니칼 차원의 보편적 역사 편찬을 위해서는 보편적인 역사의 틀이 요구되며 역사 기술의 토대가 되는 기준이 마련되어야 한다. 국제교회사협의회는 그 기준으로 다음과 같은 것들을 제시하였다.

첫째로 다양성의 인정이다. 무엇보다도 교파 상호 간의 다양성이 존중되어야 한다. 즉 에큐메니칼적 역사 서술은 보편성과 더불어 다양성이 전제되어야 한다. 가능한 한 다른 교회를 완전

---

56) 위의 책, 9쪽.

히 이해하도록 노력해야 하며, 다른 전통을 존중해야 한다는 것이다. 그러므로 에큐메니칼적인 역사 편찬은 우애적인 태도를 지녀야 한다. 각 교회가 가지고 있는 특수성을 진지하게 다루어야 하며, 다른 전통과 연대하여 공동연구에 적극적으로 참여해야 한다는 것이다.

둘째로 초대교회사에 대한 연구이다. 에큐메니칼 차원에서 신학적·교리적 보편성의 확보하기 위해서는 모든 교회들에게 중요한 것으로 인정받고 있고, 심지어는 어떤 권위마저 지니고 있는 초대교회사를 중점적으로 다루어야 한다는 것이다. 따라서 초대교회 시대에 대한 보편적인 이해는 곧 에큐메니칼 차원의 보편적 시각으로 이어진다는 것이다. 신생교회들은 최근 초대교회사에 특별한 관심을 기울이고 있으며, 무엇보다도 초대교회사를 만남으로 그들 자신을 이해하고 정체성을 찾으려는 노력이 더욱 활성화된다는 것이다.[57]

셋째로 일반 역사가들과의 토론이다. 에큐메니칼 차원의 보편적 역사 서술을 위해서는 교회사를 전공하지 않은 일반 역사가들과의 토론은 매우 중요한 의미를 띤다. 교회사에 대한 일반 역사가들의 토론은 기독교 역사가들이 역사를 편찬하는 과정에서 반드시 고려되어야 할 여러 가지 문제를 제공해 주기 때문에 중요하다. 최근에 중국과 독일의 기독교 역사가들은 교회사에 대한 마르크스적 평가에 도전을 받아 왔고, 아프리카와 아시아의 많은 교회들은 이슬람의 역사관과 대립되어 있다. 그러므로 이러

---

57) 위의 책, 107-110쪽.

한 문제를 해결하기 위해서는 일반 역사가들과의 논쟁과 토론이 필수적이라는 것이다.[58]

넷째로 일반 민중들(people)의 역사에 대한 기술이다. 전통적으로 유럽의 교회사 기술은 왕조 또는 엘리트 중심의 역사 서술이었다. 그러나 이에 대하여 에큐메니칼적 역사 서술은 아시아 아프리카의 교회사가들이 '민중'의 역사 속에서 하나님의 나라가 어떻게 도래하는가의 문제를 인식하는 것이 가장 중요하다고 역설한다. 그들은 역사 편찬의 기준은 '가난한 자들에게' 행한 예수님의 희생에 있다고 자신들의 신념을 고백한다. 가난한 자들과 억눌린 자들을 위한 정의의 투쟁은 교회선교의 핵심이며, 이러한 정의의 실현의 투쟁이 보편적인 역사 편찬에서 중심적인 내용을 차지해야 한다는 것이다.[59]

다섯째로 개방성의 인정이다. 에큐메니칼 역사 서술은 모든 역사의 해석은 원칙적으로 '수정 가능하도록 개방되어야 한다'는 것이다. 즉 에큐메니칼 역사 서술에 의하면 어떠한 역사 서술의 기술도 신학적이며, 또한 교회론적인 전제들과 무관하지 않기 때문에 이 전제들이 공개적으로 비판, 검토될 때 비로소 보편적인 기술이 가능해진다. 다양한 전제들의 비판을 통해 이전에 기록된 역사문서가 너무나 편견에 기초하였기에 반드시 수정되고 보충되어야 한다는 것이다.[60]

---

58) 위의 책, 109쪽.

59) 위의 책, 112-113쪽.

60) 위의 책, 10쪽.

마지막으로 '보편적이고 전체적인 영성'의 요구이다. 에큐메니칼 역사 서술은 '보편적이고 전체적인 영성'하에 수행을 지향한다. 이것은 거룩한 보편성이 자신들의 교회보다 더 '위대하다'는 자각에서 비롯된다. 이 보편적 영성의 정당성은 성령의 역사를 특정한 공동체에 국한시키지 않고 그리스도의 이름이 불려지는 모든 곳에서는 항상 성령이 역사하신다는 기대에 그 근거를 두고 있다. 특정한 교리나 교회론 상의 전제를 들어 어떤 기독교 공동체들을 처음부터 관심과 해석에서 배제하는 것을 인정하지 않는다. 그런데 이러한 전체적인 영성은 '역사의 어두운 면'을 간과하지 않는다. 이는 교회 내부의 역사에도 많은 실수와 결함이 있었다는 것을 인정하는 것으로 부정적인 측면을 부정하지도 않고, 그 결과에 대한 책임을 회피하지도 않는다. 그러므로 에큐메니칼 영성은 개방적이고 체험적인 영성이어야 한다.[61]

결론적으로 이러한 에큐메니칼 교회사 서술방법은 '다양성 속에서 일치'를 모색하는 서술방식으로 어느 지역에만 편중되는 서술이 아니라, 모든 대륙과 교회사를 통틀어 연구하여 다양한 축을 가진 세계 보편교회를 그림으로 세계성과 지역성, 보편성과 다양성을 함께 서술하는 통합교회사 서술방식을 추구한다.[62]

61) 이양호, "에큐메니칼 시대의 기독교 영성운동", 『기독교사상』제454호(서울: 대한기독교서회, 1996. 1), 60쪽.
62) 신수일, 『한국 교회 에큐메니칼 운동사: 1884-1945』(서울: 쿰란출판사, 2008), 35쪽.

2) 에큐메니칼 관점에서 본 유세비우스의 역사 서술과 역사 이해

(1) 긍정적 평가

유세비우스의 『교회사』에 나타난 역사 서술은 에큐메니칼 역사 서술의 관점에서 다음과 같은 긍정적 측면을 지닌다.

첫째로 유세비우스의 『교회사』는 에큐메니칼적 역사 서술의 보고라는 점이다. 에큐메니칼 차원의 교회사 서술은 신학적·교리적 보편성을 담보하기 위해 초대교회사에 대한 연구를 강조한다. 이것은 초대교회에 대한 이해가 보편적 시각을 가져다 주기 때문이다. 그런데 유세비우스의 『교회사』는 초기 기독교사 연구를 위한 중요한 원천 가운데 하나로 3세기까지의 교회에 관하여 이 작품에서만 보존되어 있는 가치 있는 정보들을 제공한다. 그의 『교회사』 제1권은 일반사와 교회사가 예수 그리스도와 복음에 근거하여 있음을 말한다. 제2권에서 10권은 사도적 계승의 문제, 교회사의 중요한 사건들과 인물들, 이단의 도전과 교회의 응전, 기독교에 대한 박해와 순교, 그리고 정경의 형성과정 등 초대교회의 중요한 사건들과 신학적·교리적 논쟁에 대한 지식을 우리에게 전달해 준다. 그래서 초기 기독교와 로마제국 연구학자들에게 그의 『교회사』는 결정적이고 필수적인 지식의 보고이다. 그러므로 에큐메니칼 차원의 역사 서술에 있어서 유세비우스의 『교회사』는 교회사가들이 참고해야 할 중요한 초대교회의 자료 가운데 하나라는 사실에 그 의미가 있다.

　　두 번째로 요셉푸스를 비롯한 일반 역사가들의 작품을 인용하여 교회의 역사를 서술한 유세비우스의 역사 서술방식은 현대 에큐메니칼이 지향하는 역사 서술방법론과 공통점을 지니고 있다. 에큐메니칼 역사 서술은 교회사를 전공하지 않는 일반 역사가들과의 토론을 강조한다. 이것은 기독교 역사가들이 역사 편찬의 과정에서 고려해야 할 보편사적 문제들을 제공해 주기 때문이다. 그런데 유세비우스의 역사 서술은 초대교회 교부들뿐 아니라, 요셉푸스를 비롯한 일반 역사가들의 저술을 인용하고, 이를 그의 『교회사』 속에 적절하게 연결시키고 있다. 그는 연대기적 문제들을 기록하기 위해 면밀히 로마제국의 황제들 혹은 통치자들을 살피고, 이를 초대교회의 감독 혹은 중요 인물들과 연계하여 서술한다. 그러므로 이와 같은 유세비우스의 교회사 서술방식은 일반사와 일반 역사가들과의 대화와 토론을 강조하는 에큐메니칼 역사 서술방식과 공통점을 지닌다 할 수 있다.

　　셋째로 유세비우스의 『교회사』에 나타난 역사 서술은 기독교적 관점으로 계속되는 장편의 이야기체(Narrative) 역사를 저술한 첫 번째 시도라는 데 그 의미가 있다. 이것은 소크라테스(Socrates), 소조민(Sozomen), 테오도레(Theodret), 그리고 에바그리우스(Evagrius)와 같은 역사가들의 작품들 속에서 계속적으로 발전된 기독교적 역사접근법의 형성에 중요한 영향을 미쳤다. 그러므로 유세비우스는 초기 기독교 역사가들과 기독교 역사 편찬 전통의 발전을 이

해하는 데 매우 중요한 인물이다.[63]

넷째로 유세비우스의 역사 이해는 후에 어거스틴에 의해 제안된 역사신학에 대한 고대 기독교의 유일한 대안으로서의 의미가 있다. 어거스틴의 두 왕국론은 신학적으로는 훌륭하지만, 로마제국의 붕괴에 대한 실용적인 대답을 제공하지 못하였다. 두 도성론에서 어거스틴은 역사 진보에 대한 개념을 부정하고, 세속 질서의 근본적인 기독교적 변화의 가능성을 의심하였다. 그러나 유세비우스는 그렇게 비관적이지 않았다. 그는 사회질서가 기독교적 전망으로 개혁될 수 있을 뿐 아니라, 교회의 선교와 세상을 향한 하나님의 계획의 본질적 측면이라고 믿었다. 하나님의 계획 속에서 로마제국의 역할에 대한 그의 독특한 이해는 1세기 후에 제국의 붕괴라는 결과로 포기되어야 했을지라도 보편적 기독교 사회에 대한 그의 비전은 기독교 전통 속에서 끊임없이 구성적 영향력을 발휘하였다.[64]

(2) 부정적 평가

유세비우스의 역사 서술은 에큐메니칼적 역사 서술에 비추어 볼 때 다음과 같은 단점을 지니고 있다.

첫째로 무엇보다도 그의 역사 서술은 에큐메니칼 역사 서술이 요구하는 다양성이 부족하다. 그의 『교회사』는 동서방교회

---

63) Michael Bauman & Martin Klauber, 위의 책, 73쪽.
64) 위의 책, 73쪽.

전체로서의 교회의 역사가 아닌, 일부만의 역사를 전달해 주고 있다.[65] 예를 들면 그는 도나투스파와 로마 교황청과의 논쟁에 관하여 침묵하였고, 터툴리안과 키프리안을 제외한 대부분의 라틴어 계통의 작품들을 빠뜨리고 있다. 뿐만 아니라 그의 『교회사』는 단지 교회의 이야기에 대한 단순한 정보를 제공할 뿐이며, 그것도 동방교회를 중심의 역사 서술로 서방교회의 역사는 동방교회들의 사건에 대한 보충으로서의 성격을 띠었다.[66] 그러므로 유세비우스의 역사 서술은 에큐메니칼 역사 서술이 지향하는 각 교회의 특수성과 다양성을 포함시키지 못하고 동방교회에 국한된 역사 서술이라는 점에서 다양성의 한계를 지니고 있다.

둘째로 유세비우스의 역사 서술은 에큐메니칼 차원에서 강조되는 '민중'(people) 차원의 서술이 부족하다. 에큐메니칼적 역사 서술의 관점의 하나는 '민중'의 역사 속에 하나님의 나라가 어떻게 도래하는가를 인식하는 것이 중요하다. 또한 가난한 자들과 억눌린 자들을 위한 정의의 투쟁이 선교의 핵심이며, 이 정의의 실현의 투쟁이 보편적인 역사 편찬에서 중심적인 내용을 차지해야 한다는 것이다. 그러나 그의 역사 서술은 초대교회의 '민중'보다 황제와 같은 정치 지도자나 교회의 지도자들에 역사 서술의 중점을 두었다. 그는 『교회사』에서 부와 사치를 하나님의 은혜의 증거로 받아들였고, 콘스탄틴의 통치를 하나님 나라의 도래로 이

---

65) W. Bright, *Eusebius' Ecclesiastical. History*(1881), XI. vi; H. J. L. Lawlor & J. E. L. Oulton, 위의 책, 31쪽; 조인형, 앞의 책, 187쪽.

66) Steven, *Studies in Eusebius*, Cambridge Uni. Press, 1927, 45쪽; Simeon L. Guterman, *Religious Toleration and Persecution in Ancient Rome*, Greenwood Press, 1951, 41쪽; 조인형, 앞의 책, 186쪽.

해하고 그에게 찬사를 돌렸다. 이러한 그의 역사 서술과 역사 이해는 교회사 속에서 끊임없이 논쟁을 불러일으켰고 그를 "공식적 신학" 혹은 "어용신학"의 저자로 불리게 하였다.[67]

　　셋째로 유세비우스의 『교회사』는 문학작품으로서 많은 개선되어야 할 것을 남겼다. 우선 문체의 빈곤이다. 그의 『교회사』는 많은 본론 이탈을 지니고 있으며 자료의 구성에 있어서 무계획적이다. 어떤 면에서 그의 『교회사』는 연대기적 작가의 논평과 관찰에 의해 느슨하게 결합된 작품 모음집으로 보일 수 있다. 『교회사』의 다른 결점은 자료운용에서 발견된다. 유세비우스는 부연 설명하고자 할 때, 원자료의 강조점을 바꿀 정도로 다시 기록한다. 그는 작품을 인용할 때도 종종 사료들을 짧게 절단하고 의미를 바꾸기도 한다. 그러므로 그의 『교회사』는 많은 자료들을 지니고 있지만, 그것을 그대로 받아들일 수 없고 비판적으로 연구되어야 한다. 그러므로 에드워드 기번은 "유세비우스는 자신의 종교의 영광에 도움이 되는 것은 무엇이나 관련지어 서술했으며, 또 종교의 명예를 손상시키는 것들은 전혀 서술하지 않았다는 사실을 간접적으로 고백하였다"고 하였다.[68]

67) Justo L. Gonzalez, 앞의 책, 162쪽; 곤잘레스 저, 서영일 역, 앞의 책, 215쪽.
68) Edward. Gibbon, *The Decline and Fall of the Roman Empire*, Abridge by. D. M. Low, Vol. I(ii 135), Washing Squere Press, 1960, 297쪽; 조인형, 앞의 책, 187쪽에서 재인용.

4. 나가는 말

지금까지 에큐메니칼 역사 서술방법론에 입각하여 유세비우스의 『교회사』에 나타난 역사방법론과 역사 이해를 비교분석하고 평가하였다. 이상의 연구를 바탕으로 그의 역사 서술방법론을 요약해 보면, 그는 역사 서술의 중심 주제들을 일곱 가지로 선정하고 『교회사』를 서술하였다. 이 주제들은 '원종교로서 기독교', '사도적 계승', '교회사에 있어서 가장 중요한 사건들과 인물들', '이단들의 발전', '유대인들의 운명', '기독교인들의 박해와 순교', 그리고 '성경의 본문과 정경의 역사' 등이다. 또한 유세비우스는 그의 『교회사』에서 교회사와 일반사를 하나님의 섭리와 은총의 역사로 해석하고, 하나님의 약속과 하나님 나라의 도래가 콘스탄틴 제국 아래에서 성취된 것으로 이해하였다.

이러한 유세비우스의 역사 서술방식과 역사 이해는 현대 에큐메니칼 역사 서술의 시각에서 보면 다음과 같은 평가를 할 수 있다. 먼저 긍정적 측면을 보면 그의 『교회사』는 에큐메니즘이 강조하는 초대교회에 대한 지식의 보고라는 점, 그리고 역사 서술에 있어서 일반 역사가들에 대한 그의 인용, 그의 『교회사』가 기독교적 관점의 이야기체 역사 서술의 첫 번째라는 점, 그리고 그의 역사 이해가 어거스틴의 역사신학에 대한 고대 기독교의 유일한 대안이라는 점에 그 의의가 있다. 다음으로 부정적 측면을 보면, 무엇보다도 유세비우스의 역사 서술은 에큐메니칼 역사 서술이 요구하는 다양성의 결핍과 '민중' 차원의 역사 서술이 부족하다는 점이다. 또한 문학작품으로서도 그의 『교회사』는 많은 개선되어야 할 점을 남겼다는 것이다.

  그러나 이러한 유세비우스의 역사 서술의 문제점보다 교회사 전통에 더 큰 영향을 미친 것은 그의 역사 이해이다. 그의 역사 이해는 기독교 신학의 전통적 주제들 가운데 일부를 포기하도록 했는 데 다음과 같은 세 가지 점에서 그러하였다.[69] 첫째로 초대교회와 신약 속에서 부유한 자들과 권세 잡은 자들은 복음을 받아들이기 어려웠지만 콘스탄틴으로부터 부와 사치가 하나님의 은혜의 증거로 받아들여지게 되었다는 것이다. 둘째로 유세비우스는 당시 건축되고 있던 화려한 예배당의 모습을 기쁨과 자랑 속에서 묘사하고 있다. 그러나 이러한 건물들과 이에서 비롯된 예배 의식의 결과 마치 세속 귀족층과 흡사한 종교 귀족층이 발전하게 되었으므로, 이들 성직자들과 평신도들 사이의 간격은 넓어져만 갔다. 교회는 예배의식뿐 아니라 사회적 계층에 있어서도 제국을 닮아 가기 시작하였다. 셋째로 결국 유세비우스는 자기가 발전시킨 역사관 때문에 초기 기독교 교훈의 근본적 주제 가운데 하나인 하나님 나라의 도래를 상실케 하였다. 콘스탄틴 이래로 그리고 부분적으로 유세비우스와 그의 신학사조를 따르는 인사들에 의해 주님께서 곧 다시 재림하여 평화와 정의의 왕국을 건설하시리라는 초대교회의 소망을 무시하거나 혹은 이를 경시하는 경향이 생기게 되었다는 점이다.

---

69) Justo L. Gonzalez, 앞의 책, 161-162쪽; 곤잘레스 저, 서영일 역, 앞의 책, 214-215쪽.

참고문헌

곤잘레스 저, 서영일 역, 『초대교회사』, 서울: 은성출판사, 1988.

김동건 편, 『신학과 전망』, 서울: 한국장로교출판사, 1999.

김명배, "한국 개신교 사회참여에 나타난 교회와 국가의 관계", 장로회신학대학교 미간행박사
　　　학위논문, 2007.

_____, 『해방 후 한국 기독교 사회운동사』, 서울: 북코리아, 2009.

신수일, 『한국 교회 에큐메니칼 운동사』, 서울: 쿰란출판사, 2008.

이양호, "에큐메니칼 시대의 기독교 영성운동", 『기독교사상』 제454호, 서울: 대한기독교서회,
　　　1996.

이형기, 『세계 교회사』, 서울: 한국장로교출판사, 1994.

_____, 『21세기를 향한 새로운 신학적 패러다임의 모색』, 서울: 장로회신학대학교출판부,
　　　1997.

_____, 『포스트모던 시대의 성경읽기』, 서울: 한들출판사, 2006.

임희국, "에큐메니즘에 입각한 영남 지역 교회사 연구," 『신학과 목회』 제12집, 1998.

_____, 『봉경 이원영 연구: 에큐메니즘에 입각한 지역교회사 연구의 사례』, 서울: 기독교문사,
　　　2001.

조인형, 『초기 기독교사 연구』, 서울: 한국학술정보(주), 2002.

주재용, 『새롭게 되는 교회사』, 서울: 대한기독교서회, 1995.

팜필루스 저, 엄성옥 역, 『유세비우스의 교회사』, 서울: 은성, 1990.

Barnes, T. D., Constantine and Eusebius, Cambridge, Mass, 1981.

Bauman, M. & Klauber, M., History of the Christian Tradition, Nashville, Tennessee,
　　　1995.

Eusebius, Ecclesiastical History, Edted by Christian Freerick Cruse, Baker book House,
　　　1990.

Gibbon, Edward, The Decline and Fall of the Roman Empire, Abridge by. D. M. Low, Vol.
　　　1(ii 135), Washing Squere Press, 1960.

Grant, R. M., "Eusebius", in The Ancient Historians, New York: Charles Scribners' Sons,
　　　1970.

_____, Church Historian, 1980.

_____, Eusebius as Church History, Oxford, 1980.

Lawlor, H. J. L. & Oulton, J. E. L., "Eusebius as Historian and Critic", in The
　　　Ecclesiastical History and Martyrs of Palestine, Vol. II. London, 1954.

Simeon, L., Guterman. Religious Toleration and Persecution in Ancient Rome,
　　　Greenwood Press, 1951.

Steven, Studies in Eusebius, Cambridge Uni. Press, 1927.

Swete, Essays on the Early History of the church and the Ministry, London, 1918.

Thompson, J. W., "Early Christian Historigraphy," in A History of Historical Writing, 1967,
　　　Vol. 1.

Vischer, Lukas, Church History in an Ecumenical Perspective, Papers and Reports of an
　　　International Consultation held in Basle October 12-17, 1981.

루터의 두 왕국론과 한국 개신교[1]

1. 들어가는 말

　　루터의 두 왕국론은 최근 수십년 동안 가장 많이 논의되었으나 루터파 내에서 조차도 다양하게 이해되어 온 루터신학의 단일주제이다. 그래서 요하네스 헤켈은 이를 두고 "두 왕국론의 미로"라 표현하였다.[2] 그런데 루터의 두 왕국론은 역사적으로 사회적이고 실천적인 측면에서 혼란이 더욱 심화되어 왔다. 루터교 국가 내에서 교회와 정부의 지도자들은 루터의 두 왕국론에 근거하여 서로 다른 정치적 입장을 전개해 나갔다. 서독의 루터주의자들은 이 두 왕국설을 근거로 정치적 보수주의를 지지하는가 하면, 동독의 루터주의자들은 국가사회주의와 화해하기도 하였다. 또한 독일의 일부 루터주의자들은 루터의 두 왕국론을 히틀러에

---

1)　이 부분은 한국교회사학회의 『한국교회사학회지』 제25집(서울: 한들출판사, 2009, 11)에 게재된 "루터의 두 왕국론에 관한 연구"와 필자의 석사학위논문 "루터의 두 왕국론에 관한 연구", 미간행석사학위논문(서울: 장로회신학대학교, 1997)을 수정하고 추가하여 수록하였다.

2)　Jürgen Moltmann, *On Human Dignity: Political Theology and Ethics*(Philadelphia: Fortress Press, 1984), 63쪽.

대한 우호적이고 중립적인 태도의 기반으로 이용하기도 하였고, 노르웨이의 주교 베르그라프는 민족사회주의적 전제정치를 거부하는 적극적인 항거의 수단으로 사용하였다.[3]

그런데 교회지도자들만이 루터의 두 왕국설에 근거하여 그들의 국가관을 설명하려 한 것은 아니었다. 정치가들 역시도 루터의 두 왕국론에 기초하여 종교에 대한 그들의 입장을 관철하려 하였다. 20세기 후반 폴란드 정부는 루터의 두 왕국론에 근거하여 '정치적'인 설교를 금하였고, 필리핀, 한국, 남아프리카, 아르헨티나 등지에서도 독재자들이 교회를 상대로 루터의 두 왕국론을 적용하여 교회와 그 지도자들이 반정부적 성향을 띠면 이를 국가의 적으로 규정하여 탄압하기도 하였다.[4]

그러므로 현대 신학자들은 루터의 두 왕국론을 두 가지 관점에서 비판하여 왔다. 첫째로 루터가 창조의 질서들을 영화롭게 하는 데 간접적으로 공헌하였지만, 루터파들이 제3제국(나치정권)에 대한 비판적인 태도를 취하는 것을 어렵게 만들어 버렸다는 것이다. 둘째로는 루터의 두 왕국론은 많은 루터 교회들로 하여금 제3세계 국가들 안에서 정치적 상황이나 자유를 위한 혁명적 운동들에 대한 "보수적"태도를 취하게 만드는 데에 그 책임이 있다는 것이다.[5] 그러나 이렇게 루터의 두 왕국론이 사회적이고 실천적인 측면에서 혼란이 심화되어 왔던 것은 루터 자신의 책임이

---

3)   위의 책, 63쪽.

4)   위의 책, 63쪽.

5)   Bernhard Lohse, *Martin Luther: An Introduction to His Life and Work*(Edinburgh: T & T. Clark), 186-187쪽; 이형기 역, 『루터 연구 입문』(서울: 크리스챤다이제스트, 1993), 254쪽.

라기보다는 루터의 신학과 그의 두 왕국론에 대한 오해와 오용에서 비롯된 측면이 강하다. 오히려 이러한 비판에도 불구하고 루터의 두 왕국론은 역사에 장구한 영향을 미쳐왔으며, 오늘날에도 그 영향력이 남아 있다는 데에는 어떠한 이론도 있을 수 없다.

그러므로 이 글은 다음과 같은 내용들을 중점적으로 다루고자 한다. 첫째로 루터의 저작에 나타난 두 왕국론을 전체적으로 조망하고, 이에 대하여 구조적인 이해를 시도해 봄으로써 '두 왕국론의 미로'라 불릴 만큼 복잡한 루터의 두 왕국론의 본질과 정체를 규명하고자 한다. 특히 루터가 두 왕국론에서 당시의 로마 가톨릭과 급진적 종교개혁자들의 주장에 반대하여 교회란 무엇인가? 국가란 무엇인가? 교회는 국가에 대하여 어떤 입장을 취해야 하는가? 혹은 교회의 사회참여는 어느 정도까지 가능한가? 그리고 교회와 국가의 관계는 어떠해야 하는가? 등에 대해 취한 입장을 살펴보고자 한다.

둘째로 이 글은 루터의 두 왕국론의 본질을 규명하기 전에 먼저 그의 두 왕국론을 형성케 한 사상적 배경이 무엇인지 역사적으로 고찰해 보고자 한다. 사실 루터의 두 왕국론은 그의 역사관, 신론, 창조론과 같은 신학적 사상과 깊은 관련이 있으며, 당시대는 물론 교회사 전체를 관통하는 신학자들과 사상가들의 영향을 받았다. 특히 이 주제와 관련하여 고대의 어거스틴, 중세의 마르실리우스의 영향은 결정적이라 할 수 있다.

셋째로 이 글은 두 왕국 내에서의 루터의 기독교 윤리를 다루고자 한다. 특히 산상수훈에 대한 루터의 해석, 전쟁, 공직, 저항권의 문제 등과 관련된 사회 · 정치윤리를 고찰할 것이다.

넷째로 이 글은 루터의 두 왕국론에 대한 전체적 요약과 신학적 평가를 시도하고자 한다. 특히 루터의 두 왕국론에 대한 평가를 통하여 루터의 두 왕국론이 지니고 있는 사회 · 정치윤리적 오용의 위험성이 무엇인지 규명하고자 한다.

그리고 마지막으로 루터의 두 왕국론이 제3제국(히틀러 제국)과 제3세계 국가의 역사 속에 미친 영향을 살펴볼 것이다. 특히 루터의 두 왕국론이 한국 교회에 어떠한 여향을 미쳤는지를 서술하고자 한다.

이상의 목적을 위하여 이 글은 역사적 연구방법과 문헌적 연구방법을 병행하였다. 먼저 세계 교회사에 관련된 문헌들을 가지고 루터의 역사적 사상적 배경을 고찰하였다. 다음으로 루터의 두 왕국론의 내용들을 1516－1517년의『갈라디아 강의』, 1519년의『갈라디아 강의』, 1520년의『독일귀족에게 고함』, 1520년의『노예의지론』, 1521년의『산상수훈 강해』, 1523년의『세속권세에 관하여』, 1525년의『노예의지론』, 1526년의『군인들도 구원받을 수 있을까?』, 1526년의『터키전쟁에 관하여』, 그리고 끝으로 1531년의『갈라디아서 주석』(특히 3장) 등의 문서들을 통하여 다룰 것이다.

2. 루터의 두 왕국론의 사상적 배경

1) 묵시문학적 종말론

　　루터의 두 왕국론은 역사적 맥락에서 보면 어거스틴의 『하나님의 도성』(De civitate Dei)과 함께 티코니우스의 고대 가톨릭 묵시문학, 더 나아가 선지자 다니엘이 기술한 것과 같은 유대교 묵시문학적 역사 이해를 두루 수용한 것이다. 이 묵시문학적 역사 이해는 이스라엘의 역사만이 아니라, 세계사 역시 갈등을 통해 만들어지는 두 시대(Two aeon)로 규정한다. 이 묵시문학적 역사 이해에 의하면, 소멸해 가는 야수같은 세상 지배자들의 불의한 시대는 새롭게 도래하는 하나님의 영원하고도 정의로운 시대에 의해 정복된다. 이방인들은 하나님의 백성인 이스라엘과 더불어 투쟁하고, 하나님 없는 죄인은 하나님을 의지하는 의인들을 대항하여 투쟁한다. 그래서 전 역사는 도래하는 종말론적 결전과 개인의 의로운 삶을 위한 투쟁의 장이 된다.[6] 결국 묵시문학적 역사 이해는 종말론적인 투쟁설이라 할 수 있다.

　　이러한 묵시문학적 종말론은 유대교 문학가들이 극복할 수 없는 엄청난 악의 현실 앞에서 이 현 시대를 악한 영들의 집단적 지배시대라고 규정할 수 밖에 없었고, 선한 하나님의 손길이란 조금도 찾아볼 수 없는 어두운 현실 속에서 완전히 절망하고

---

6)　　Jürgen Moltmann, 앞의 책, 65쪽.

현실을 포기해 버린 곳에서 생긴 것이다. 그러나 그럼에도 불구하고 악의 힘을 정복하고 하나님의 나라, 즉 메시야 왕국이 도래할 것에 대한 막연한 기대를 하는 것이 특징이다. 그래서 이들은 하나님 나라의 도래의 형태는 메시야의 나라, 즉 다윗 왕가의 통치를 통하여 이루어지기를 바랐다. 루터는 기본적으로 이러한 투쟁의 성격을 지닌 묵시문학적 종말론을 그의 저작 전반에서 받아들이고 있다. 그러므로 몰트만은 루터의 두 왕국론의 교리적 기본입장이 묵시문학적 종말론이라고 표현한다.[7]

2) 어거스틴적 두 도성설

어거스틴은 413년 그의 저작 『하나님의 도성』(*The City of God*)에서 두 도성들, 즉 "하나님의 도성"과 "사탄의 도성"을 구별하여 인류역사 속에 구속사와 일반사가 서로 병존하면서 대립, 갈등 속에 있음을 말하였다.[8] 즉 세계의 역사를 묵시문학적 종말론으로 이해하는 것이다. 어거스틴에게 있어서 하나님의 도성은 이민족의 침입에 대한 책임을 묻는 로마 원로원을 향한 변증서의 하나로 쓰였다. 이 저작에서 어거스틴은 두 도성의 기원은 천상에

---

7) 몰트만은 그의 저작 *On Human Dignity*에서 루터의 두 왕국론을 설명하기 위하여 ① 교의적 기본입장, ② 거기에 따른 역사에 대한 해석, ③ 이론과 실천의 관계 등으로 나누었다. 그리고 ① 교의적 기본입장에서 루터의 두 왕국론이 기본적으로 묵시문학적 종말론(Apocalyptic Eschatology)이라 표현하였다.

8) Augustine, *The City of God*, Trans. Marcus Dods(New York: The Morden Library, 1950), Book 14:ch. X. XI. XII.

서는 타락한 천사로 말미암아 천사의 분열에서 시작되었고, 지상에서는 가인과 아벨로부터 시작된다고 말한다. 그리고 가인과 함께 시작된 지상의 도성은 사탄과 함께 영원히 다스릴 것으로 예정되었고, 아벨과 함께 시작된 하나님의 도성은 하나님과 함께 영원히 다스릴 것으로 예정되었다.[9] 또한 어거스틴에 의하면 두 개의 도성은 두 가지 사랑에 의하여 형성되었다. 하나님의 도성이란 하나님 사랑(Amor Dei)을 근거로 이룩된 사회이고, 지상의 도성이란 자기사랑(Amor Sui)을 근거로 이룩된 사회이다.

그런데 어거스틴에게 하나님의 도성(Civitas Dei)은 성서에 근거한 신앙적 실체요, 미래적 실체로 구원받은 사람들의 사회와 교제이다. 또한 하나님의 도성은 예수 그리스도를 믿어 그의 의지가 새로워져서 신을 사랑하게 된 모든 성도들의 마음과 삶 속에서 실재하며, 성도들의 순례자적인 삶을 통해 이 세상 속에서 종말의 완성을 향해 전개되는 것이다.

반대로 지상의 도성(Civitas Terrena)은 의지에 있어서 새로워지지 못한 사람들과 타락한 천사들로 구성되며, 자아에 대한 사랑과 심지어는 하나님에 대한 경멸을 지닌 것으로 나타난다. 그래서 자기를 사랑하고, 자멸의 운명을 자기 속에 내포하고 있다.[10] 어거스틴은 이 두 도성은 시간이 지속되는 동안 함께 살아야 하며, 결코 다른 한쪽을 이 현세의 장에서 내쫓을 수 없으며, 이 두 도성의 구분은 단지 종말에 이르러 판가름나는 것으로 이해한

---

9) 위의 책, 478-479쪽.
10) 조성노 편, 『역사와 종말』(서울: 현대신학연구소, 1992), 24쪽.

다.[11] 그러므로 어거스틴의 두 도성설은 기본적으로 두 도성 사이의 구별과 대조에 기초한 것이다.

이러한 어거스틴의 하나님의 도성과 사탄의 도성에 대한 이해는 이 개념들에 대한 미래의 발전에 영향을 미쳤고, 중세기의 역사적 발전에 다중적인 효력을 미쳤다. 그는 11세기와 12세기의 서임권 논쟁도 역시 이 주제의 역사의 일부이며, 14세기의 루드비히와 교황청 간의 논쟁들도 마찬가지이다.[12] 특히 루터는 어거스틴계 수도사로 사상적으로 중세 후기의 어거스틴적 신학 전통에 강하게 영향을 받았다. 그의 초기 저작들은 어거스틴의 전통을 그대로 전승하여 세계사를 하나님의 도성과 사탄의 도성 간의 투쟁으로 이해하였다.[13] 그러므로 에벨링은 루터의 두 왕국론의 직접적 원조가 어거스틴의 두 도성설이었다고 주장한다.[14]

3) 마르실리우스의 『평화의 수호자』

중세 후기로 접어들면서 교황 중심적 교회 절대주의에 대한 반대들이 일어났다. 단테(Dante)는 그의 『왕정론』(De Monarchia, 1310-1311)에서 왕정국가의 독립적 존재이유를 주장하였고, 오캄(Wiliam

---

11) 김명혁, "어거스틴의 두 도성에 대한 개념", 『신학정론』 제1집(1983), 118쪽.

12) Bernhard Lohse, 앞의 책, 188쪽.

13) Jürgen Moltmann, 앞의 책, 64쪽.

14) Gerhart Ebeling, *Luther: An Introduction to his thought*, Trans. R. A. Willson(London: Fontana Library of theology and Philosophy, 1982), 178-179쪽. 에벨링은 이곳에서 루터에게 있어서 전 역사의 과정은 두 왕국이 공존과 대립하는 어거스틴의 두 도성설적 성격을 지녔다고 말한다.

60 제1부 세계 교회사 전통과 한국 기독교

of Ockham, 1285-1347)은 국가의 독립성과 그 필요성을 지적하였다. 무엇보다도 파리대학의 총장이었던 마르실리우스(Marsilius of Padua, 1275-1342)는 『평화의 수호자』(Defensor Pacis, 1324)에서 당시 교황 중심의 로마 가톨릭 교회를 인정하면서도, 교회로부터 완전히 독립된 법치주의의 존재 이유를 말하였다.[15]

마르실리우스는 이 『평화의 수호자』에서 국가 영역의 일반적 구조와 기능과 수위권을 주장하는 교황주의의 위험성에 대해 다루었다. 그에 의하면, 국가는 이성의 산물이며 인간의 복지를 위해 존재하고, 정치적 권위는 강압적 권세의 구조와 소유로서 정의되며, 합법적 정치권력의 유일한 근원은 국민들의 동의나 의지이다.[16] 또한 그는 예수가 빌라도의 심판할 권세를 부인하거나 항거하지 않은 점을 보아 그리스도는 빌라도의 심판할 권세를 공공연히 시인한 것이며, 또한 그리스도는 영적 왕국과 세속적 왕국이 서로 다른 영역임을 분명히 했다(요 19:9-10)고 주장하였다.[17] 여기에서 마르실리우스는 교회와 국가의 분리라는 입장을 주장하였으며, 사제들의 의무는 세속적 주권을 장악하는 것이 아니라, 그리스도의 본을 따라 섬기는 것이라고 말했다. 또한 사제가 인간의 법을 어겼을 때에는 법에 따라 심판을 받아야 한다고 주장하였다.[18] 이와 같이 마르실리우스는 국가와 교회 사이의 관

---

15) 이형기, 『종교개혁신학사상』, 서울: 장로회신학대학교출판부, 1984, 9-10쪽.

16) Marsilius of Padua, *The Defender of Peace*, Trans. Alan Gewirth(New York: Harper & Row, 1956), 30쪽.

17) 위의 책, Ⅱ. 4. 12.

18) 위의 책, Ⅱ. 4. 13.

계에 있어서 새로운 개념을 설정하고, 세상 국가의 독립성과 강제성을 강조하였으며, 영적 국가는 세상 국가를 돕고 섬기는 데 그 의무가 있다고 역설하였다.[19] 그러므로 마르실리우스는 1326년 로마 교황청에 의해 정죄를 받았고 처형되었다.

이같은 마르실리우스의 사상은 위클리프(Wyclif), 후스(Hus), 그리고 루터에게 두 왕국 사상에 대한 아이디어를 제공하였을 뿐아니라 이탈리아에서 일어난 르네상스 인문주의의 물결과 더불어 종교개혁 당시 스페인, 프랑스, 영국, 독일 등과 같은 민족주의적 왕정국가들을 탄생시켰다. 그러므로 이와 같은 후기 중세기의 국가관은 로마의 바티칸 중심의 한 나라를 와해시키고 그 대신에 두 나라, 즉 교회와 국가가 생기게 하였으며, 중세적 교회 절대주의가 무너지기 시작하면서 국가와 세속적 가치의 세계가 중세교회로부터 독립하기 시작하였다.[20] 이것은 당대에 있어서 교황권에 정면 도전한 사건으로서 충격적인 것이었으며, 가톨릭 역사가들에게 마르실리우스는 루터와 칼뱅의 선구자로 불리게 되었다.[21]

4) 루터의 성서 주석과 전체적인 신학의 틀

루터는 성서 주석가였다. 그는 두 왕국을 자신의 사변적 사

---

19) 이형기, 앞의 책, 10쪽.

20) 이형기, "역사적 맥락에서 본 루터의 두 왕국 사상과 그의 직업관", 이수정 기념강연, 『교회와 신학』 제14권(서울: 장로회신학대학교, 1981), 147쪽.

21) Philip Schaff, *History of Christian Church*, Vol. Ⅳ(Michigan: Eerdmas, 1979), 29쪽.

고에 기초하여 주장하지 않았다. 그는 이 문제에 있어서 전적으로 성서에 매여 있었다. 또한 그는 자신의 멋대로의 사고에 기초하지 않은 것 같이, 정치 당국이 그에게 말하는 것에 기초하여서도 두 왕국론을 주장하지 않았다. 루터는 단지 성서가 증언하는 대로 두 왕국론을 주장하고자 했다.[22] 그러므로 루터의 두 왕국론은 그의 성서 해석을 바르게 알아야 이해할 수 있다. 특히 산상수훈에 대한 그의 이해와 연관시키지 않고는 정확하게 이해할 수 없다. 그러므로 루터의 두 왕국론은 산상수훈이 제기하는 문제들과 밀접하게 연관시키는 것이 필수적이다.

뿐만 아니라 무엇보다도 그의 두 왕국론은 갈라디아 주석에 잘 나타난다. 1516-1517년의 『갈라디아 강의』, 1519년의 『갈라디아 강의』, 1531년 『갈라디아 주석』은 구원의 경험 혹은 복음 말씀에 대한 반응에서 그리스도의 왕국, 교회 및 하나님의 나라에 대한 확신이 생김과 동시에 세상의 세상성에 대한 의식이 생기게 되었다. 그리고 율법의 정치적 사용이 적용되는 영역, 즉 문화 일반, 학문 일반, 사회, 국가, 직업의 현장 등을 그리스도의 왕국, 교회 및 하나님의 나라와 구별하게 되었다.[23]

그러므로 루터의 두 왕국론은 그의 신학 전체에 아주 완전하게 얽혀 있으므로 누구든지 모든 방향에서, 즉 그의 신관, 세상의 창조와 보존에 관한 교리, 기독론, 종말론, 교회와 이성, 율법과

---

22) Paul Althaus, *The Ethics of Martin Luther*, Trans. Robert C. Scbultz(Philadelphia: Fortress, 1972), 44쪽.

23) 이형기, 앞의 글, 57쪽.

복음, 정의의 개념 등에서 실마리를 풀어야 한다.[24)]

3. 루터의 저작에 나타난 두 왕국론

1) 어거스틴적 두 왕국론

두 왕국론(Two Kingdoms)에 관한 언급이 있는 루터의 저작은 1516-1517년의 『갈라디아 강의』, 1519년의 『갈라디아 강의』, 1520년의 『독일귀족에게 고함』, 1520년의 『노예의지론』, 1523년의 『세속권세에 관하여』, 1525년의 『노예의지론』, 1526년의 『군인들도 군원을 받을 수 있는가?』, 그리고 1531년 『갈라디아서 주석』(특히 제3장) 등이다.

루터는 이 저작들 속에서 공통적으로 세상나라 혹은 불신자의 세계를 "세상적 통치"(Weltliches Regiment)라 부르고, 하나님의 나라 혹은 그리스도의 나라를 "영적인 통치"(Geistliches Regiment)라 부르고 있다.[25)] 그런데 여기에서 루터가 사용한 "통치"(Regiment)라는 단어는 어거스틴적 전통의 "도성"(Civitas)이라는 단어와 동일한 의미를 지니는 바, "영적인 통치"와 "세상적 통치"는 예루살렘과 바벨

---

24)   Heinrich Bornkamn, 앞의 책, 29쪽.
25)   이형기, 『종교개혁신학사상』, 57-58쪽.

론, 가인과 아벨, 선과 악, 하나님과 악마 간의 긴장과 갈등 혹은 투쟁을 의미한다.[26] 그러므로 루터의 "두 왕국론"은 묵시문학적 종말론에 기초한 어거스틴 전통의 두 왕국 개념을 그대로 전승한 것이다.

루터는 1523년의 『세속권세에 관하여』에서 하나님의 왕국과 사탄의 왕국이라는 상극적인 두 왕국에 대하여 다음과 같이 말한다.

> 우리는 아담의 모든 자손들을 두 부류로 나누어야 한다. 첫 번째 부류는 하나님 나라에 속하고 두 번째 부류는 세상의 나라에 속한다. 하나님 나라에 속하는 자들은 그리스도를 진심으로 믿는 자들로서 그리스도께 복종한다. 왜냐하면 그리스도는 시편 2편과 모든 성경이 말하고 있는 것처럼 하나님 나라에서 왕이자 주님이시기 때문이다.(중략) 그리스도인이 아닌 모든 사람은 세상의 나라에 속하며 율법 아래 있다. 믿는 자는 드물고 더구나 그리스도인으로서의 삶을 살아가며 악에 대적치 않고 스스로 악을 행치 않는 자는 더욱 드물기 때문에, 하나님은 비그리스도인들을 위하여 기독교 세계와 하나님 나라 바깥에 다른 정부를 마련하셨다.[27]

한편 루터는 1525년 『노예의지론』에서도 하나님의 왕국과

---

26) Jürgen Moltmann, 앞의 책, 64쪽.

27) Martin Luther, *Selections From His Writings*, edited and With an Introduction by John Dillenberger, 이형기 역, 『루터 저작선』(서울: 크리스챤다이제스트, 1994), 441-443쪽.

사탄의 왕국에 대하여 다음과 같이 말한다.

> 그리스도인이 알고 있는 것은 세상에 두 왕국이 있다는 것
> 인데, 그들은 서로 치열하게 상반된다. 그 둘 중 하나에서
> 는 사탄이 통치한다. 그러므로 그리스도는 사탄을 "이 세상
> 의 통치자"(요 12:31)라고 하고 바울은 "이 세상 신"(고후 4:4)
> 이라고 부른다.(중략) 다른 왕국에서는 그리스도가 통치하며,
> 그의 왕국은 끊임없이 사탄의 왕국에 항거하고 싸운다. 하
> 나님의 왕국(The Kingdom of God)과 사탄의 왕국(The Kingdom of
> Satan) 사이에 중립 왕국은 없다.[28]

이상의 인용의 글에서 볼 수 있듯이, 루터에 의하면, 하나
님의 왕국은 사탄의 왕국과 철저히 분리된다. 양자 사이에는 어
떠한 혼합이나 연결점이 없다. 그것은 마치 그리스도와 벨리알이
조화될 수 없듯이, 빛과 어둠이 함께할 수 없듯이, 하나님의 왕
국의 백성들은 사탄의 왕국의 백성들이 될 수 없다. 양 세계는 오
직 영구한 투쟁과 갈등만이 있을 뿐이다. 그러므로 에벨링은 어
거스틴이 그의 『신의 도성』에서 세상의 역사를 거듭난 신실한 남
은 자들로 구성된 하나님의 도성(Civitas Dei)과 어둠의 세력의 지배
아래 있는 세상의 도성(Civitas Terrena) 사이의 끊임없는 투쟁으로 묘
사한 어거스틴의 두 도성설이 루터의 "두 왕국론"의 직접적 원조

---

28) Martin. Luther, *American Edition of Luther's Works*, Vol. 33(Phildelphia and Louis, 1955-1968),
287쪽(이하 LW로 통일함).

라고 말하였다.[29)]

몰트만도 루터가 "두 왕국론"을 어거스틴 전통을 이어받아 세계사를 묵시문학적, 즉 세계사의 종국에까지 지속될 하나님의 도성과 악마의 도성 간의 투쟁으로 이해하였다고 주장한다. 더 나아가 그리스도인의 개인적인 삶 역시 영과 육, 의와 죄, 생과 사, 신앙과 불신앙의 투쟁으로 이해하였다고 주장한다.

뿐만 아니라 루터에게 있어서 세계사와 개인의 생애 속에서의 하나님과 악마의 투쟁은 원칙적으로 종말론적으로 이해되었으며, 이 종말론은 실제적이나 아직 도래하지 않은 미래이며, 세상 끝 날에 격렬한 투쟁이 될 묵시문학적 종말론이었다는 것이다.[30)] 보른캄 또한 루터와 어거스틴의 견해를 비교하면서 서로 투쟁하는 두 세력과 두 공동체, 즉 세상의 왕국과 하나님의 왕국에 대한 묘사에서 루터는 확실히 어거스틴과 일치하며, 이 일치점은 두 사람 사이의 차이에 앞서고 둘 사이에 가교를 놓는 공통점이라고 주장하였다.[31)]

한편 루터파의 법학자인 요하네스 헤켈(Johannes Heckel)도 루

---

29) Gerhart Ebeling, 앞의 책, 178-179쪽.

30) Jürgen Moltmann, 앞의 책, 64쪽. 그러나 몰트만은 루터의 서로 상충되는 하나님의 도성과 지상의 도성, 영과 육의 범주는 영지주의적 이원론이 아니라 동일한 창조세계와 인간 속에서의 갈등과 모순과 투쟁을 문제 삼는 것으로 하나님의 통치와 악마의 통치 사이의 하나의 투쟁론이라고 주장한다.

31) Heinrich Bornkam은 그의 *Luther's Doctrine of the two kingdoms in the context of his theology*에서 어거스틴의 두 왕국론과 루터의 두 왕국론을 비교하고 다음과 같이 그 내적 차이점을 말한다. 첫 번째로 어거스틴은 루터처럼 국가를 평화의 보호자로 찬양하지만, 그는 실제로 국가를 하나님의 구원의 의지 안에 포함시키지 않았다. 두 번째로 어거스틴의 생각은 루터보다 더 금욕적으로 지향되어 있었다. 즉 그는 루터의 윤리학이 인정하지 않는 완전한 것과 불안전한 것의 구분을 하고 있다. 세 번째로 루터에게는 공인과 사인의 변증법이 있으나 어거스틴은 전혀 변증법적으로 사고하지 않았다.

터의 "두 왕국론"이 "하나님의 왕국"과 "악마의 왕국" 간의 오랜 대립의 성격을 지닌 어거스틴적 "두 왕국론"이라고 주장하였다. 그는 루터가 두 왕국에 대한 주장에서 하나님의 이중적 통치 방식을 그 중심에 두었던 것이 아니라, 오히려 어거스틴의 두 도성들에 대한 이해를 심화 발전시켰다고 이해하였다.[32] 그런데 이러한 어거스틴 전통의 두 왕국론은 위의 인용문에서 보았듯이, 루터의 초기의 저작은 물론 후기 저작인 1525년의 『노예의지론』에서도 발견된다. 그러므로 이 글은 어거스틴적 전통의 두 왕국론이 루터의 저작 전반에 걸쳐 나타나는 것으로 파악한다.

2) 두 정부론

루터의 "두 왕국론" 연구에 있어서 근본적 변화가 일어난 것은 "두 왕국론"이라는 용어를 "두 정부론"(Two Regiments)으로 초점을 맞추면서이다. 이러한 작업은 에른스트 킨더(Ernst Kinder)와 구스타프 퇴른발(Gustav Tornvall)에 의하여 시작되었다. 퇴른발은 루터가 두 왕국들 혹은 영역들을 근본적으로 구분하였다는 일반적 주장

---

32) Bernhard Lohse, *Martin Luther: An Introduction to His Life and Work*, 189쪽; 이형기 역, 『루터 연구 입문』, 257쪽. 그러나 루터의 "두 왕국론"의 중심이 어거스틴적 "두 왕국론"이라는 헤켈의 주장에 대하여 베른하르트 로제는 헤켈이 그의 명제의 근거로서 제시한 인용문들이 주로 초기 루터(1520-1523)의 작품들로부터 발췌되었으며, 후기 루터의 작품들에 있는 다른 강조점들이 지적되지 않았다고 비판하고, 루터의 "두 왕국론"에 대한 연구에서 그의 관점의 변화를 고려해야 한다고 주장한다. 즉 로제에 의하면 루터는 초기 저작뿐만 아니라 후기 저작 속에서도 어거스틴적 두 왕국 개념을 지니고 있으나, 다만 두 왕국의 초점이 하나님의 두 통치 질서인 "두 정부론"으로 넘어갔다는 것이다. Bernhard Lohse, 앞의 책, 188쪽.

에 반대하여 "두 정부론"에 대하여 이야기하였다고 주장하였다. 그는 루터가 기독교 세계와 세속 세계를 이원론적으로 완전히 분리시키는 어거스틴적 "두 왕국론"을 주장한 것이 아니라, 하나님께서 "두 정부"라는 이중적 통치방식을 통하여 다스리시는 "두 정부론"에 대하여 주장한 것으로 이해하였다.[33]

이러한 퇴른발의 견해에 동의하여 파울 알트하우스(Paul Althaus)도 "두 왕국론"의 중심을 하나님의 이중적 통치 방식, 즉 "두 정부"에 두어야 한다고 주장한다.[34] 알트하우스는 루터의 두 왕국론을 단순하게 하나님의 왕국과 사탄의 왕국간의 신약적이고, 묵시문학적인 대립의 측면에서 정의하는 것은 적절하지 못하다고 지적한다. 그는 루터가 『세속권세에 관하여』에서 결혼과 재산 같은 문제들을 포함시킨 보다 넓은 의미에서 세속정부에 관하여 언급하자마자, 세속정부를 악의 힘과 더 이상 동일시할 수 없는 변화가 루터의 두 왕국론에 도래하였다고 본다. 즉 세속정부를 하나님의 나라와 대립되는 관계로 더 이상 정의할 수 없고, 나라와 정부라는 말 사이에 구별이 없어졌으며, 세속정부를 지상의 삶을 보호하는 하나님의 통치 질서로 이해하게 되었다는 것이다.[35]

---

33) Bernhard Lohse, 위의 책, 189쪽.

34) Paul Althaus, 앞의 책, 52쪽.

35) 위의 책, 52쪽.

(1) 하나님의 두 통치 질서로서 두 정부

① 영적 정부

　　루터의 "두 정부론"은 그의 후기 저작, 특히 『세속권세에 관하여』(On Temporal Authority, 1523)[36]에 잘 드러나 있다. 루터는 이 저작에서 세상을 구원한 그리스도의 왕국, 즉 영적 정부가 하나님의 통치 질서임을 다음과 같이 말한다.

> 그리스도 안에서 그리스도 아래에서 바르게 믿는 모든 신자는 하나님의 왕국에 속한다. 왜냐하면 하나님의 왕국에서는 그리스도께서 왕이요 주이시기 때문이며 또한 그가 하나님의 왕국을 시작하고 이를 세우기 위해 이 세상으로 오셨기 때문이다. 이 사람들에게는 세속적인 검이나 율법이 필요치 않으며, 만약 모든 세상이 참 그리스도인, 참 신자라면 지배자, 왕, 주인, 검, 율법 등은 더 이상 필요하지도 이용되지도 않을 것이다.[37]

　　루터에 의하면, 이 영적 정부는 하나님의 나라, 즉 은혜의 나라이다. 그런데 하나님의 은혜는 그리스도 안에 현존하기 때문에 이 나라를 그리스도의 나라로, 그리스도를 왕과 주님으로 부른다.[38] 그러므로 영적 정부는 그리스도께서 그의 통치권을 행사

---

36)　Heinrich Bornkamm, 앞의 책, 5-6쪽.

37)　John Dillenberger, *Selections From His Writings*, 이형기 역, 『루터 저작선』, 441쪽.

38)　*LW*, Vol. 45. 88.

하는 장소이며, 또한 그리스도께서 그의 통치권을 행사하는 수단이다. 그리스도는 영적 정부를 통하여 죄와 죽음에 갇혀 있는 사람들에게 은혜와 복음을 전달함으로써 그의 통치권을 행사한다. 그리고 이 은혜 속에서 죄의 용서가 이루어지고, 하나님의 자녀들의 자유가 선포된다. 그런데 이 자유는 정죄하는 율법으로부터의 자유이며, 하나님의 진노로부터의 자유이며, 동시에 모든 마귀적 운명의 권세와 이 피조된 세계의 마귀적 권세로부터의 자유이다.[39] 그리고 그리스도의 다스리심은 선포된 말씀, 성례전, 그리고 형제의 위안 속에 있는 기독교를 통하여 사람들에게 죄의 용서를 가져다 준다.[40] 특별히 성령은 설교를 통하여 사람들을 감동시켜 신앙으로 향하게 만든다. 그러므로 그리스도의 통치는 바로 그의 성령을 통하여 인간의 마음 속에서 그가 행사하는 주권이다.[41] 그러나 이 나라에서는 폭력은 사용되지 않는다. 오히려 모든 것이 복음의 말씀 속에 내재하고 있는 성령의 강권하는 능력을 통하여 자발적으로 행하여진다.[42] 루터에 의하면 영적 정부는 인간으로 하여금 참다운 크리스천의 의를 성취하도록 도우며, 영생을 얻게 함으로 세상의 구원에 이바지한다. 그러나 그리스도는 그의 영적 정부를 오직 그의 백성들에게만 주어진다.[43]

---

39) Paul Althaus, 앞의 책, 45쪽.
40) 위의 책, 46쪽.
41) *LW*, Vol. 45. 93.
42) Paul Althaus, 앞의 책, 46쪽.
43) *LW*, Vol. 46. 99.

② 세속정부

루터에 의하면 세속정부도 하나님의 통치 질서이다. 루터는 이를 다음과 같이 말한다.

> 한편 세상 혹은 율법 아래는 비그리스도인들이 속한다. 왜냐하면 소수만이 신자며 또한 극소수만이 그리스도교적 방식으로 행사함으로써 하나님은 이들 이외의 다수들로 하여금 악을 대항하지도, 자의로 악을 행하지도 않게 하기 위하여 그리스도교적 입장과 하나님의 왕국 외에 한 다른 영역을 제정하시고 이를 검 아래 두셨기 때문이다. 만약 그렇게 하지 않으면 온 세상은 악해져서 천에 하나의 신자도 드물 것이며 사람들은 서로 물고 뜯게 될 것이다. 그러므로 하나님은 이 두 영역, 즉 신자들과 경건한 자들이 그리스도 아래에서 성령을 통해 행하는 영적 영역과 외적 평화만을 유지하고 사의 없이 안정만을 추구하는 비그리스도인과 악한 자들을 제재하기 위해 세속적 영역을 제정하셨다.[44]

루터는 하나님께서 그리스도 안에 있는 은혜의 왕국을 세우신 동시에 세속 왕국을 세우셨다고 말한다. 세속적 통치자들과 백성들은 모두 하나님의 창조의 질서로 그리스도는 이 세상 왕국에 참여하지 않는다. 하나님께서는 친히 세속정부를 수립하시고, 보존하시고, 그 자신이 그것들 속에서 실제로 현존한다. 또한 하

---

44) John Dillenberger, *Selections From His Writings*, 이형기 역, 『루터 저작선』, 443쪽.

나님은 세속정부를 통하여 다스리시고 말씀하시고 정의를 집행하신다. 그러므로 정부에 불순종하고 반항하는 것은 하나님께 불순종하는 것이다.[45] 그런데 하나님께서는 세속정부를 세우신 후에 특별한 과업을 주셨다. 그 특별한 과업은 백성들을 폭력과 야만적 이기심에 의한 착취로부터 보호하는 것이다. 세속정부는 이 과업을 법을 제정하여 실행함으로써 수행하며, 법을 범한 죄인들에게 검의 힘을 사용함으로써 법과 질서를 보존한다.[46] 그러므로 세속정부는 외형적 시민적인 의를 보존하는 데 이바지하며, 이 물질적 · 지상적 · 현세적 삶을 보존한다. 그러므로 하나님께서는 전 세계에 심지어 하나님을 믿지 않는 이방인들 사이에도 세속정부를 주신다.

한편 루터에게 있어서 세속정부는 악을 억제하기 위하여 그 권력을 사용하는 것 이상의 일을 내포하고 있다. 즉 세속정부는 지상의 삶을 보존하는 데 이바지하는 모든 것들, 특별히 결혼과 온 가정, 재산, 사업 그리고 하나님께서 제정하신 모든 신분과 모든 직업을 포함하고 있다.[47] 그러므로 세속정부는 백성을 기르고 돌보는 기능을 갖고 있는 한 아버지 또는 부모의 직임을 행사한다. 그런데 세속정부의 이 기능은 죄에 기초를 두거나, 폭력으로부터 백성을 보호하는 의무로부터 온 것이 아니라, 삶의 모든 질서를 포함하는 것이다.[48] 그러므로 루터의 세속정부는 죄의 지

---

45) Paul Althaus, 앞의 책, 47쪽.
46) 위의 책, 45쪽.
47) *LW*, Vol. 21. 29.
48) Paul Althaus, 앞의 책, 48쪽.

배 이전의 기초를 갖고 있다. 이것은 루터가 세속정부는 이미 낙원 안에 있었다는 것과 창조의 시작부터 제정되어 있었다고 말하는 것을 의미한다.[49] 결국 세속정부는 그리스도 이전에 오랫동안 존재했고, 그리스도 없이 권력을 행사해 왔다. 이것은 세속정부와 그리스도의 나라는 별개의 두 실체이며 또한 그리스도는 직접 세속정부에 관여하시지 않는다는 것을 지적해 준다.[50]

(2) 두 정부의 관계성

① 두 정부의 차이성

루터에 의하면, 두 정부 사이에는 명백한 차이가 있다. 먼저 지위의 차이가 있다. 영적 정부는 세속정부보다 높은 지위를 갖고 있다. 왜냐하면 세속정부는 오직 이 지상의 삶에만 이바지하고 이 현세의 삶과 함께 소멸되기 때문이다.[51] 영적 정부는 영원한 삶과 하나님의 궁극적 목적을 성취하는 데 이바지한다. 물론 세속정부도 간접적인 방법으로 영원한 삶을 위하여 이바지하지만 이는 수단에 불과하다.[52] 영적 정부에 모든 것이 달려 있다. 하늘과 땅 사이의 간격이 넓듯이 세속정부와 영적 정부 사이의 차이도 크다.[53]

---

49) 루터는 요한복음 20:12-23에 대한 강해에서 세속정부가 세상의 시작 때에 이미 제정되었고, 이 나라는 이성에 따른다고 주장하였다.

50) Paul Althaus, 앞의 책, 48쪽.

51) *LW*, Vol. 24. 229; Paul Althaus, 위의 책, 56쪽.

52) Paul Althaus, 앞의 책, 56쪽.

53) 위의 책, 57쪽.

한편 영적 정부에서는 그리스도께서 명령하시고 친히 본을 보여 주신 사랑이 지배한다. 이 사랑은 제한이 없이 주고 또 용서하고, 원수를 갚지 않고, 사랑 이외에 다른 무기를 사용하지 않는다.[54] 그러나 세속정부에 있어서는 정의가 다스린다. 강제력을 가지고 다스린다. 왜냐하면 강제력만이 법과 정의를 보존할 수 있기 때문이다. 정부 당국자들은 복종하기를 원치 않는 사람들을 강제로 복종하게 만들지 않으면 안 된다.[55] 또한 그리스도의 나라에서는 사랑이 있으나, 세속정부는 보복하는 일과 벌을 주는 일을 하며,[56] 영적 정부에서는 그리스도의 영을 통하여 말씀으로 다스리시지만, 세속정부는 이성으로 다스린다.[57]

그러므로 보른캄은 루터가 『세속권세에 관하여』에서 두 정부 사이의 근본적인 구분을 이야기한다고 본다. 즉 그는 루터가 이 작품에서 속권과 영권이 혼합되어 있는 중세의 통치 권력의 왜곡을 바로잡기 위해 주교는 주교로서 제후들은 제후로 남아 있도록 하기 위해 두 정부를 분리시키고 있다고 주장한다.[58] 한편 이형기도 루터가 본 작품에서 국가권력이 교회의 신앙영역을 절대로 침해해서는 안 되며, 만일 국가가 신앙문제에 간섭하여 사람들의 영혼을 괴롭히면 그 국가는 하나님의 진노를 받아 마땅하다고 말함으로 두 정부의 차이성을 주장하였다고 한다.[59]

---

54) *LW*, Vol. 32. 390; Paul Althaus, 위의 책, 57쪽.

55) *LW*, Vol. 45. 92; Paul Althaus, 위의 책, 57쪽.

56) *LW*, Vol. 46. 69-70; Paul Althaus, 위의 책, 58쪽.

57) *LW*, Vol. 21. 9; Paul Althaus, 위의 책, 58쪽.

58) Heinrich Bornkamm, 앞의 책, 7쪽.

59) 이형기, 『종교개혁사상』, 168쪽.

② 두 정부의 통일성

루터에 의하면, 두 정부는 다 동일한 한 하나님에 의하여 수립되었다는 점에서 통일성을 갖는다. 영적 정부는 인간으로 하여금 참다운 크리스천의 의를 성취하도록 도우며, 참다운 크리스천의 의를 성취함으로 영생을 얻기 위하여 하나님에 의하여 제정되었다. 세속정부는 악을 제거하기 위하여 세워졌지만, 그 기원은 악에 두고 있지 않다. 그러므로 세속정부는 사탄의 도성이 아니라, 신적 제도이다. 더욱이 세속정부는 사탄을 대적하기 위하여 세워진 "하나님 자신의 일, 제도, 그리고 창조"이다.[60] 또한 정의가 지배하는 국가는 하나님 나라의 그림이다. 그래서 루터는 세속정부와 그리스도의 주권, 주님이신 그리스도와 세속군주들 사이에 유비(analogy)가 있다고 본다.[61] 그러므로 루터에 의하면, 동일한 하나님께서 이 두 정부 속에 계시며, 두 정부 속에서 실제로 존재하신다. 또한 두 정부 안에서 그의 선과 사랑과 자비로 다스리신다. 다만 하나님께서는 각 정부 속에서 각기 다른 방법으로 역사하실 뿐이다.[62]

한편 두 정부의 통일성은 루터의 독특한 사랑이해에서도 발견된다. 루터에게 있어서 사랑은 세상에 대한 그리스도인의 태도와 영적인 일에서 크리스천이 갖는 책임성을 묶어 주는 연결고리이다. 이 사랑은 영적 정부와 세속정부 안에서 두 가지로 활동

---

60) *LW*, Vol. 45. 91. 99; Paul Althaus, 앞의 책, 54쪽.

61) Paul Althaus, 위의 책, 55쪽.

62) 위의 책, 54쪽.

하지만 동일한 사랑이 작용하고 있다.[63] 그러므로 보른캄은 루터의 사상이 변증법적으로 변화하고 있음을 보여 준다고 주장한다. 즉 루터가 초기에는 두 영역 간의 구별을 강조하였으나 점차 두 영역의 통일성과 상호의존에 대하여 말하고 있다는 것이다.[64]

③ 두 정부의 상호의존성

루터는 두 정부가 서로 다른 기능을 하고 본질적으로 독립된 것이지만, 이들은 서로를 필요로 한다고 말한다. 세속정부는 하나님의 나라 없어도 독자적으로 존재할 수 있다. 영적 정부도 이 세속정부 없이도 존재할 수 있다.[65] 그러므로 각 정부는 독립적으로 존재하고 있으며 또한 자기 자체의 본질을 성취하기 위하여 다른 정부를 필요로 하지 않는다. 그러나 비록 두 정부가 서로 독립된 상태로 구별되지만 이들은 여전히 한 곳에 속해 있다. 루터는 이 두 정부를 기독교라는 한 몸 속에 있는 두 신분이라고 말한다.[66] 이 두 정부는 각기 상대방을 필요로 하며 또한 자기 상대방을 위하여 존재한다. 세속정부는 그리스도의 회중이 그의 임무를 수행하는 데 필요한 평화를 만들어 낸다. 그러나 교회는 이 평화를 확립할 수단을 갖고 있지 않다. 교회는 오직 복음을 가지고 있다.[67] 그러므로 악을 제거하고 평화를 유지하기 위해 영적 정부

---

63) Heinrich Bornkamm, 앞의 책, 33-34쪽.

64) Heinrich Bornkamm, 위의 책, 24쪽.

65) *LW*, Vol. 13. 193-194; Paul Althaus, 앞의 책, 59쪽.

66) Paul Althaus, 위의 책, 59쪽.

67) *LW*, Vol. 45. 91-92; Paul Althaus, 위의 책, 59-60쪽.

는 세속정부를 필요로 한다.

영적 정부가 세속정부를 필요로 하는 것과 같이 세속정부는 영적 정부가 필요하다. 루터에 의하면, 만일 어떤 사회가 영적정부가 공급해 주는 하나님에 관한 지식과 그의 진리를 갖고 있지 않다면, 그 사회는 법과 질서를 적절하게 유지할 수 없고 또 계속해서 축복을 받을 수 없다.[68] 오직 복음의 선포만이 우리들로 하여금 세속정부와 사회의 다양한 신분을 하나님의 일과 뜻으로 적절히 인정하고 존중하게 만들 수 있다. 설교의 직임은 "순종, 도덕, 수양, 그리고 명예"를 가르침으로써 당국자들로 하여금 평화와 질서를 보존하도록 도와준다. 세속정부는 사람들로 하여금 외적으로 바른 행동을 하도록 강제할 수 있으나 사람들의 마음을 의롭게 만들 수는 없다.[69] 세속정부는 하나님을 향한 적절한 태도 없이 외형적으로 순종하는 위선만을 만들어 낸다.[70] 그러므로 세속정부는 영적 정부를 필요로 한다. 그러나 이 두 정부를 서로 격리시켜 하나 없이 나머지 다른 하나만을 소유할 수 없는 것과 같이 이 두 정부를 한데 혼합시킬 수도 없다.[71] 이들은 두 다른 실체이며 또 그렇게 남아 있다. 그리고 이러한 이유에서 이 두 정부는 서로 상대방을 필요로 한다. 루터는 우리들은 하나 없이 다른 하나를 가질 수 없다고 말한다.

---

68) Paul Althaus, 위의 책, 60쪽

69) *LW*, Vol. 46. 326-327; Paul Althaus, 위의 책, 60쪽.

70) *LW*, Vol. 45. 92; *LW*, Vol. 46. 242; Paul Althaus, 위의 책, 60쪽.

71) *LW*, Vol. 45. 92; *LW*, Vol. 21. 105; Paul Althaus, 위의 책, 61쪽.

(3) 두 정부론에 대한 요약

　　루터는『세속권세에 관하여』에서 하나님께서는 악마세력의 제한과 와해를 위해 영적 정부와 세속정부를 세우셨다고 말한다. 영적 정부는 그리스도가 통치하시는 은혜의 나라요, 세속정부는 세속적 통치자들이 다스리는 하나님의 창조질서이다. 이 두 정부는 각각 하나님의 의(Justitia Dei)와 세상의 의(Justitia Civilis)라는 고유한 의를 가진다. 그리하여 세속정부에서는 법, 선행, 처벌하는 검 등이 통용되며, 영적 정부에서는 오직 은혜, 의인, 믿음, 그리고 말씀이 지배한다.[72] 그리고 두 정부의 관계는 피차 고유한 한계 안에서 상호의존성과 차이성을 지니는데, 이 차이성은 분리가 아니라 온전한 구별을 유지함을 그 목적으로 한다.[73] 또한 두 정부는 모두 하나님의 주권에 종속됨으로 통일성을 이루는데, 하나님의 주권을 행사하는 양식(mode), 혹은 방법(manner)이 두 영역에 있어서 다를 뿐이다.[74] 따라서 이 두 정부는 그 목적과 기능에 있어서 다르지만 하나님 안에서 객관적인 통일을 이루며, 이 두 가지 영역은 함께 하나의 전체를 이루는 것이다.[75]

　　그러므로 우리는 루터가『세속권세에 관하여』에서 하나님의 두 통치 질서로서 "두 정부론"을 말하고 있으며, 후기 중세기

---

72)　Jürgen Moltmann, 앞의 책, 68쪽.

73)　Helmut Thielicke, *Theological Ethics*, Vol. Ⅰ, ed by William H. Lazaeth(Philadelphia: Fortress Press, 1966), 568쪽.

74)　Helmut Thielicke, 위의 책, 570쪽.

75)　지원용,『루터신학의 진수』(서울: 컨콜디아사, 1992), 208쪽.

의 인문주의자들과는 달리 "세속권력"을 하나님의 주권하에 있는 것으로 보았음을 알 수 있다. 결론적으로 우리는『세속권세에 관하여』에서 루터가 ① 교회와 국가의 두 정부를 구분하였고, ② 두 정부의 출처와 권위가 하나님께로부터 왔으며, ③ 이 두 정부는 악마의 왕국에 대항하기 위하여 세워진 것으로 보았다고 이해할 수 있다. 이러한 루터의 이해는 중세의 성속을 구분하는 계층질서적 성직체계를 부수었고, 후기 중세기의 인문주의가 민족주의를 대두시키고 국가의 독립을 주장하며 극단적 세속화로 나아가는 것에 반대하여, 세속사회도 하나님의 창조세계임을 주장하는 종교개혁적 세속화의 모델을 두 정부론에서 제시하였고 볼 수 있다.

3) 이중의 두 왕국론

루터의 두 왕국론이 어거스틴적 두 왕국론 혹은 두 정부론이라는 상반된 주장에 대해 프란츠 라우, 하인리히 보른캄, 위르겐 몰트만 등은 "어거스틴적 두 왕국론"과 "두 정부론"의 종합으로 보는 균형 잡힌 연구를 제시하였다.[76] 보른캄은 어거스틴과 루터 사이의 병행구들과 차이점들을 검토하고, 루터의 두 왕국론이 어거스틴적 두 왕국론과 두 정부론의 종합인 이중적 두 왕국론 (The Dual Doctrine of the Two Kingdoms)임을 다음과 같이 말한다.

---

76) Bernhart Loshe, 앞의 책, 189쪽.

첫째로 루터의 두 왕국론은 삼차원적이다. 즉, ① 교회와 국가의 관계, ② 일반적으로 영적인 것과 세속적인 것, 그리스도의 왕국과 세상의 왕국 사이의 관계, ③ 자신과 남을 위한 크리스천의 활동 등이다. 둘째로 "왕국"과 "정부"는 서로 분리되어서도 서로 반복되어서도 안 되는 개념이다. 두 개념이 짝을 지어 공식화된 당시의 관용을 따라 루터도 엄밀하게 구분하지 않았다. 어느 경우든 통치(regnum)란 개념은 두 가지 모두 포함하고 있다. 그렇지만 두 개념은 상호 분리될 수 없게 얽힌 전체의 두 가지 양상, 즉 주권의 영역(왕국)과 주권의 양식(정부)을 가리키며, 두 양상을 구분하는 데 사용될 수 있다. 셋째로 당연히 "두 왕국"이나 "두 정부"의 전망을 어느 하나만으로 루터를 다룰 수 없다. 루터의 독창성은 그 둘을 결합시키는 데 있다.[77]

보른캄은 여기에서 기본적으로 루터의 두 왕국론은 단순히 어거스틴적 전통의 두 왕국론으로 보거나, 두 정부론적 견해만으로 볼 수 없고, 그 둘의 결합이라고 주장한다. 즉 양 개념은 상호 불가분리적으로 얽혀 있는 전체의 두 양상, 곧 주권의 영역(왕국)과 주권의 방식(정부)을 가리키고 있다는 것이다. 몰트만도 *On Human Dignity*에서 루터의 두 왕국론을 "이중적 두 왕국론"으로 표현하고 있다. 그에 의하면, 루터의 초기 저작들은 중세 후기의 어거스틴 르네상스의 독보적 존재들이다. 따라서 루터가 활동 초

---

77) Heinrich Bornkamm, 앞의 책, 16-19쪽.

기에 논한 "두 왕국론"은 어거스틴 전통을 그대로 전승한 것으로 하나님의 도성과 악마의 도성 간의 투쟁이다.[78] 그러나 몰트만은 세계사 전반을 지배하는 하나님의 통치와 악마의 통치 간의 광대한 구획 안에 또 다시 구원하는 그리스도의 왕국과 삶을 보존하는 세상 왕국 사이의 재구분이 이루어지며, 하나님은 악마의 세력의 제한과 와해를 위해 두 상이한 세력인 영적 정부와 세속정부를 세우셨다는 것이다.[79] 결국 하나님은 이 양대 세력을 통하여 악마의 권세에 대항하여 투쟁하는데, 한편으로는 질서와 평화를 통해서, 다른 한편으로는 말씀과 신앙을 통하여 하신다.

그러므로 몰트만은 루터의 두 왕국론은 동일한 대상에 대한 상반된 감정을 함께 갖게 된다고 한다. 즉 비록 세상이 범죄로 인하여 하나님을 대적해도 역시 하나님의 창조세계이고 그러므로 세상은 반신성과 피조성을 함께 갖는다는 것이다.

따라서 그리스도의 왕국은 악마의 왕국인 '이 세상'에 대항하지만, 하나님의 창조세계로서 세상을 위한다.[80] 몰트만은 에벨링이 바르트와 함께 이 상태를 "당착"과 "상응"의 관계로 적절하게 묘사하였다고 한다. 우선 당착관계란 세상의 통치가 악마의 통치 혹은 바벨론 왕국으로서의 그리스도의 통치에 맞서는 경우를 가리키며, 상응관계란 피조적·현세적·시간적 세계로서의

---

78) Jürgen Moltmann, 앞의 책, 64쪽.

79) 위의 책, 68쪽. 몰트만에 의하면, 루터의 두 정부, 즉 "영적 정부"와 "세속적 정부"는 함께 악마의 왕국과 대항하나 서로 상이하고도 구분되는 방식으로 맞선다. 또한 이 두 왕국은 각각 고유한 의를 가진다. 그것은 하나님의 의와 세상의 의를 말하는 것으로서 영적 왕국에서는 오직 은혜, 의인, 그리고 믿음만이 유효하며 세속적 왕국에서는 법, 선행, 이성, 처벌하는 검 등이 통용된다. 영적 왕국에서는 말씀이 지배하나 세속적 왕국에서는 칼이 지배한다.

80) 위의 책, 66쪽.

세상의 통치가 도래하는 하나님의 영원한 왕국을 나타낼 경우를 뜻한다.[81]

몰트만에 의하면, 이러한 이중적 특성을 갖는 루터의 두 왕국론은 그리스도인 개인에게 있어서도 마찬가지이다. 즉 그리스도인은 죄인으로서는 창조주에 저항하나 의인으로서는 창조주에 순응한다. 이것은 이론적으로 세상을 구분하는 것이 아니라 오히려 한 세상과 한 인간이 가지고 있는 양면성을 문제 삼은 것이다. 또한 이러한 대립과 상응의 양면성은 하나님의 왕국의 종국적 현존에 이르기까지는 갈등 속에 있게 된다.[82] 이것을 몰트만은 다음과 같은 도식으로 표현하였다.[83]

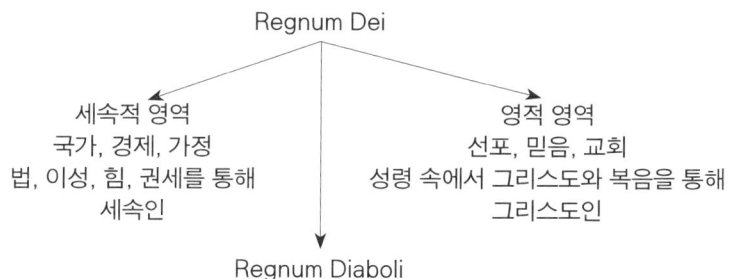

그러므로 양대 영역 간의 편차에만 주목하게 되면 그리스도인이란 결국 한편으로는 산상수훈의 복음을, 다른 한편으로

---

81) 위의 책, 67쪽.

82) 위의 책, 67쪽.

83) 위의 책, 73쪽.

는 법과 국가의 권력에 복종해야 하는 두 이질 세계의 시민으로서 역설적 존재가 된다. 그러나 두 영역을 악마를 대적하는 투쟁의 관점에서 주시하면 그리스도인이란 하나님을 믿는 신앙에 정초하여 모든 세속적 영역 속에서 증오의 악마적 국가를 대항하여 사랑의 행위를 구현하는 자가 된다. 그러므로 모든 세속 질서들은 '그리스도를 수용하는 한' 창조의 현장이 되는 것이다.[84]

이상과 같은 몰트만의 관점은 루터의 두 왕국론이 이중의 두 왕국론임을 증거한다. 그러므로 우리는 프란츠 라우, 보른캄, 몰트만 등이 모두 루터의 두 왕국론을 어거스틴적 "두 왕국론"과 "두 정부론"을 종합한 것으로 이해하였음을 알 수 있다. 즉 루터의 글 속에서 가장 이상적으로 취할 수 있는 견해는 이중의 두 왕국론이 차원을 달리하여 서로 조화를 이루며 공존한다는 것이다. 결론적으로 필자도 루터의 저작을 통하여 볼 때, 이들의 주장과 같이 루터의 두 왕국론은 어거스틴적 두 왕국론과 두 정부론의 종합인 "이중의 두 왕국론"이라 본다.

---

84) 위의 책, 73-74쪽.

4. 두 왕국 안에서 기독교인의 윤리

1) 두 왕국론과 관련된 윤리적 원칙

(1) 산상수훈에 대한 해석

산상수훈 속에 있는 예수의 모든 진술은 이중적 의미를 갖고 있다. 예수는 산상수훈의 말씀 속에서 그의 제자들을 자유와 사랑으로 부르신다. 즉 예수는 물질과 염려의 노예가 되지 말고 경고하심으로 그의 제자들에게 세상과 세상의 물질과의 관계에서 자유로워야 한다고 말씀한다. 또한 예수는 그의 제자들에게 사람들과의 관계에서 무한히 용서하고, 저항하지도 보복하지도 않는 오직 순결한 사랑으로 살 것을 요구한다.[85]

그러나 이러한 요구와는 달리 세상의 전형적인 삶의 스타일은 강자가 지배한다. 그러므로 이 사랑은 이 세상의 전형적인 삶의 양식과 정반대이다. 그렇다면 예수의 제자들은 재산과 이윤, 법, 경제, 국가, 정치 등에 의해 그 특징이 표현되는 이 세상에서 어떻게 자유와 사랑으로 사는 것이 가능한가? 예를 들어 자기의 재산을 관리하는 재산의 주인과 재판관과 정치인과 군인이 되어서도 어떻게 산상수훈의 방법으로 사는 것이 가능한가?[86]

---

85) Paul Althaus, 앞의 책, 62쪽.
86) 위의 책, 62쪽.

루터는 이러한 산상수훈의 문제에 직면하여 당시의 대립되는 두 극단적인 입장을 거부하며 자신의 독특한 이해를 전개한다. 즉 종교개혁 당시에 한편으로 산상수훈에 관하여 로마 가톨릭 교회의 공식적 해석이 있었다. 이 해석에 따르면 아무도 이 세상 가운데서 사는 동안은 산상수훈의 내용을 완성할 수 없다. 단지 이 세상으로부터 물러나서 기독교 엘리트의 무리를 형성하고 있는 작은 집단, 예를 들면 수도원 공동체만이 산상수훈의 엄격한 요구를 성취할 수 있다. 그러므로 로마 가톨릭의 견해에 의하면 예수가 선언한 금욕주의적 이상은 오직 선택된 무리들에게만 해당되는 것이다. 반면에 이 금욕주의적 이상은 대부분의 기독교인들을 위해서는 완화되고 경감되었다.[87]

　　다른 한편에 있어서 루터는 열광주의자들, 예를 들면 재세례파의 산상수훈의 해석과 적용에 직면하였다. 이들도 역시 산상수훈과 현 세상에서의 삶은 서로 대립되어 해결할 수 없는 모순이라고 주장한다. 그들에 의하면, 만일 기독교인이 참으로 그들의 주님께 순종하기를 원하면, 그들은 이 세상을 떠나지 않으면 안 된다. 그들은 재산, 법, 맹세하는 일, 권위의 행사, 국가의 공무, 정치, 형법의 제도, 온갖 종류의 권력의 사용, 그리고 전쟁과 같은 이 세상의 조직과 제도에 참여할 수 없다고 주장한다.[88]

　　또 다른 형태의 열광주의는 예수의 진술로부터 세상은 기독교적 혁명을 통하여 근본적으로 개혁되어야만 하며, 또 복음

---

87)　*LW*, Vol. 21. 5.
88)　*LW*, Vol. 21. 6.

주의적 법을 따르게 만들지 않으면 안 된다는 결론을 내린다. 이와 같은 방법으로 이 세상은 철저하게 기독교 세계가 될 수 있고 또 지상에 있는 하나님의 나라의 모습을 취하게 된다. 이것은 열광주의의 능동적인 형태였다. 수동주의적 열광주의가 기독교인은 근본적으로 세상으로부터 물러나지 않으면 안 된다는 것을 주장한 것과 달리, 능동주의적 열광주의는 기독교인이 근본적으로 세상을 개혁하여 새로운 모습으로 다시 만들지 않으면 안 된다는 것이었다.[89]

　　루터는 이와 같은 로마 가톨릭 교회의 견해와 열광주의자의 견해에 모두 반대하였다. 루터는 예수의 진술은 있는 그대로의 세상에서의 전제에 의해서는 성취될 수 없다는 그들의 공통적 전제를 거부하였다. 루터는 그들의 전제를 거부함으로써 산상수훈의 내용을 조금도 약화시키지 않는다. 그는 산상수훈의 내용을 매우 진지하게 받아들인다. 이성적으로 불가능한 것으로 생각하는 예수의 이 산상수훈의 진술들은 완전함을 위한 단순한 권고가 아니라, 모든 기독교인에게 똑같이 해당되는 교훈이다. 산상수훈에 관한 로마 가톨릭 교회의 해석은 산상수훈의 어려우나 진지한 요구를 바로 이해하지 못한데서 기인한다. 루터는 이러한 로마 가톨릭의 해석을 거부한다. 동시에 루터는 기독교인이 세상을 떠날 필요가 없다는 것을 주장한다. 기독교인은 세상을 사용해야만 한다. 그리고 그는 이 세상의 삶을 위하여 필요한 직임과 책임을

---

89)　Paul Althaus, 앞의 책, 63-64쪽.

받아들일 것을 거부해서는 안 된다.[90] 모든 상황에 있어서 그는 예수에게 순종하듯이 행동해야 한다. 이러한 순종에 있어서 중단 또는 일시적 중지가 있을 수 없다. 그리고 동시에 그는 정규적으로 이 세상의 시민으로서의 그의 자리를 지켜야만 한다. 이 세상의 시민으로서의 그의 자리를 지키는 일에는 재산의 소유, 재판관과 군주, 또는 군인으로서 행할 일이 포함될 수 있다. 그러면 어떻게 기독교인은 이러한 이중적 삶을 영위할 수 있는가? 이 세상 안에 살면서 그것을 이용하고 또 거기에 참여하는 기독교인이 예수가 그를 거기로 부르신 자유와 사랑을 보존할 수 있는가?[91]

루터는 이에 대하여 그의 『산상수훈 강해』(Sermon on the Mount, 1521) 가운데 마태복음 5장 3절에서 다음과 같이 말한다.

> 기독교인이 금전, 재산, 토지, 종들을 외적으로 소유하는 것 자체가 잘못은 아니다. 그것은 하나님의 선물이요, 하나님이 정하신 것이다. 그러므로 어느 누가 거지이고 자신의 것은 아무것도 소유하지 않았기 때문에 축복될 수는 없다. 요구되는 것은 '심령으로 가난하게 되는 것이다.'(중략) 돈, 재산, 명예, 권력, 토지, 종들을 소유하는 것은 세속적 영역에 속한다. 이것들 없이는 세속영역은 유지될 수 없다. 그러므로 군주 또는 제후는 가난해져서도 않되고 가난해질 수도 없다. 왜냐하면 그는 그의 직책과 지위를 위하여 이와 같은 온갖 종류의 재산들을 가져야만 하기 때문이다(중략) 다만

---

90) *LW*, Vol. 21. 113.

91) Paul Althaus, 앞의 책, 64쪽.

모든 사람은 하나님 앞에서 그의 마음에 있어서 영적으로
가난해져야만 한다는 덕을 알아야 한다. 다시 말하면 자신
의 확신, 위로, 신뢰를 일시적으로 있을 재산에 두지 말아야
하며, 그의 마음을 이것들에 온통 쏟고 맘몬을 우상으로 삼
지 말아야 한다.[92]

여기에서 루터는 예수가 말씀하시는 세상으로부터의 자유
는 외적 거리로 성립되는 것이 아니라, 내적 거리로 성립된다고
말한다. 그에 의하면, 물질(맘몬)을 숭배하는 것으로부터의 자유
는 '우리들의 확신, 위안, 그리고 신뢰를 현세적 물질에 두지 않는
것', '심령이 가난하게 되는 것', '영적으로 모든 것을 버리는 것'
을 의미한다. 그러므로 루터에 의하면 자유는 기독교인의 마음과
내적 태도의 문제이다.[93] 그러므로 루터에게 있어서 예수의 산상
수훈의 교훈은 모든 사람에게 요구되지만, 산상수훈을 행위규범
(code)이라기보다는 마음가짐(disposition)으로 간주된다.[94]

그러나 루터에게 있어서 내적 자유는 상황이 그것을 요구
할 때마다 행동 속에서 표현되어야 한다. 예수의 제자는 모든 것
을 줄 수 있고 또 주어야 할 때가 있다. 이러한 때에 모든 것이 그
에게서 떠나는 것을 기독교인은 허용해야 한다. 즉, 산상수훈의
요구가 세속적인 삶의 모든 차원에서 실현되어야 한다. 그래서

---

92) *LW*, Vol. 21. 12.

93) Paul Althaus, 앞의 책, 65쪽.

94) Roland H. Bainton, *The Reformation of the Sixteenth Century*(Boston: Beacon Press), 홍치모 · 이훈
     영 역, 『16세기 종교개혁』(서울: 크리스챤다이제스트, 1993), 95쪽.

루터는 다음과 같이 말한다.

> 제1계명에 대한 우리들의 순종과 하나님과 복음을 믿는 우
> 리들의 신앙고백이 위험에 처할 때마다 우리들은 하나님을
> 위하여 모든 것을 포기할 수 있게 되지 않으면 안 된다. 그
> 리고 예수의 요구는 문자 그대로 그리고 실제적으로 성취
> 되지 않으면 안 된다. 우리들은 가장 값진 진주를 위하여 모
> 든 것을 기쁘게 포기하지 않으면 안 된다.[95]

그러므로 알트하우스는 루터가 이 세상에서 산상수훈과
조화를 이루면서 살 수 있는 길을 보여 주고 있다고 주장한다. 왜
냐하면 알트하우스에 의하면, 루터는 예수의 진술을 단지 기독교
인의 개인적 태도와 준비성의 시각에서만 파악한 것이 아니라,
산상수훈을 현세에서 실현하도록 주님이 의도했던 것으로 해석
했다는 것이다.[96] 그러므로 보른캄은 루터가 산상수훈에 나온 명
령의 무조건적인 특성을 그 어느 것도 경감시키지 않으며, 그 명
령을 수도원 같은 특정한 영역이나 역사의 종말 같은 특정한 시
대에 국한시키지 않고, 모든 기독교인에게 있어 명령 그 자체가
의미 있고 구속하는 정당성을 갖고 있는 관계성의 영역을 명백히
지적하였다고 주장한다.[97]

그러나 로마 가톨릭, 칼뱅, 그리고 재세례파에서는 모두 이

---

95) *WA*, 39 II, 40.

96) Paul Althaus, 앞의 책, 66쪽.

97) Heinrich Bornkamm, 앞의 책, 13쪽.

러한 루터의 윤리적 원칙이 너무 주관적이요, 정적주의적(Quietism)
이라고 비판한다. 막스 베버도 루터가 수도원적 정신을 버린 것
이 아니라, 온 세상을 수도원화하여 이 세속적 세상 속에서 수도
원적 삶을 영위하려고 하였다고 비판한다. 그러므로 오늘날과 같
이 비인격화된 제도들에 비추어 볼 때 루터의 윤리는 너무 순진
하기 짝이 없으며, 오늘날 제도화된 세계 속에서는 그에 대응하
는 새로운 윤리적 대책과 책략이 요구된다.[98]

(2) 개인윤리와 공적 윤리

　　루터에 의하면, 기독교인은 영적 정부의 시민인 동시에 세
속정부의 시민이다. 엄밀히 말하면, 그는 먼저 이 세상 나라의 시
민으로 태어났고, 그 후에 하나님 나라의 시민이 된다. 그러므로
그는 두 정부의 시민이다. 그리고 그는 두 왕을 갖는다. 하나는 세
상나라의 왕이요, 또 하나는 영적 나라의 왕이다. 그러므로 그는
두 왕에게 충성을 다해야 한다. 외적 삶에 있어서는 군주에게, 내
적 삶에 있어서는 양심을 갖고 신앙으로 그리스도에게 의무를 다
해야 한다.[99] 그러므로 기독교인은 동시에 두 가지 인격이 되어서
하나님의 왕국과 세상의 왕국을 만족시킨다.[100]

　　루터는 이러한 기독교인의 실존에 입각하여 한 사람 속에

---

98) 이형기, 『종교개혁신학사상』, 143쪽. 이형기는 1523년 『산상수훈』(Sermon on the Mount)에서
　　는 복음적인 사람의 순결성이 소명과 직업 이전, 곧 하나님의 말씀을 듣고 이 말씀에 귀의하
　　는 데 달렸다고 주장하였다.

99)　 *LW*, Vol. 21. 109-113.

100) *LW*, Vol. 45. 96.

두 인격, 또 타입의 직임(The two types of office)이 결합되어 있다고 주장한다.[101] 즉, '자신을 위해서 행동하는 사람'과 '다른 사람을 섬기는 의무를 갖고 다른 사람을 위하여 행동하는 사람', 또는 '개인'(Private Person)과 '공인'(Public Person)의 실존이 그것이다.[102] 다시 말하면, 루터는 영적 정부와 세속정부의 두 영역 속에서 사는 기독교인은 나의 이웃과의 사적인 관계에 있어서 개인(個人)으로 살아가고, 나의 공직, 즉 다른 사람들에 대한 책임을 지는 나의 신분 속에서는 공인(公人)으로 살아간다는 것이다. 그러므로 루터에 의하면, 기독교인은 개인적 실존의 차원에서는 개인윤리가 적용되고, 공인의 차원에서는 공적 윤리가 적용된다. 루터는 『산상수훈 강해』에서 기독교인의 개인윤리의 삶을 다음과 같이 말한다.

> 공식적인 지위와 권위를 떠나 사적 개인으로 사는 기독교인들은 결코 복수를 하려고 해서는 안 된다. 만일 어느 누가 한쪽 뺨을 때린다면, 기독교인들은 필요한 경우 다른 뺨도 돌려댈 태도를 지녀야만 한다. 그리고 그들은 그들의 주먹으로의 복수만 아니라, 그들의 마음, 생각, 모든 권력을 통한 어떠한 보복도 억제해야 한다.[103] (중략) 영적 정부에서는 상호 간에 사랑과 섬김만이 지배적이어야 한다. 심지어 우리를 사랑하지 않으며 미워하고 해하는 사람들을 향해서도 마찬가지이다. 기독교인들이 악에 저항하지 말아야 한다는

---

101) *LW*, Vol. 21. 109.

102) Paul Althaus, 앞의 책, 67쪽.

103) *LW*, Vol. 21. 106.

것, 복수를 해서는 안 된다는 것, 공격자들에게 다른 뺨도 돌려대야 한다는 것은 예수님이 바로 영적 나라에 속한 기독교인들에게 말하는 것이다.[104]

여기에서 루터는 기독교인은 자신의 인격과 일이 연관되어 있는 개인윤리의 차원에서 어디에서나 법과 강제를 버려야 하고, 선을 행하고 불의에 견디라는 예수의 명령을 따라야 한다고 말한다. 다시 말하면, 영적 정부에 속한 기독교인은 자신의 복리가 개입되었을 때에는 비록 그의 이웃이 그의 원수일지라도 그의 이웃을 섬기는 일 이외에 다른 일을 해서는 안 된다는 것이다. 또한 그는 자기 자신을 방어하지 않고, 악에 저항하지 않고, 사법권의 도움을 받기 위항 당국에 고발하지 않고, 그리고 원수를 갚지 않고, 부당한 일을 그대로 받아들일 준비를 하는 것이 예수와 사도들의 가르침과 일치한다고 말한다. 한마디로 말하면 그리스도의 나라에 속해 있는 사적 개인으로서의 기독교인의 윤리 법칙은 모든 것에 대한 관용, 용서, 악을 선으로 갚는 것이다.

반면, 기독교인은 세속정부에 속해 있다. 그러므로 세속인으로서 기독교인은 이웃이나 공동체의 대의가 걸려 있는 공적 윤리의 차원에서는 모든 적절한 수단을 사용하여 불의에 대항하여 싸워야 한다. 루터는 『산상수훈 강해』에서 이것을 다음과 같이 말한다.

---

104) *LW*, Vol. 21. 108-109.

한편 황제의 나라에서는 어떠한 불의에 대해서도 관용해서는 안 되며 잘못을 막고 그것을 처벌하며 정당한 것을 방어하고 유지하도록 노력해야 한다. 그리고 이것을 각자의 직책 또는 지위가 요청하는 데 따라서 그렇게 해야 한다. 이러한 영역에서는 '다른 뺨도 돌려 대라거나 겉옷을 달라면 속옷까지 벗어 주라'고 가르치는 것은 잘못된 것이다. 그것은 우스꽝스러운 일로서 이(蝨)들이 몸을 물어 뜯는데도 이상의 성서 말씀 때문에 이(蝨)들을 죽이기를 거절하고 자신은 악을 참고 견뎌야 하고 거기에 저항하면 안 된다고 하는 미치광이 성자와 같다 하겠다.[105]

즉, 루터에 의하면, 세속정부에 참여하는 사람들의 직무는 법과 형벌을 집행하고 여러 계층, 여러 사람들 가운데 존재하는 특성들을 유지시키고, 재산을 분배하는 것이다. 그러므로 이 세속정부에 참여하는 공인으로서 기독교인은 그에게 돌보도록 위임된 사람들을 보호하고 그의 이웃의 복리에 영향을 주는 일들을 처리하는 공직을 수행할 때에 그는 모든 조건 아래서 그들을 보호할 의무를 지니며, 악을 반대하고 방지하며, 악을 벌하고 저항하는 데 그의 힘을 사용할 의무를 수행해야 한다. 즉 그는 공직의 한계 내에서 온갖 악에 저항해야 한다. 그러므로 보른캄은 루터가 그의 두 왕국론 안에서 기독교인을 이중적 전망으로 보고, 그에 따라 그의 삶에는 두 가지 관계성이 있는 것으로 보았다고 주장

---

105) *LW*, Vol. 21. 109-110.

한다. 즉 한편으로 자신의 생존, 동료에 대한 개인적 태도, 복음의 증거로 이 영역에서는 용서, 인내, 희생이라는 무조건적인 계명이 우세를 차지한다. 반면 일반적으로 인류가 함께 사는 공동생활이 있다. 이 안에서 법은 반드시 악에 대한 확고한 한계를 설정해야 하며, 기독교인은 그 누구도 불의를 당하거나 다른자의 희생물이 되지 않도록 도와야 한다. 두 가지 복합적 관계성에서 기독교인은 그에 상응한 수단들에 따라 행동해야 한다는 것이다.[106]

(3) 사랑 안에서 연합

루터에 의하면, 기독교인이 그의 삶의 두 영역, 즉 영적 정부와 세속정부에 있어서 완전히 다른 윤리적 태도와 활동은 서로 모순되지 않는다. 루터에게 있어서 개인윤리와 공적 윤리 사이의 윤리적 이원론(Ethical dualism)은 기본적으로 깊은 연합이 그 차이와 반대의 한가운데 있다.[107] 이 연합은 바로 사랑의 직임이다.[108] 루터는 이것을 『세속권세에 관하여』에서 다음과 같이 말한다.

> 모든 사람은 바울이 고린도전서 12장 13절에서 가르치고 있듯이 그것이 구약이든 신약이든, 유대인이든 이방인이든 이웃의 선을 위하는 것이면 해야 할 의무가 있다. 왜냐하면 사랑은 모든 것에 스며들어가며 모든 것을 초월하여 오로

---

106) Heinrich Bornkamm, 앞의 책, 12-15쪽.

107) Paul Althaus, 앞의 책, 70쪽.

108) *LW*, Vol. 21. 20.

지 다른 사람들의 유익을 위한 것만을 생각하고 그것이 옛
것이냐 새것이냐를 묻지 않기 때문이다. 그런 까닭에 칼의
사용에 대한 전례들도 자유의 문제이며, 당신이 그것들을
따를 수도 있고 따르지 않을 수도 있다. 그러나 당신의 이웃
이 그것을 필요로 할 때 사랑은 당신을 강제한다.[109]

즉 루터는 기독교인이 그의 활동 속에서 사적 개인으로 행
동하거나 또는 공직자로 행동을 하거나 그는 사랑 자체의 활동
속에서 그 일을 한다는 것이다.[110] 물론 루터에 의하면 기독교인
이 개인윤리의 차원에서 그들의 이웃에 대하여 행하는 직접적 봉
사와 공적 윤리의 차원에서 공직자들이 이웃의 생명을 보호하고
그를 섬기는 행정 사이에는 큰 차이가 있다고 한다. 그러나 루터
에게 이러한 차이는 단지 그들의 활동의 형식이 다를 뿐이지, 오
히려 이 활동의 의미의 차원에서 다른 사람의 삶에 봉사한다는
커다란 공통점이 있다. 유일한 차이가 있다면 그것은 한 경우에
는 사람들 사이에서 직접적인 개인의 만남에서 봉사하는 데 반
하여, 다른 경우에는 사회생활을 뒷받침하고 있는 구조와 질서를
통하여 봉사하는 것이다.[111] 그러므로 루터는 기독교인은 자기 개
인에게만 영향을 주는 일을 할 때와 다른 사람을 위하여 공적 책
임을 수행할 때에 각기 다른 방법으로 행동하지만 두 영역 속에

---

109) John Dillenberger, 이형기 역, 앞의 책, 450쪽.
110) Paul Althaus, 앞의 책, 70쪽.
111) 위의 책, 70쪽.

서 역사하고 있는 것은 동일한 하나님의 사랑이라고 말한다.[112]

그런데 루터에게 있어서 이 사랑은 구원의 감사와 기쁨에서 흘러나오는 사랑(Quellende Liebe)이다. 즉 신앙이 사랑으로 활동하는 것이다. 그러므로 루터의 윤리는 구원론을 전제한 윤리이다. 그러나 칼뱅은 멜랑크톤의 '율법의 제3사용'(The third use of the law)을 강조하여 이를 기독교인의 윤리의 근거로 삼았다. 칼뱅에 의하면, 율법은 기독교인의 윤리적 삶을 위하여 기독교인으로 하여금 기독교적 선행의 동기인 칭의 내지는 구원에 침잠해 버리게 하지 않고, 계속 윤리적인 삶을 훌륭하게 영위하도록 자극하며 명령한다는 것이다. 그러나 루터는 개혁교회가 강조하는 이 '율법의 제3사용'을 받아들이지 않았다. 즉 루터에게는 신앙의 내용인 자비로운 하나님에 대한 신뢰, 그리고 여기에서 자연발생적으로 우러나오는 기쁜 마음이 가장 중요하다. 그 결과 루터의 윤리는 윤리적 삶의 동기에 무게를 두는 것은 기독교인의 율법주의를 경계한다는 점에선 훌륭하지만 개혁교회가 주장하는 기독교 윤리의 실현에 있어서는 아무래도 그 약점을 면할 수 없다.[113]

그러므로 라인홀드 니버는 루터의 윤리적 준거인 사랑은 불가능의 윤리적 전거라고 비판한다.[114] 그는 냉혹한 이기심과 오만으로 가득 차 있는 인간의 사회적 실체 속에서 루터의 사랑의 법은 뚜렷한 정치적 및 도덕적 원칙을 도출하는 데 실패하였다고

---

112) 위의 책, 71쪽.

113) 이형기, 『종교개혁사상』, 138-139쪽.

114) 김철영, 『믿음과 삶의 윤리학: 기독교 윤리학 방법과 과제』(서울: 장로회신학대학교출판부, 1994), 49쪽.

본다.[115] 왜냐하면 정통적 사랑의 법은 국가에 대한 복종만을 요구하고 국가가 정의의 실현에 책임이 있음을 소홀히 했다는 것이다. 그 결과 국가에 대한 무비판적 태도가 국가의 신격화 독재화의 소지를 마련해 주었다는 것이다. 이런 점에서 루터의 관점은 극단적인 비관주의적 태도를 견지함으로써 인간의 정치 및 사회 생활에 있어서 직접적이 사랑의 윤리적 준거를 잃고 말았다는 것이다.[116] 그러므로 라인홀드 니버는 기독교 현실주의(Christian Realism)적 입장에서 예수 그리스도의 십자가를 통하여 드러난 하나님의 사랑의 법의 실제적 접근 문제에 관심을 가지고 기독교의 아가페 사랑을 사회적 상황 속에 접근시켜 보려고 했다. 그는 이러한 방법으로 사랑(Love)와 정의(Justice)의 변증법적 관계를 제시하였다.[117]

2) 저항의 권리에 관하여

루터에 의하면, 세속정부는 하나님의 두 통치질서 가운데 하나이다. 그러므로 하나님께서 세속정부를 친히 수립하셨고, 보존하신다. 또한 단순히 세우셨을 뿐만 아니라, 그 자신이 그들 속에 현존하시며, 그들을 통해 다스리시고, 말씀하시고 친히 집행하신다. 또한 그들을 통하여 인간의 생명을 보존하신다. 그러므

---

115) Reinhold Niebuhr, *An Interpretation of Christian Ethics*, 87쪽.
116) 위의 책, 53쪽.
117) 위의 책, 59쪽.

로 기독교인은 세속정부를 선물로 주신 데 대하여 하나님께 특별히 감사하지 않으면 안 된다. 한편 루터에 의하며 정부의 모든 권위는 부모의 권위에 근거를 두고 있다. 즉 정부의 다스리는 권위는 부모의 직임으로부터 온다. 그러므로 기독교인은 부모님에게 순종하고 공경하는 것과 같이 정부에게 순종하고 복종함으로써 정부의 권위를 존중하여야 한다.[118]

그러나 만약 정부 당국이 교회와 기독교인에 대하여 그들의 권한을 남용할 경우에 교회와 기독교인은 어떻게 반응해야 하는가? 즉 기독교인에게 국가에 대한 저항권이 있는가? 루터는 이 문제에 대하여 『군인들도 구원받을 수 있는가?』(1526)에서 다음과 같이 말한다.

> 성경에 따르면 그리스도인이고자 하는 사람은 그의 정부가 정의롭게 행하든지 불의하게 행하든지 그 정부에 대해 반역하는 것은 결코 바른 것이 아니다. 오히려 그리스도인은 억압과 불의를, 특히 그의 정부에 의한 것은 견뎌야 한다.[119]

여기에서 루터는 기본적으로 정부가 의롭게 행정을 하거나 불의하게 행정을 하거나 정부 당국에 복종하지 않으면 안 된다고 말한다. 왜냐하면 비록 어떤 정부가 옳지 않은 행동을 하고

---

118) *LW*, Vol. 13. 58.

119) Hugh Kerr, *A Compend of Luther's Theology*(Philadelphia: The Westminster Press, 1966), 230쪽; 김영한 편역, 『루터신학개요』(서울: 대한예수교장로회총회출판국, 1991), 297쪽.

또 불의를 보호할지라도 그 정부는 하나님께서 세워 주신 정부로서의 성격과 권위를 완전히 상실한 것이 아니기 때문이다. 그러므로 정부에 순종하고 반항하는 것은 하나님께 불순종하고 반항하는 것이다. 또한 루터에 의하면, 정부가 벌을 줄 때에 하나님 자신의 진노가 작용하고 있다. 관리들이 가끔 그들의 직권을 남용하고 멋대로 행동하고 불의를 행하는 무뢰한인 경우에도 마찬가지 이다. 또한 루터에 의하면 정부 당국은 오직 하나님에 의해서만 심판을 받는다. 그러므로 혁명과 반항은 하나님의 재판상의 기능을 침해하는 것이다.

결국 루터는 저항권을 인정하지 않고 순종과 참고 견디는 것만을 말하고 있다. 이는 루터는 국가를 하나님의 섭리와 은혜가 매개되는 기관으로 보았고, 폭군의 경우 역시 하나님의 진노를 대변하는 인물로 받아들였기 때문이다.[120] 그러나 하나의 예외가 있다. 루터는 그 예외를 다음과 같이 말한다.

> 가끔 일어나는 일처럼 불림을 받은 일시적인 권력과 당국이 신민으로 하여금 하나님 계명들에 위배되도록 행하기를 요구하거나 또는 그것들을 행하기를 방해하는 일이 일어나야 한다면, 거기서는 순종은 끝이며 의무도 무효화된다.[121]

여기에서 루터는 정부가 그의 권위의 한계를 벗어나 하나

---

120) 이형기, 앞의 책, 169쪽.
121) Hugh Kerr, 앞의 책, 231쪽; 김영한 편역, 앞의 책, 297쪽.

님과 그의 말씀에 반대하는 행동을 하도록 우리에게 강요할 때—예를 들면 복음의 진리를 부인하거나 반대하는 일—에 루터는 사도행전 5장 29절에 근거하여 복종해야 할 우리들의 의무가 끝났다는 것을 주장한다. 정부가 하나님의 말씀과 신앙의 문제에 관여하지 않고 다만 이 세상의 물질적 삶을 돌보는 일을 한다는 조건에서만 기독교인은 정부에게 복종할 의무가 있다.[122] 하나님의 말씀과 신앙과 관련된 일에 있어서조차 복종할 것을 요구하는 정부는 이미 하나님이 세워 주신 정부가 아니다. 그러므로 결국 루터에게 있어서 다만 저항할 수 있는 경우는 정부가 하나님의 계명에 위반되는 행동을 하게 할 때만 인정되었다.

한편 1530년의 아우구스부르크 국회는 개신교인들이 회개하지 않으며 그들에 대항하여 무력 사용을 인가하는 보름스 국회의 칙령을 이행할 것을 결정했다. 그래서 이 국회는 저항의 문제에 대하여 다시 한번 최우선적인 질문을 던지게 만들었다. 그러나 그때조차도 루터는 영혼과 고통받는 양심들을 돌본다는 관점으로부터 그 문제를 조사하는 것을 기본적으로 계속하였다. 그가 이미 그의 논문 『군인들도 구원받을 수 있는가?』에서 전개하였던 전제들에 기초하여 이제 루터는 비록 이러한 상황들에서도 개신교 제후들은 황제에게 저항할 아무런 권리가 없다고 결론을 내렸다. 다만 법률가들에 의해서 황제가 제후들을 통제하는 권한을 벗어난 역할을 수행한다고 지적받은 후에야 루터는 1531년 2월에 형성된 슈말칼덴 동맹들과 같은 방어적인 연대에 대한 그

---

122) John Dillenberger, 이형기 역, 앞의 책, 457-460쪽.

의 반대를 철회하였다. 그러나 루터가 비록 당시의 엄청나게 많은 정치적인 문제들에 관한 무수한 견해를 썼지만 그가 명백하게 이 연대를 지지했던 것은 단 하나도 없었다. 결국 루터는 그의 정부의 두 왕국론에 대한 견해에 관하여 그의 기본적인 입장을 더 이상 발전시키지 않았다.[123]

　　이러한 저항권에 대한 루터의 이해는 종교개혁 당시 급진적 종교개혁자들의 이해와 비교해 보면 더욱 분명하게 이해된다. 대표적인 급진적 종교개혁가 가운데 한 사람인 토마스 뮌처는 세속정부는 당국에 의해 착취되는 죄로 가득한 나라요, 성령을 받지 못한 불신앙의 나라임으로 성령을 받은 하나님의 선민들에 의해 혁명을 통해 하나님 나라로 바뀌어야 할 것으로 생각하였다. 그리하여 정부에 대한 혁명과 저항을 적극적으로 인정하였다. 또한 재세례파들은 세속정부를 자신들과 절대적으로 대립적인 관계로 보고 극단적 분리주의와 무저항 평화주의로 나아갔다. 그 결과 토마스 뮌처와 그의 추종자들은 세속권력에 의해 무자비하게 살육되었고, 재세례파는 세속권력에 의해 탄압과 순교를 당하였다. 이러한 상황 속에서 세속권력에 대한 루터의 이해, 특히 저항권에 대한 이해는 당시의 역사적 상황에서 가장 현실적인 대안이었다고도 할 수 있다.

　　그러나 저항권에 대한 이러한 루터의 이해는 루터파들에게 그 후의 역사 속에서 정치권력에 대한 비판적 태도를 취하는 것을 어렵게 만들었다. 특히 독일의 히틀러 치하에서 독일국가교

---

123) Bernhard Lohse, 앞의 책, 96쪽.

회는 이러한 루터의 저항권에 대한 이해로 인해 히틀러의 국가권력의 악용과 전제정치에 항거하지 못하고 오히려 이에 동조하는 입장을 취하게 되었다. 그러므로 루터의 정치윤리는 결과적으로 주어진 제도나 질서를 악을 제약하는 하나님의 제정으로 보는 현상유지의 윤리로 다분히 보수 정치신학적 경향이 지배적이게 되었다.

3) 공직에 관하여

루터에 의하면, 정부는 하나님의 말씀에 의하여 세워진 '신적인 질서'이다. 그러므로 가장 높은 공직에서부터 가장 낮은 공직에 이르기까지 정부의 모든 공직들은 하나님에 의해서 창조된 질서이다. 그래서 루터는 『세속권세에 관하여』와 『군인들도 구원받을 수 있는가?』에서 각각 기독교 신앙을 가지면서도 관헌이 될 수 있는가? 혹은 전시에 군인의 사역을 수행할 수 있는가?라는 질문에 답하여 당시의 전통적인 입장, 즉 로마서 13장과 베드로전서 2장에 근거하여 관헌 혹은 칼의 직책은 하나님에 의하여 악을 행하는 자들을 벌주고, 경건한 이들을 보호하기 위해서 제정된 하나님의 도구요, 수단으로 이해하였다. 그는 또한 직책과 인격 사이 혹은 사역과 그 일의 사역자 사이를 구분하고, 그 직책은 그 자체로서 하나님이 주신 것으로 이해하였다. 그러므로 루터에게 있어서 기독교인은 마땅히 관헌이 될 수 있다. 루터는 『세속권세에 관하여』에서 이것을 다음과 같이 말한다.

> 그러므로 당신은 교수형 집행인, 하급관료, 재판관, 군주,
> 제후가 부족한 것을 발견하고 당신 자신이 자격이 있다고
> 생각하거든 세상에 필요한 통치권이 경시되거나 사라지지
> 않도록 하기 위하여 그러한 직책을 맡아야 한다.[124]

한편 그는 『군인들도 구원받을 수 있는가?』에서도 다음과
같이 말한다.

> 하나님께서 악한 자들을 벌하고 선한 자들을 보호하고 평
> 화를 보존하기 위해서 칼을 제정하셨다는 바로 그 사실은
> 전쟁과 살상이 전시와 군법에 따라 일어나는 다른 모든 것
> 들과 함께 하나님에 의해서 제정되었다는 것을 강력하고도
> 충분하게 증거한다.[125]

그러므로 루터에 의하면, 기독교인이 정부의 공직을 받아
들여 세속정부에 능동적으로 참여하는 것은 국가의 권위를 인정
하고, 존중하고, 지지하는 것이며, 하나님께 드리는 아름다운 감
사제이며, 최고의 봉사이다.[126] 그리고 또한 기독교인에게 정치적
공직은 남을 돕는 가장 고상한 활동을 할 수 있는 기회가 된다. 그

---

124) John Dillenberger, 이형기 역, 앞의 책, 448쪽.

125) *LW*, Vol. 46. 95.

126) Paul Althaus, 앞의 책, 121쪽.

러나 루터에 의하면, 정치적 공직에는 위험이 따른다. 가장 큰 위험은 통치자가 본래의 목적대로 백성을 섬기지 않고 자기 자신의 이기적 목적을 달성하기 위하여 그의 백성을 이용하고 또 개인적 이득을 얻기 위하여 그의 힘과 권력을 사용하는 것이다. 또 하나의 위험은 정치적 공직에 있는 사람들은 하나님을 대신하여 자신이 통치자의 자리에 앉기가 쉽다는 것이다.[127] 그러므로 루터는 자아의 이익과 유익만을 구하면서 산 무책임한 정부 관리는 하나님의 심판대 앞에 설 때에 그의 공직에 의하여 고발을 당하여 정죄를 받을 것이며, 사랑으로 행하지 않은 모든 일도 저주를 받을 것이라고 말한다.[128] 이러한 결과로 루터는 군주가 진실한 기독교인이 되어 하나님의 목적대로 그의 공직을 수행하는 일은 매우 드물게 된다고 말한다.

그러나 그럼에도 불구하고 정부 관리는 역시 기독교적 사랑으로 행동할 수 있다. 그리고 이 사랑으로 그들은 강제로 백성을 지배하고 싶은 유혹을 물리칠 수 있고, 또 그들 자신의 이익보다는 그들의 신하들의 복리를 구할 수 있다.[129] 그러므로 루터는 군주들에게 자신들의 권력을 배제하고 예수를 따를 것을 촉구한다. 그리고 군주가 기독교인이 되는 것은 국가의 번영을 위하여 매우 중요하며, 모든 통치자들이 기독교인이 되기를 바란다.[130]

한편 루터에게 있어서 기독교인의 공직에 참여하는 것은

---

127) 위의 책, 121쪽.
128) 위의 책, 122쪽.
129) 위의 책, 122쪽.
130) 위의 책, 123쪽.

본질적으로 '의인이면서 죄인'(Simal Justus et Peccator)인 인간의 실존에서 기인한다. 즉 기독교인은 '의인이면서 죄인'인 까닭에 두 왕국에 모두 예속되어 있다. 그러므로 밖으로부터 오는 그리스도의 (Alien Righteousness)에 의하여 구원 얻고 칭의 받은 기독교인은 그 칭의에 근거하여 저 세상을 향하여 하나님의 명령과 요구들을 수행하는 것이다. 즉 신앙과 사랑의 영역으로서 칭의 받은 기독교인은 세속사회와 세속역사 속에서 거룩한 삶을 살아가야 한다. 그러므로 이러한 이신칭의 차원에서 기독교인은 공직을 마땅히 수행하여야 한다.[131]

이와 같은 루터의 공직 이해는 당시 로마 가톨릭과 급진적 종교개혁가들의 그것과 비교하면 훨씬 훌륭한 장점을 지니고 있다. 당시 중세의 로마 가톨릭 교회는 성속의 이분법을 통하여 교회만이 거룩하고, 세속적인 국가와 세상은 거부하는 태도를 지녔었다.[132] 마찬가지로 급진적 종교개혁가들도 교회와 국가의 분리와 무정부주의를 주장하여 결과적으로 교회가 세상을 거부하는 입장을 취하였다. 특히 재세례파는 그들의 신앙고백서인 『쉴라타임 신앙고백서』(1527)에서 그리스도인은 마땅히 그리스도의 발자취를 본받아 위정자가 되지 말 것을 주장하였다.[133] 즉 공직은 물론 병역의 의무를 거부한 것이다. 그러나 이러한 로마 가톨릭과 급진적 종교개혁가들의 주장은 근본적으로 기독교인으로서 지녀

---

131) 이형기, 『종교개혁신학사상』, 58쪽.

132) 이형기, 『본회퍼의 신학사상』, 316쪽.

133) John H. Leith, *Creeds of the churches*(Atlanta: John Knox Press, 1963), 287쪽.

야 할 역사와 사회에 대한 책임성을 결여하고 있다. 특히 이들은 하나님의 동일한 주권의 영역인 역사와 사회, 국가와 문화를 도외시한다.[134] 그러므로 세속적인 삶을 거룩하게 하고자 했던 루터의 공직 이해와 직업윤리는 어거스틴적 두 왕국 사상에 입각하여 있으면서도 사회와 역사, 국가와 문화에 대한 해석에 있어서 보다 적극적인 특징을 지니고 있으며, 이후 종교개혁가들에게도 긍정적인 영향을 주었다.

4) 전쟁에 관하여

루터는 전쟁이 인간을 괴롭히는 커다란 재앙들 가운데 하나로 종교를 파괴하고 국가를 파괴하고 가정을 파괴한다고 보았다. 그러나 루터는 또한 전쟁을 궁극적으로 하나님의 섭리요 심판으로 이해한다.[135] 그래서 루터는 하나님의 통치 질서인 세속정부의 역할 가운데 백성들을 외부의 침입으로부터 보호하기 위하여 전쟁이 필요함을 말한다. 루터는 이것을 『군인들도 구원받을 수 있는가?』에서 다음과 같이 말한다.

> 어떤 전쟁들은 공격을 받지도 않았는 데 싸우려고 하는 욕
> 망과 의지로부터 시작된 것이며, 다른 어떤 것들은 상대편

---

134) 이형기, 앞의 책, 316쪽.
135) Hugh Kerr, 앞의 책, 197-200쪽; 김영한 편역, 앞의 책, 261-265쪽.

에 의해 공격을 받은 후 필연성과 강압에 의해 전쟁을 하는
것이다. 첫째 종류는 욕망의 전쟁, 둘째는 필연의 전쟁이라
부를 수 있다. 첫째 종류는 악마에게 속하며, 하나님이 그에
게 행운을 주지 않는다. 둘째 종류는 인간적 불행이며 하나
님이 그들을 도와준다.[136]

그러므로 우리는 여기에서 루터가 전쟁을 욕망의 전쟁과
필연의 전쟁 등 두 종류로 나누고 필연의 전쟁, 즉 침략에 대한 방
어일 경우에만 전쟁의 정당성이 용인되고, 결코 침략전쟁의 경우
에는 그 정당성을 용인하지 않았음을 알 수 있다. 또한 루터는 종
교적 이름으로 하는 십자군 전쟁이나 성전(聖戰) 같은 것을 거부했
다. 그는 이것을 『터키 전쟁에 관하여』(On War against the Turk, 1529)에서
다음과 같이 말한다.

기독교인이기를 원하며 더욱이 최고의 기독교 설교가이기
를 원하는 교황이 교회 군대나 기독교의 군대를 인솔하는
것은 옳지 않다. 교회는 검으로 투쟁하거나 싸우지 말아야
하기 때문이다.[137]

이와 같은 루터의 거부는 그의 두 왕국론에 근거한다. 루터
가 볼 때에 교회는 성령의 검만을 지닌다. 교회는 하나님의 말씀

---

136) *LW*, Vol. 46. 104.
137) J. M. Porter, *Luther: Selected political Writings*, Trans. by Hong Chi Mo(Seoul: Concordia Press, 1985), 123쪽.

과 기도로서 마귀에게 대항한다. 반면 국가는 외적인 것, 즉 물질적이고 세속적인 일과 관계한다. 그러므로 군사력을 가지고 싸우는 임무는 교황이 아니라 황제에게 주어져 있다. 이러한 루터의 전쟁론은 기본적으로 정당전쟁론[138]에 근거하여 있다. 베인톤은 이 정당전쟁론이 콘스탄틴이 기독교를 공식화하고, 로마 제국이 기독교를 국가적인 종교로 수납하는 과정에서 로마제국의 국가적인 생존을 위협하는 이교도들의 위협 속에서 발전되었다고 한다. 몰트만에 의하면, 이 정당전쟁론의 요점은 ① 전쟁은 합법당국을 통해 수행되어 하며 국가의 공익에 기여하여야 한다. ② 전쟁은 선한 목적에서 행해져야 한다. ③ 전쟁은 유익한 결과가 기대되어야 한다. 따라서 전전(戰前)보다 전후(戰後)의 상황이 더 호전되어야 한다. ④ 긴장 완화를 위해 모든 평화적 수단이 망라되어야 한다. ⑤ 수단이란 그것을 통해 극복되어야 하는 악보다 더 온전해야 한다. 즉 수단은 목적에 상응해야 한다. ⑥ 군민은 구분되어야 하며, 민간인은 보호되어야 한다는 것이다.[139]

이러한 정당전쟁론에 근거하여 루터는 전쟁을 국가의 정치적 기능의 한 측면으로 보았다. 그에 의하면, 전쟁은 오직 침략자에 의하여 강요된 방어전(Defensive War)이어야 하고, 다만 최후의 수단이어야 한다. 전쟁의 목적은 백성들을 보호하고 평화에 있어야 한다. 또한 전쟁의 일차적인 기능은 수세적인 의미에서 영토의 방어에 있다. 이런 근거에서 루터는 터키인들이 불신자이기

138) Jürgen Moltmann, 앞의 책, 119쪽.

139) Roland H. Bainton, *Christian Altitudes toward War and Peace*(Nashville: Abingdon Press, 1960), 85-100쪽.

때문이 아니라, 침략자이기 때문에 저항해야 한다고 주장하고, 터키인들과의 전쟁을 묵인하였다.[140]

한편 루터는 강요된 불가피한 전쟁과 고의적으로 그리고 계획적으로 시작된 전쟁을 대조하고 있다. 고의적으로 그리고 계획적으로 시작된 전쟁은 마귀에게서 나온 것이다. 이러한 경우에 기독교인은 하나님의 도움을 구할 수 있고, 군주는 기쁘고 선한 양심으로 전쟁을 수행하지 않으면 안 된다. 이러한 경우가 농민전쟁이다.[141] 그러므로 루터는 고의적으로 제후들에 대항하여 일어난 농민반란을 비난한다. 또한 정당전쟁론에 근거하여 언제나 평범한 사람은 저항하기보다는 고통을 참아야 한다고 말하고, 오직 제후들만이 칼을 가질 수 있도록 하나님의 허락을 받았다고 말한다. 그러므로 베인톤은 정당전쟁론의 보수적 성격이 농민전쟁과의 관계에서 루터에게 나타났다고 한다. 재세례파는 예외였지만 종교개혁시대에 교회들은 모두 이러한 정당전쟁론을 기본적으로 승인하였다.

---

140) 위의 책, 185-193쪽.
141) Paul Althaus, 앞의 책, 198-199쪽.

5. 루터의 두 왕국론에 대한 신학적 평가

1) 루터의 두 왕국론의 정체성 : 이중적 두 왕국론

　　루터의 두 왕국론은 그의 저작 전반에 다음과 같은 형식으로 나타난다. 첫째로 루터의 두 왕국론은 묵시문학적 종말론의 성격을 지닌 어거스틴적 두 왕국론이다. 하나님의 나라와 사탄의 나라와의 투쟁과 갈등의 관계를 보여 주는 어거스틴적 두 왕국론은 그의 초기 저작뿐만 아니라, 1523년『세속권세에 관하여』이후의 작품 전반에 걸쳐 나타난다. 둘째로 두 정부론이다. 루터의 두 왕국론은 1523년『세속권세에 관하여』에서 두 왕국론의 전망에 새로운 변화가 일어난다. 그는 이 저작에서 영적 정부와 세속 정부를 하나님의 통치질서로 이해한다. 즉 영적 정부는 하나님의 나라, 즉 은혜의 나라로 그리스도의 통치권이 행사되는 지역이며, 크리스천의 의를 성취하는 하나님의 도구이다. 또한 세속정부도 하나님이 세상을 지배하시는 한 방법으로 악을 억제하고 세상의 의를 이루는 도구로 파악한다. 그리고 루터는 이 두 정부의 관계는 차이성이 있음에도 불구하고 통일성과 상호의존성을 지니는 것으로 파악한다. 결국 루터는 이 작품에서 교회와 국가의 권위의 출처가 하나님이시며 근본적으로 두 정부는 구분되지만 악마의 왕국에 대항하기 위하여 세워진 하나님의 통치질서로 이해한다. 셋째로 루터의 두 왕국론은 어거스틴적 두 왕국론과 두 정부론이 상호 불가분리적으로 연관되어 있는 이중의 두 왕국론이다. 몰트만은 루터의 두 왕국론의 이 이중성을 다음과 같이 요약하였다.

첫째로 영적 영역에서 세속적 영역을 조망하면 다음과 같은 구획이 성립된다. 영적 영역에는 영, 세속영역에서는 권세, 영적 영역에서는 신앙, 세속영역에서는 행위, 영적 영역에서는 복음, 세속영역에서는 율법이다. 둘째로 그러나 하나님의 통치(Regnum Dei)와 악마의 통치(Regnum Diaboli)의 전망에서는 영적인 영역과 세속적 영역은 서로 극히 응착된다. 하나님은 이 양대 영역을 통해 악마의 권세를 대항하여 투쟁하는데, 한편으로는 말씀과 신앙을 통하여, 다른 한편으로는 질서와 평화를 통해서 하신다. 셋째로 오직 양대 영역 간의 편차에만 주목하면 그리스도인이란 결국 한편으로는 산상수훈의 복음을, 다른 한편으로는 법과 국가의 권력에 보공해야 하는 두 이질세계의 시민으로서 역설적 존재가 되고 만다. 그러나 두 영역을 악마를 대적하는 하나님의 투쟁의 관점에서 주시하면 그리스도인이란 하나님을 믿는 신앙에 정초하여 모든 세속적 영역 속에서 증오의 악마적 국가를 대항하여 사랑의 행위를 구현하는 자가 된다. 그러므로 모든 세속 질서들은 그리스도를 수용하는 한 피조세계 내에서 위치를 지니게 된다.[142]

---

142) Jürgen Moltmann, 앞의 책, 73-74쪽.

그러므로 우리는 루터가 세계사 전반을 지배하는 하나님의 통치와 악마의 통치 간의 이 광대한 구획 안에 또 다시 사람들을 구원하는 그리스도의 왕국과 삶을 보존하는 세상 왕국으로 다시 구분하고, 하나님은 악마의 세력의 제한과 와해를 위해 두 상이한 세력, 영적 정부와 세속정부를 세우신 것으로 이해할 수 있다. 즉 주권의 영역인 왕국과 주권의 방식인 정부가 상호 차원을 달리하여 서로 조화를 이루며 공존하는 것이다. 루터의 두 왕국론에 대한 이러한 주장은 프란츠 라우, 몰트만, 보른캄, 로제 등 루터 연구자들에 의해서 지지되는 종합적 견해이다. 필자는 이와 같은 이중의 두 왕국론이 루터의 글들 속에서 가장 이상적으로 취할 수 있는 견해로 루터의 두 왕국론의 본질이요, 정체성이라 파악한다.

2) 루터의 두 왕국론의 긍정적 측면 : 개신교적 두 왕국론의 모델 제시

루터의 두 왕국론은 기본적으로 로마 가톨릭의 교회와 국가의 관계와 급진적 종교개혁자들의 교회와 국가의 관계를 거부하면서 이루어졌다. 당시 로마 가톨릭 교회는 토마스 아퀴나스의 신학에 입각하여 초자연과 자연, 이성과 계시, 교회와 국가, 영원한 법과 자연법이 각각 동일한 하나님에게서 나온 것으로서 결국 이 양자는 모순, 대립, 나아가서 갈등의 관계에 있는 것이 아니라 조화와 예속의 관계에 있는 것으로 보았다. 즉 철학이 신학의 시녀이듯이 국가는 교회의 시녀이며, 교회는 사회의 이상형이요 나아가서 이 세상 모두가 교회화해야 한다는 것이었다.[143]

중세의 로마 가톨릭은 교회와 국가의 관계를 교회로 일원화하는 경향을 띠게 되었다. 한편 급진적 종교개혁자들은 교회와 국가와 사회, 보편적인 가치의 세계인 문화와 역사로부터 과격히 분리하는 것은 물론 기성교회, 즉 로마 가톨릭 교회, 루터 교회 및 칼뱅 등의 개혁교회로부터 완전히 분리하고자 했다. 이들은 신약성서의 이상 내지는 콘스탄틴 대제 이전으로의 복귀를 내세웠고, 산상수훈 등 공관복음서 중 제자직에 관계된 예수님의 명령들(눅 14 : 25 이하)을 강조하였다. 특히 뮌처와 호프만 같은 이는 위의 명령 수행을 과격히 실현하여 종말적 천국을 지상에서 실현하기 위해 폭력까지 써야 한다고 주장하였다. 이들은 두 왕국은 상호 교류, 균형, 독립성과 유기성의 관계를 지니는 것이 아니라, 과격한 분리주의 혹은 천년왕국으로 일원화를 주장하였다.[144]

그러므로 루터는 중세에 교황권에 의해 세속권이 지배받고, 세속권이 교회의 권한을 침해하는 당시의 상황에서 교회와 국가의 권한과 한계를 분명히 하였으며, 로마 가톨릭 교회가 성·속의 이분법을 통하여 세상을 거부하는 태도에 대하여 세속 정부 속에도 하나님의 통치가 있으며 기독교인이 마땅히 거룩한 삶으로 사회와 역사, 그리고 국가와 문화에 대해 책임을 지녀야

---

143) 이형기, 『본회퍼의 신학사상』, 315쪽.
144) 위의 책, 317쪽.

한다는 적극적인 해석을 시도하였다는 데 그 의의가 있다. 또한 급진적 종교개혁가들이 교회와 국가의 위치를 극단적으로 분리하거나 일원화하려는 움직임에 반대하여 교회와 국가의 위치를 제자리에 놓으려고 노력했으며, 세상으로부터의 과격한 분리가 아니라, 세상은 하나님의 창조세계로 기독교인이 마땅히 책임성을 지녀야 할 장소라는 사실을 강조하였다는 데 그 의의가 있다. 그러므로 이러한 루터의 입장은 종교개혁 당시 츠빙글리, 칼뱅과 같은 종교개혁자들에게 교회와 국가 관계의 하나의 모델을 제공하여 개혁교회적 교회와 국가 관계를 정립하는 데 기여하였으며, 보다 적극적인 사회, 정치 윤리를 펼치게 하였다. 그러므로 이러한 의미에서 루터는 개신교적 두 왕국론의 모델을 제시하였다고 할 수 있다.

3) 루터의 두 왕국론의 부정적 측면

(1) 묵시문학적 복음과 역사 이해

루터의 두 왕국론은 하나님의 통치와 악마의 통치 사이의 투쟁이라는 관점에 서서 그리스도의 복음을 묵시문학적 종말론으로 이해한다. 즉 역사와 그 종말을 그리스도 안에서 성취된 죄와 죽음, 그리고 악마에 대한 하나님의 부활의 승리로부터가 아니라, 불신앙과 신앙, 그리고 악마를 대적하는 하나님의 세계사적 투쟁의 관점에서 이해하는 것이다. 그러므로 루터의 두 왕국론에서의 승리란 선지자적·사도적 완결에 있지 않고, 묵시문학적 미래에 있게 된다. 또한 세속적 질서들은 정의와 하나님 나라의 평화를 위한 미래 개방적 과정이 아니라, 악에 대항하는 힘으로만 보여진다.[145] 그러므로 몰트만은 바로 여기에 루터파의 두 왕국론에 대한 모호한 교의적 기본입장이 놓여 있다고 비판한다. 그는 오히려 예수의 그리스도의 복음은 그리스도의 십자가와 부활 속에서 이미 악마의 권세를 이기신 하나님의 승리로 시작되어야 한다고 주장한다.[146]

(2) 사회·정치 윤리적 오용의 가능성

루터의 두 왕국론은 기본적으로 창조의 세계(국가)를 하나님의 통치 질서로 이해하고, 창조세계를 사탄의 지배로부터 해방시켰다는 점에 긍정적 의미가 있다. 즉 로마 가톨릭이 성속의 이분법으로 세상을 거부하고 급진적 종교개혁자들이 극단적 분리주의와 천년왕국적 열광주의로 세상을 거부한 상황에서 루터는 현 질서를 하나님의 창조세계로 봄으로 기독교인이 세상에 적극적으로 참여하는 종교개혁적 사회·정치 윤리의 모델을 제시하였다는 것이다. 그러나 이러한 루터의 두 왕국론은 세상을 하나님의 창조질서로 이해하나 세상의 변혁에는 미약한 정치신학의

---

145) Jürgen Moltmann, 앞의 책, 76쪽.
146) 위의 책, 76쪽.

요소를 지니고 있다. 왜냐하면 루터는 두 왕국론을 하나님의 통치질서로 봄으로 지나치게 세속영역에 자율권을 주게 되었다. 그리하여 루터의 두 왕국론은 역사 속에서 세속권세에 대하여 묵종주의적 경향을 지니거나 정치적 소임에 적극적이지 못한 경향을 나타내었다. 그 대표적인 케이스가 독일 루터파가 히틀러 치하에서 세속권력에 대하여 중립적인 태도를 취하게 된 경우이다.[147] 그러므로 틸리케는 루터의 두 왕국론의 부정적 측면을 다음과 같이 세 가지로 지적하였다.[148]

첫째로 이중윤리의 위험성이다. 이중윤리의 위험성이란 윤리를 개인적 윤리와 공적 윤리로 구분하는 것을 말한다. 루터의 두 왕국론에 대한 이러한 이해는 트뢸취가 그의 책『기독교의 사회적 교훈』에서 사회의 공적 도덕과 개인의 내면적 도덕으로 구별함으로써 잘 나타냈다.[149] 틸리케에 의하면, 루터의 초기 신비주의적 경향은 인간을 내적 인간과 외적 인간으로 나누고, 이 구분이 크리스천과 세상의 일들과의 관계로 옮겨졌다. 그래서 내적인 사람으로서의 크리스천은 하나님의 왕국 안에서 신적인 선의 성취를 위하여 행동하는 데 비해 세속 사람으로서는 그의 공직을 따라 힘과 권력의 윤리를 추구하는 세속적 원리를 따라 행동한

---

147) 맹용길, 『기독교윤리사상사』(서울: 대한기독교서회, 1984), 291쪽.

148) 이 부분은 필자의 저서 『해방 후 한국 기독교 사회운동사』(서울: 북코리아, 2009)의 398-400쪽과 필자의 글 "한국 개신교 보수진영의 사회참여에 나타난 교회와 국가의 관계와 사회윤리에 관한 연구" 한국 기독교 사회윤리학회, 『기독교사회윤리』 제14집, 2007, 60-61쪽에서 다시 정리하여 서술하였다.

149) Ernst Troeltsh, *The Social Teaching of the Christian Churches*, Trans. Olive Wyon(NewYork: Macmillan, 1931), Ⅱ. 506쪽.

다.[150] 이렇듯 인간은 신앙이 아니라 사랑으로서 이 세상 안에서 그의 소명을 성취하며, 사랑의 행위가 아닌 신앙으로서 그의 구원을 기대해야 한다. 이와 같이 신앙과 행위를 분리하고 그리스도의 영적 왕국과 세상 왕국이 인간의 공적인 것과 사적인 것, 외적인 것과 내적인 것으로 구별될 때, 인간은 두 가지 도덕적 규범 앞에 서게 되는 모순을 일으키게 된다.[151]

이러한 생각은 특별히 나치 정권하에서 독일인들이 많이 가지고 있었다. 그들은 이에 따라 두 가지 기독교인의 태도를 가졌다. 하나는 국가의 자율에 관대함으로써 정적주의적 태도를 취하여 능동적으로 참가하여 변화시키겠다는 태도를 허용하지 않는 것이다. 다른 하나는 현존해 있는 것들을 도덕적으로 중립되어 있는 것으로 받아들이는 것이다. 다시 말하면 창조주가 있게 한 그대로 받아들이려고 하면서 그의 명령에 기초하여 전혀 문제삼지 않으려고 하지 않는 것이다. 이렇게 해서 전혀 문제가 안 되는 개인 영역에만 관심을 가지고 정치세계에는 정적주의적 태도를 취하게 될 가능성이 있다.[152] 그러므로 몰트만은 이러한 이중 윤리는 결국 신앙은 타계적으로 세상은 무신적으로 만들어서 하나님은 비실제적 그리고 현실성은 무신성으로 전락시켜 버렸다고 지적하고, 결국 루터의 두 왕국론에는 그리스도교적 윤리를 위한 표준이 없다고 비판한다.[153] 이형기도 루터가 창조세계를 사

---

150) Helmut Thielicke, 앞의 책, 364-365쪽.

151) 위의 책, 365-366쪽.

152) 맹용길, 앞의 책, 291쪽.

153) Jürgen Moltmann, 앞의 책, 75쪽.

탄으로부터 보전한다는 주장에서도 사회와 역사에 대한 철저한 변혁이 약하다고 주장하였다.

둘째로 세속화의 위험성이다. 루터의 두 왕국론에 내포된 다른 위험은 삶의 다양한 영역들의 자율성을 인정하는 세속화의 위험성이다. 이것은 경제적 영역을 통째로 무자비한 경제제도나 전제주의적 통치에게로 넘겨 주며, 교육을 포기하고 실용주의자나 인본주의자에게 넘겨 주는 것을 말한다.[154] 즉 그리스도의 복음이 세상의 왕국과는 무관한 것으로서 그리스도의 영적 왕국에만 관계되는 것이 되고, 세상은 세속적 법에 의해서만 통치되는 것으로 이해됨으로 세상은 그의 모든 삶의 영역에서 자율성을 획득하게 되며 더 이상 복음에 복종할 필요를 느끼지 않게 된다.[155] 이것은 결국 세계에 절대적인 자율성을 부여함으로써 비극을 초래할 가능성을 가지고 있다.

셋째로 세속주의 권력에 대한 묵종주의 경향성이다. 틸리케에 의하면 두 왕국론은 상호배타적인 두 개의 원리규범을 동시에 제시하였다. 개인적인 기독교인에게는 산상수훈에 입각한 철저한 윤리적 표준을 요구하였으나, 사회 속에서는 타협된 표준을 요구하였다. 그는 기존 질서와 구조의 변화보다는 지속을, 저항보다는 복종을 강조하였다. 루터는 통치자들에 대한 모든 징벌은 하나님께 맡기라고 하면서, 기독교인이 직접 보복에 나서지 말라고 한다. 이러한 루터의 주장은 사회 구조악에 대해 기독교인의

---

154) Helmut Thielicke, 앞의 책, 367쪽.

155) Heinrich Bornkam, *Luther's Word of Thought*, Trans. M. H. Bertram(Saint Louse; Concordia Publishing House, 1958), 272쪽.

적극적인 대응을 약화시키거나 무관심을 초래할 수 있다. 그러므로 몰트만은 루터의 두 왕국론은 히틀러의 국가권력의 악용이나 민족사회주의(The political religion of National Socialism)라는 정치적 종교에 대하여 종교적이고 정치적 저항을 할 아무런 근거도 제공할 수 없었다고 비판한다.[156]

6. 루터의 두 왕국론과 한국 개신교회[157]

교회와 국가의 관계에 대한 질문은 신약성서를 비롯하여 초대교회로부터 현대교회에 이르는 교회사 전통 속에서 당대의 역사적 상황과 더불어 신학적으로 끊임없이 논의되어 온 문제이다. 특별히 제2차 세계대전이 끝난 후, 교회와 국가의 관계, 좁은 의미로 교회의 사회참여 문제는 1961년 WCC(뉴델리)와 1962년 로마 가톨릭의 제2차 바티칸 공의회로부터 강조되기 시작하여 1968년 WCC 웁살라 총회와 같은 해 로마 가톨릭의 중남미의 주교회의였던 메델린(Medelin) 회의에서 교회 역사상 그 어느 때보다

---

156) Jürgen Moltmann, 앞의 책, 75쪽.

157) 이 부분은 루터의 두 왕국론에 나타난 윤리적 오용의 위험성이 해방 후 한국 개신교회, 특히 1960년대 이후 1980년대까지 어떻게 나타났는지를 다룬다. 그리고 이 부분은 필자의 박사학위논문 "한국 개신교 사회참여에 나타난 교회와 국가의 관계에 관한 연구"(서울: 장로회신학대학교, 2007)의 45쪽, 96-101쪽, 187쪽, 239-243쪽, 246-247쪽; 『기독교사회윤리』 제14집에 수록된 필자의 논문인 "한국 개신교 보수진영의 사회참여에 나타난 교회와 국가의 관계와 사회윤리에 관한 연구"의 57-64쪽; 필자의 박사학위논문을 확대 수정하여 출판한 『해방 후 한국 기독교 사회운동사』(서울: 북코리아, 2009)의 110쪽, 190-196쪽, 324쪽, 396-401쪽을 새롭게 정리한 것이다.

도 가장 첨예화된 문제이다. 그리하여 한국 개신교회에서도 이러한 세계 기독교회의 영향으로 1970년대 이후, 교회의 사회참여는 사회민주화 운동과 더불어 젊은 기독청년대학생들과 신학생, 그리고 NCCK를 중심한 일부 기독 지식인, 신학자, 목회자들에 의하여 그 열기가 분출되었고, 신학적으로는 극단적으로 민중신학의 형태로 나타나기도 하였다.

그러나 대부분의 한국 개신교회와 교회의 지도자들은 이 기간 중 교회의 사회참여보다 개교회의 성장에만 몰두하였고, 기독교의 본질을 복음전도와 더불어 사회참여의 역동적 관계로 이해하는 단계에 이르지 못하였다. 특히 대부분의 보수적 성향의 교회 지도자들은 왜곡된 형태의 정교분리주의를 주장하면서, 기독교 신앙을 역사와 사회에 무관한 타계적인 것으로 설교하였고, 부도덕한 세속권세에 묵종하기도 하였다. 그리하여 루터의 두 왕국론에 나타난 보수적 사회윤리 혹은 정치윤리는 한국에 있어서 극히 일부를 제외하고, 대부분의 보수적 성향의 교회 지도자들에 의해 실천되었고, 루터의 두 왕국론에서 나타날 수 있는 사회, 정치윤리의 오용을 답습하게 되었다. 즉 루터의 두 왕국론에 나타난 이중윤리의 위험성, 세속화의 위험성, 세속권세에 대한 묵종주의 경향성 등에 처하게 되었던 것이다.

1) 루터의 두 왕국론과 그 윤리적 오용의 위험성

몰트만은 루터의 두 왕국론을 "이중적 두 왕국론"(The Dual Doctrine of the Two Kingdoms)으로 표현한다.[158] 그에 의하면, 루터의 '두 왕국론'은 첫째로 '어거스틴적 두 왕국론'의 특징을 지닌다. 루터는 그의 초기 저작에서 하나님의 도성(Civitas Dei)과 악마의 도성(Civitas Diaboli)과의 투쟁과 갈등의 관계를 보여 주는 묵시문학적 종말론의 성격을 지닌 어거스틴적 두 왕국론을 그대로 받아들였다. 둘째로 '두 정부론'이다. 루터는 1523년 『세속권세에 관하여』에서 하나님은 악마의 세력의 제한과 와해를 위해 하나님의 두 통치 질서, 즉 세상을 구원하는 그리스도의 왕국(영적 정부)과 삶을 보존하는 세상 왕국(세속정부)인 "두 정부"를 세우셨다.[159] 그는 기본적으로 이 저작에서 영적 정부와 세속정부를 하나님의 두 통치질서로 이해한다. 그리고 영적 정부는 하나님의 나라, 즉 은혜의 나라로 그리스도의 통치권이 행사되는 지역이며, 기독교인의 의를 성취하는 하나님의 도구로 파악한다. 또한 세속정부는 하나님이 세상을 지배하시는 한 방법으로 악을 억제하고 세상의 의를 이루는 도구로 파악한다. 그리고 루터는 이 두 정부의 관계는 차이성이 있음에도 불구하고 통일성과 상호의존성을 지니는 것으로 파악한다. 결국 루터는 이 작품에서 교회와 국가의 출처가 하나님이시며 근본적으로 두 정부는 구분되지만 악마의 왕국에 대항하

---

158) 위의 책, 64쪽.

159) *LW*, Vol. 45. 91.

기 위하야 세워진 하나님의 통치질서로 이해한다.

　　루터에 의하면, 이러한 두 왕국에 사는 기독교인의 위치는 윤리적으로 산상수훈의 말씀에 따라 살아가는 존재로 파악된다. 그는 로마 가톨릭과 열광주의자들과 달리 산상수훈의 말씀을 문자적으로 현세에서 실현할 수 있는 것으로 파악한다. 그에 의하면 산상수훈의 말씀은 모든 사람에게 요구되지만 행위규범이 아니라, 마음의 태도의 문제이다. 그러므로 세상을 떠나지 않아도 현세에서 산상수훈을 문자 그대로 실현할 수 있다. 이러한 입장 속에서 루터는 기독교인의 윤리를 개인윤리와 공적 윤리로 나누고, 개인윤리 차원에서는 기독교인들에게 용서, 인내, 희생을 요구하고, 공적 윤리 차원에서는 기독교인들로 하여금 이웃을 위해 악을 반대하고 벌하기 위해 힘을 사용할 것을 주장한다. 그러므로 루터는 기독교인이 적극적으로 직업윤리 차원에서 공직을 담당하여 이를 수행할 것을 말하고, 검을 사용하여 의로운 전쟁에 참여할 수 있다고 주장한다.

　　한편 저항권 문제에 있어서 루터는 국가의 권세가 배교를 강요하지 않는 한, 로마서 13장과 베드로전서 2장의 말씀에 입각하여 국가권력에 복종할 것을 말한다. 그에 의하면, 세속 정부의 모든 권위는 부모의 권위에 근거를 두고 있다. 그러므로 기독교인은 부모님에게 순종하고, 공경하는 것과 같이 정부에게 순종하고 복종함으로써 정부의 권위를 존중하여야 한다.[160] 그러나 만약 정부 당국이 교회와 기독교인에 대하여 그들의 권한을 남용할 경

---

160) *LW*, Vol. 13, 58.

우에 교회와 기독교인은 어떻게 반응해야 하는가? 즉 기독교인에게 국가에 대한 저항권이 있는가? 루터는 이 문제에 대하여 『군인들도 구원받을 수 있는가?』에서 불의한 정부일지라도 복종할 것을 말한다. 왜냐하면 비록 어떤 정부가 옳지 않은 행동을 하고 또 불의를 보호할지라도 그 정부는 하나님께서 세워 주신 정부로서의 성격과 권위를 완전히 상실한 것이 아니기 때문이다. 그러나 루터에게는 하나의 예외가 있다. "일시적인 권력과 당국이 백성으로 하여금 하나님 계명들에 위배되도록 행하기를 요구하거나 또는 그것들을 행하기를 방해하는 일이 일어나야 한다면 거기서는 순종은 끝이며 의무도 무효화된다." 결국 루터에게 있어서 다만 저항할 수 있는 경우는 정부가 하나님의 계명에 위반되는 행동을 하게 할 때만 인정되었다. 결국 루터의 정치사상은 주어진 현질서를 긍정하는 보수적 정치신학의 양상을 띠게 된다.

그런데 틸리케(H. Thielicke)에 의하면, 루터의 두 왕국론은 세 가지 오용의 위험성을 가지고 있다. 이중윤리의 위험성, 세속화의 위험성, 세속권세에 대한 묵종주의의 경향성이 그것이다. 이중윤리(double morality)의 위험성은 윤리를 개인적 윤리와 공적 윤리로 구분함으로 나타나는 위험성을 말한다. 루터에 의하면 내적인 사람으로서의 기독교인은 하나님의 왕국 안에서 신적인 선의 성취를 위하여 행동하는 데 비해, 외적 인간으로서 세속왕국에서는 그의 공직을 따라 힘과 권력의 윤리를 추구하는 세속적 원리를 따라 행동한다.[161] 다시 말하면, 내면적인 인간의 심성에서는 산

---

161) Helmut Thielicke, *Theological Ethics*, Vol. I, ed. by William H. Lazaeth(Philadelphia: Fortress Press,

상설교가 실현될 수 있지만, 직능의 수행에 있어서는 힘의 사용과 같은 다른 종류의 윤리가 적용된다는 것이다. 그 결과 신앙과 행위는 분리되고 기독교인은 두 가지 모순된 규범 앞에 서게 되는 것이다.[162]

둘째로 세속화의 위험성이다. 세속화의 위험성은 삶의 다양한 영역들의 자율성을 인정하는 데서 오는 위험성으로, 이것은 경제적 영역을 통째로 무자비한 경제제도나 전제주의적 통치에게 넘겨 주며, 교육을 포기하고 실용주의자나 인본주의자에게 넘겨 주는 것을 말한다.[163] 즉 그리스도의 복음이 세상의 왕국과는 무관한 것으로 그리스도의 영적 왕국에만 관계 되는 것이 되고, 세상은 세속적 법에 의해서만 통치되는 것으로 이해되므로 세상은 그의 모든 삶의 영역에서 자율성을 획득하게 되며 더 이상 복음에 복종할 필요를 느끼지 않게 된다.[164]

셋째로 세속권세에 대한 묵종주의 경향성이다. 틸리케에 의하면, 두 왕국론은 상호배타적인 두 개의 원리규범을 동시에 제시한다. 개인적인 기독교인에게는 산상수훈에 입각한 철저한 윤리적 표준을 요구하고, 사회 속에서는 타협된 표준을 요구한다. 루터는 기존 질서와 구조의 변화보다는 지속을, 저항보다는 복종을 강조하였다. 루터는 통치자에 대한 모든 징벌은 하나님께

1966), 364-65쪽.

162) Helmut Thielicke, 위의 책, 365-366쪽; 나학진, "정교분리에 대한 신학적 고찰", 고범서, 『교회와 국가』(서울: 한국 기독교문화진흥원, 1988), 192쪽.

163) Hulmut Thielicke, 위의 책, 367쪽.

164) Heinrich Bornkam, *Luther's Word of Thought*, Trans. M. h. Bertram(Saint Louse: Concordia Publishing House, 1958), 272쪽.

맡기라고 하면서 기독교인이 직접 보복에 나서지 말라고 한다. 이러한 루터의 주장은 사회 구조악에 대해 기독자의 적극적인 대응을 약화시키거나 무관심을 초래할 수 있다.

그러므로 이러한 루터의 두 왕국론과 그에 나타난 윤리적 오용은 결과적으로 루터 교회로 하여금 제3세계의 국가들 안에서 정치적 상황이나 자유를 위한 혁명적 운동들에 대한 "보수적" 태도를 취하도록 만들었다.[165] 히틀러의 국가권력의 악용이나 국가사회주의라는 정치적 종교(The political religion of National Socialism)에 대하여 종교적이고 정치적 저항을 할 아무런 근거도 제공할 수 없었다.[166] 더 나아가 정치가들과 정부가 루터의 두 왕국론에 기초하여 일체의 '정치적 설교'를 금하도록 강요하였고, 독재국들인 필리핀, 한국, 남아프리카공화국, 아르헨티나 등지에서는 교회를 상대로 그들 고유의 두 왕국론을 적용하여 비국교도적 양상을 띠면, 곧 교회를 국가의 적으로 규정하였다.[167]

2) 한국 개신교 보수진영의 두 왕국론의 윤리적 오용의 답습

한국 개신교 보수진영의 친정부적 사회참여는 루터적 '두 왕국론'에서 나타날 수 있는 오용의 위험성을 답습하였다. 우리

---

165) Bernhard Lohse, *Martin Luther: An Introduction to His Life and Work*(Edinburgh: T&T. Clark), 186-87쪽. 이형기 역, 『루터신학입문』(서울 : 크리스챤다이제스트, 1993), 254쪽.

166) Jurgen Moltmann, 앞의 책, 75쪽.

167) 위의 책, 63쪽.

는 한국 개신교 보수진영의 친정부적 사회참여에서 불의한 세속 권세에 묵종하는 루터적 두 왕국론의 오용을 발견하게 된다. 세상에 대한 교회의 정치신학적 전통에서 이탈한 한국의 대부분의 보수 개신교회들은 그동안 루터의 '두 왕국론'의 왜곡된 해석이라 할 수 있는 '정교분리' 원칙에 섬으로써 교회의 예언자적 사명에서 일탈하였다. 이러한 정치윤리에서의 탈세상화의 경향은 정치적 영역을 세상정권 담당자에게 내어 맡김으로써 하나님의 세계 통치의 영역을 제한했을 뿐만 아니라, 세상의 불의를 방조하는 결과를 낳았던 것이다.[168]

　　해방 이후 정교분리를 내세우면서도 보수적 근본주의자들의 정치화는 반공이라는 이름으로 1960년대 이후 군사정권에 대한 묵시적 내지 열성적 동조로 나타났다.[169] 1960년대 말에는 박정희 정권이 영구집권을 위한 헌법 개정을 시도하자, 진보진영은 김재준 목사를 위원장으로 '3선개헌 반대 범국민투쟁위원회'를 결성하고 3선개헌 저지운동을 적극적으로 전개하였다. 그러나 '대한기독교연합회'(DCC)에 속한 박형룡, 조용기, 김준곤, 김장환 등 보수계열의 목사 242명은 김재준 목사를 "성도들의 양심을 혼란시키는 선동자"라고 비난하고, "정교분리"를 표방하며 개헌문제에 대하여 중립을 지켜야 한다고 주장하였다. 그러나 이들은 곧 "개헌문제에 대한 박대통령의 용단을 환영한다"고 개헌지지를 표

---

168) 손규태, "종교신학과 정치신학의 갈등과 접맥," 『한국종교와 한국신학』(서울: 한국신학연구소, 1993), 192쪽.

169) 위의 책, 193쪽.

방하며 '정교분리'에 위배되는 '친정부적 입장'을 드러냈다.[170]

1970년에 민청학련 사건과 김종필 총리의 교회의 정치참여에 관한 개신교 내의 논쟁이 뜨거웠을 때, 한국 기독교교회협의회(KNCC)가 교회의 사회참여 입장을 분명히 하자, 보수교단 연합체인 한국예수교협의회(KCCC)는 "국가가 신앙의 자유를 말살하지 않는 한, 권력에 순종해야 한다"고 비난하였으며, 대한기독교협의회(DCC) 또한 성명을 통해 로마서 13장에 기록된 국가관의 명령은 무조건적이며 예수와 바울도 로마 정부에 대항한 적이 없기에 반(反)정부적 입장을 취하는 것은 곧 공산 침략자들에 대한 이적 행위라고 단언하였다.

한편 이 시기 한국 개신교 보수진영은 '국가조찬기도회'를 전개하였다. '국가조찬기도회'는 1968년 5월 1일 '제1회 대통령 조찬 기도회'로 시작된 이래, 매년 5월 초에 정기적 행사로서 1974년까지 계속되다가 1976년부터 '국가조찬기도회'로 명칭을 바꾸었다. 김준곤 목사의 주도로 이루어진 이 기도회는 대통령 예찬 일변도의 기도와 지극히 원론적인 설교를 통하여 강력한 일인 독재를 구축해 가던 박정희 정권에 정당성을 부여해 주는 역할을 하였다. 특히 군사정부는 '국가조찬기도회'를 통하여 민주화 운동에 대한 탄압을 반공안보 논리로 정당화하는 등 유신체제와 군사독재의 정당성을 내외에 과시하기도 하였다.[171] 그러므로 이 시기 '국가조찬기도회'는 '정교분리' 입장을 견지하면서 집권세력

---

170) 한국기독교교회협의회 인권위원회, 『1970년대 민주화 운동(Ⅰ)』(1986), 81쪽.

171) 『조선일보』(1977. 10. 23)

에 대해서는 '체제유지 및 지지노선'을 취하면서 '반공 안보논리'적 신앙노선을 더욱 강화하고 군사정권의 정치적 지지세력으로 작동하였던 것이다.[172]

1980년대에도 광주민주화운동 이후 보수진영의 개신교 지도자들은 국가조찬기도회를 통해 전두환 정권을 광주 시민을 보호한 용사로 미화하고 하나님의 이름으로 축복하였다. 특히 1987년 교회의 사회참여가 절정에 달했던 시기에도 대부분의 교단과 보수적 지도자들은 불의한 정치권력에 침묵하거나 은밀히 협조하였다. 4·13 호헌조치 시에는 한국기독교보수교단협의회의 이름으로 이를 지지하였고, 권력의 편에 서서 민주화 운동 세력을 용공으로 몰아붙이는 모습을 연출했다. 독일 루터 교회가 제3제국 치하에서 경험했던 나치즘에 대한 침묵과 묵종이 유신체제와 전두환 군사독재 시대에 다수의 보수적 교회와 교단, 그리고 교계지도자들에게 나타났던 것이다.

그러므로 한국 개신교 보수진영의 친정부적 사회참여에 나타난 교회와 국가의 관계는 '정교분리'를 그 신학적 기반으로 하고, 사회 윤리적으로는 루터적 두 왕국론의 오용인 이중윤리의 위험성, 세속화의 위험성, 세속권세에 대한 묵종주의 경향성을 띠게 되었다고 할 수 있다.

---

172) 김경재, "분단시대에 한국 교회의 보수적 반공주의와 진보적 민족주의 간의 대립에 대한 비판적 성찰," 『한국 개신교가 한국 근현대의 사회, 문화적 변동에 끼친 영향 연구』, 326쪽.

7. 나가는 말

루터는 그의 정치사상의 핵심이라 할 수 있는 두 왕국론을 그의 사변적 사고에 기초를 두지 않고, 그가 살던 시대의 큰 사건이나 논쟁이 일어날 때마다 그에 대하여 대처하여 단편적인 사상을 발표함으로 형성하였다. 그러므로 그의 두 왕국론은 헤켈이 "두 왕국론의 미로"라 부를 만큼 매우 복잡한 양상을 띠게 되어 신학자들 간에 논쟁의 소지와 역사상 실천적 오용의 가능성을 많이 가지게 되었다. 그러므로 이 글은 일차적으로 루터의 두 왕국론의 정체성을 파악하는 데 주력하였고, 이를 위하여 루터의 두 왕국론에 영향을 미친 사상적 배경과 루터의 저작 속에 나타난 그의 두 왕국 개념을 고찰하였다. 그리고 이차적으로 루터의 두 왕국론에 대한 신학적 평가를 시도하였다.

필자는 이글에서 루터의 두 왕국론의 사상적 배경으로 고대 묵시문학적 종말론과 어거스틴의『신의 도성』에 나타난 두 도성설, 그리고 후기 중세 파리대학 총장인 파두아의 마르실리우스의『평화의 수호자』, 그리고 무엇보다도 그의 성서주석과 전체적인 신학을 틀을 다루었다. 그리고 이러한 사상적 배경 아래 루터의 두 왕국론은 그의 저작 전반에 다음과 같은 형식으로 나타난 것으로 파악하였다.

첫째로 두 왕국론은 묵시문학적 종말론의 성격을 지닌 어거스틴적 두 왕국론으로 나타난다. 즉 하나님의 나라와 사탄의 나라와의 투쟁과 갈등의 관계를 보여 주는 어거스틴적 두 왕국론은 그의 초기 저작뿐만 아니라, 1523년『세속권세에 관하여』이후의 작품 전반에 나타난다.

둘째로 1523년『세속권세에 관하여』라는 저술을 통하여 두 왕국론의 전망에 새로운 변화가 일어난다. 그는 이 작품에서 세계사 전반을 지배하는 하나님의 통치와 악마의 통치 간의 광대한 구획 안에 또 다시 세상을 구원하는 그리스도의 왕국(영적 정부)과 삶을 보존하는 세상 왕국(세속정부), 즉 두 정부론을 형성한다. 그는 기본적으로 이 저작에서 영적 정부와 세속정부를 하나님의 두 통치질서로 이해한다. 그리고 영적 정부는 하나님의 나라, 즉 은혜의 나라로 그리스도의 통치권이 행사되는 지역이며, 기독교인의 의를 성취하는 하나님의 도구로 파악한다. 그리고 루터는 이 두 정부의 관계는 차이성이 있음에도 불구하고 통일성과 상호의존성을 지니는 것으로 이해한다. 결국 루터는 이 작품에서 교회와 국가의 권위의 출처가 하나님이시며 근본적으로 두 정부는 구분되지만 악마의 왕국에 대항하기 위하여 세워진 하나님의 통치질서로 이해한다.

셋째로 루터의 두 왕국론은 어거스틴적 두 왕국론과 두 정부론이 상호 불가분리적으로 연관되어 있는 이중의 두 왕국론을 형성한다. 즉 주권의 영역인 왕국과 주권의 방식인 정부가 상호 차원을 달리하여 서로 조화를 이루며 공존하는 것이다. 이러한 주장은 루터의 글들 속에서 가장 이상적으로 취할 수 있는 견해로 프란츠 라우, 몰트만, 보른캄 등 많은 루터 연구자들에 의해서 지지되는 종합적 학설이며, 필자가 그의 저작에서 발견한 루터의 두 왕국론의 정체성이다.

한편 루터에 의하면 이러한 두 왕국에 사는 기독교인의 위치는 윤리적으로 산상수훈의 말씀에 따라 살아가는 존재로 파악한다. 그는 로마 가톨릭과 열광주의자들과 달리 산상수훈의 말씀을 문자적으로 현세에서 실현할 수 있는 것으로 파악한다. 그에 의하면 산상수훈의 말씀은 모든 사람에게 요구되지만 행위규범이 아니라, 마음의 태도의 문제이다. 그러므로 세상을 떠나지 않아도 현세에서 산상수훈을 문자 그대로 실현할 수 있다. 이러한 입장 속에서 루터는 기독교인의 윤리를 개인윤리와 공적 윤리로 나누고, 개인윤리 차원에서는 기독교인들에게 용서, 인내, 희생을 요구하고, 공적 윤리 차원에서는 기독교인들로 하여금 이웃을 위해 악을 반대하고 벌하기 위해 힘을 사용할 것을 주장한다. 그러므로 루터는 기독교인이 적극적으로 직업윤리 차원에서 공직을 담당하여 이를 수행할 것을 말하고, 검을 사용하여 의로운 전쟁에 참여할 수 있다고 주장한다. 그리고 저항권의 문제에 있어서 루터는 국가의 권세가 배교를 강요하지 않는 한, 로마서 13장과 베드로전서 2장의 말씀에 입각하여 국가권력에 복종할 것을 말한다. 결국 루터의 정치사상은 주어진 현질서를 긍정하는 보수적 정치신학의 양상을 띠게 된다.

이러한 루터의 두 왕국론을 신학적으로 평가해 보면 루터의 두 왕국론에는 틸리케에 의하면 세 가지 부정적 측면이 나타난다. 첫째로 이중 윤리의 위험성이다. 둘째로 세속화의 위험성이다. 셋째로는 세속권세에 대한 묵종주의 경향성이다. 이러한 루터의 두 왕국론의 부정적 측면은 기존의 질서나 구조의 변화보다 지속을, 저항보다는 복종을 강조함으로, 독일 제3제국(히틀러 정권)이나 제3세계의 국가들 안에서 정치적 상황이나 자유를 위한 혁명적 운동들에 대한 "보수적" 태도를 취하도록 만들었다. 그리고 이러한 루터의 두 왕국론의 윤리적 오용은 해방 후 한국 개신교 보수진영'에서도 나타났다. 한국의 대부분의 보수 개신교회들은 그동안 루터의 '두 왕국론'의 왜곡된 해석이라 할 수 있는 '정교분리' 원칙에 섬으로써 교회의 예언자적 사명에서 일탈하였다. 이러한 정치윤리에서의 탈세상화의 경향은 정치적 영역을 세상 정권 담당자에게 내어 맡김으로써 하나님의 세계 통치의 영역을 제한했을 뿐만 아니라, 세상의 불의를 방조하는 결과를 낳았던 것이다.

그러나 루터의 두 왕국론에 대한 이러한 부정적 평가에도 불구하고 루터의 두 왕국론은 매우 긍정적 측면도 지니고 있다. 즉 무엇보다도 루터의 두 왕국론은 종교개혁적 두 왕국론의 모델을 제시하였다는 점이다. 루터 당시에는 중세의 교황권에 의해 세속권이 지배받고, 세속권이 교회의 권한을 침해하는 상황에 있었다. 이러한 상황에서 루터는 교회와 국가의 본질과 그리고 그들의 권한과 한계를 분명히 하고자 했다. 또한 그는 열광주의자들이 교회와 국가를 극단적으로 분리하거나 일원화하려는 움직임에 반대하여 교회와 국가의 위치를 제자리에 놓으려고 노력하였다. 이러한 루터의 입장은 종교개혁 당시 칼뱅과 같은 종교개혁자들에게 교회와 국가 관계의 하나의 모델을 제공하여 종교개혁적 교회와 국가관계를 정립하는 데 기여하였던 것이다.

그러므로 이상과 같은 연구를 통하여 필자가 발견한 것은 무엇보다도 루터의 두 왕국론은 기본적으로 창조의 세계(국가)를 하나님의 통치 질서로 이해하고, 창조세계를 사탄의 지배로부터 해방시켰다는 점에 긍정적 의미가 있다는 것이다. 즉 로마 가톨릭이 성속의 이분법으로 세상을 거부하고 급진적 종교개혁가들이 극단적 분리주의와 천년왕국적 열광주의로 세상을 거부하는 상황에서 루터는 현질서를 하나님의 창조세계로 봄으로 기독교인이 세상에 적극적으로 참여하는 종교개혁적 사회·정치윤리의 모델을 제시하였다는 것이다.

그러나 이러한 루터의 두 왕국론은 세상을 하나님의 창조질서로 이해하나 세상의 변혁에는 미약한 정치신학적 요소를 지니고 있다. 왜냐하면 루터는 두 왕국을 하나님의 통치질서로 봄으로 지나치게 세속영역에 자율권을 주게 되었다. 그리하여 루터의 두 왕국론은 역사 속에서 세속권세에 대하여 묵종주의적 경향을 지니거나 정치적 소임에 적극적이지 못한 경향을 나타내었다. 그 대표적인 케이스가 독일 루터파가 히틀러의 치하에서 세속권력에 대하여 중립적인 태도를 취하게 된 경우이다.

그러므로 이러한 루터의 두 왕국론의 약점은 칼뱅 이래로 개혁교회에서 주장되어 온 그리스도의 주권설(Lordship of Christ)[173]을

---

173) 몰트만은 개혁교회의 그리스도 주권설도 교의적 기본입장에 있어서 문제점이 있다고 지적한다. 즉 그리스도 주권설은 그리스도의 세상통치와 이미 실현된 우주적·정치적 권세들의 굴복을 선포하고, 따라서 그리스도인들은 그리스도와 함께 부활하여 그 부활의 영광을 함께 나누며, 그와 더불어 그리스도의 우주통치에 참여함을 말한다. 그러나 몰트만에 의하면, 이것은 이 지상적 현실을 떠난 일종의 열광주의적인 공동체의 경건이며, 그리스도의 고난과 십자

통하여 보충되어야 한다는 것이다. 즉 전 세계는 그리스도의 통치현장이므로 그리스도인들은 예수의 제자들로서 세상을 위한 그들의 책임을 각별히 인식해야 한다는 그리스도 주권설은 독일 고백교회의 활동에서 보듯이 역사에 대한 적극적 책임을 그 사명으로 하고 있다. 그러므로 이러한 역사적 경험을 토대로 볼 때, 개혁교회의 그리스도 주권설은 교회의 사회적 사명을 위한 보다 적극적 이론을 제공해 주며, 이러한 개혁교회의 주장은 루터파에 의하여 경청되어야 할 것이다.

가에 대한 생생한 희생이 없는 한 승리주의적이며, 신성적이어서, 곧 자기의인화(Selbstrecht ferigung)에 빠지게 된다는 것이다. Jürgen Moltmann, 앞의 책, 93-94쪽. 그러나 이러한 비판에도 불구하고 개혁교회의 그리스도 주권설은 역사와 사회에 대한 책임성의 강조라는 측면에서 큰 장점을 지니고 있다는 것이 필자의 견해이다.

참고문헌

김명배, "한국 개신교 보수진영의 사회참여에 나타난 교회와 국가의 관계와 사회윤리에 관한 연구", 한국 기독교 사회윤리학회, 『기독교사회윤리』 제14집, 2007.

_____, 『해방 후 한국 기독교 사회운동사』, 서울: 북코리아, 2009.

김명혁, "어거스틴의 두 도성에 대한 개념", 『신학정론』 제1집, 1983.

김영한 편역, 『루터신학개요』, 서울: 대한예수교장로회총회출판국, 1991.

김철영, 『믿음과 삶의 윤리학: 기독교 윤리학 방법과 과제』, 서울: 장로회신학대학교출판부, 1994.

나학진, "정교분리에 대한 신학적 고찰", 고범서, 『교회와 국가』, 서울: 한국기독교문화진흥원, 1988.

롤란드 베인튼 저, 홍치모 · 이훈영 역, 『16세기 종교개혁』, 서울: 크리스챤다이제스트, 1993.

맹용길, 『기독교윤리사상사』, 서울: 대한기독교서회, 1984.

베른하르트 로제 저, 이형기 역, 『루터 연구 입문』, 서울: 크리스챤다이제스트, 1993.

손규태, "종교신학과 정치신학의 갈등과 접맥," 『한국종교와 한국신학』, 서울: 한국신학연구소, 1993.

알트하우스 폴 저, 이형기 역, 『루터의 신학』, 서울: 크리스챤다이제스트, 1994.

알트하우스 폴 저, 이희숙 역, 『말틴 루터의 윤리』, 서울: 컨콜디아사, 1999.

이형기, 『종교개혁신학사상』, 서울: 장로회신학대학교출판부, 1984.

_____, 『본회퍼의 신학사상』, 서울: 장로회신학대학교출판부, 1987.

_____, "역사적 맥락에서 본 루터의 두 왕국사상과 그의 직업관", 이수정 기념강연, 『교회와 신학』 제14권, 서울: 장로회신학대학교, 1981.

위르겐 몰트만 저, 조성노 역, 『정치신학 정치윤리』, 서울: 대한기독교서회, 1992.

조성노 편, 『역사와 종말』, 서울: 현대신학연구소, 1992.

존 딜렌버거 저, 이형기 역, 『루터 저작선』, 서울: 크리스챤다이제스트, 1994.

지원용, 『루터신학의 진수』, 서울: 컨콜디아사, 1992.

한국기독교교회협의회 인권위원회 편, 『1970년대 민주화 운동(I)』, 서울: 한국기독교교회협의회 인권위원회, 1986.

한국신학연구소 편, 『한국 개신교가 한국 근현대의 사회, 문화적 변동에 끼친 영향 연구』, 서울: 한국신학연구소, 2005.

『조선일보』, 1977. 10. 23.

Althaus, Paul, The Theology of Martin Luther, Trans. Robert C. Schultz. Philadelphia: Fortress, 1966.

_____, The Ethics of Martin Luther, Trans. Robert C. Schultz. Philadelphia: Fortress, 1972.

Augustine, The City of God, Trans. Marcus Dods, New York: The Morden Library, 1950.

Bainton, Roland. H., Christian Altitudes toward War and Peace, Nashville: Abingdon Press, 1960.

_____, The Reformation of the Sixteenth Century, Boston: Beacon Press, 1956.

Bornkamm, Heinrich, Luther's Word of Thought, Trans. M. H. Bertram, Saint Louse:

Concordia Publishing House, 1958.

_____, Luther's Doctrines of the Two Kingdoms, Trans. H. Hertz, Philadelphia: Fortress Press, 1966.

Ebeling, Gerhart, Luther: An Introduction to his thought, Trans. R. A. Willson, London: Fontana Library of theology and Philosophy, 1982.

Kerr, Hugh, A Compend of Luther's Theology, Philadelphia: The Westminster Press, 1943.

Leith, John. H., Creeds of the churches, Atlanta: John Knox Press, 1963.

Lohse, Bernhard, Martin Luther: An Introduction to His Life and Work, Edinburgh: T&T. Clark. 1994.

Luther, Martin, Selections From His Writings, edited and With an Introduction by John Dillenberger.

_____, American Edition of Luther's Works, Phildelphia and Louis, 1955-1968.

Marsilius of Padua, The Defender of Peace, Trans. Alan Gewirth, New York: Harper & Row, 1956.

Moltmann, Jürgen, On Human Dignity: Political Theology and Ethics, Philadephia: Fortress Press, 1984.

Niebuhr, Reinhold, An Interpretation of Christian Ethics, 1930.

Porter, J. M., Luther: Seclected political Writings, Trans. Hong Chi Mo, Seoul: Concordia Press, 1985.

Schaff, Philip, History of Christian Church, Vol. IV, VII, Michigan: Eerdmas, 1979.

Thielicke, Helmut, Theological Ethics, Vol. I, II, ed by William H. Lazaeth, Philadelphia: Fortress Press, 1966.

Troeltsh, Erns, The Social Teaching of the Christian Churches, Trans. Olive Wyon, NewYork: Macmillan, 1931.

2

선교사들의 신학과 한국 기독교

한말 기독교 사회 · 민족운동의 신학적 배경과 그 성격에 관한 연구[1]

1. 들어가는 말

해방 후 한국 기독교는 사회 · 민족운동[2]과 관련하여 보수와 진보의 두 큰 흐름으로 분류되고 이해되어 왔다. 보수진영은 정교분리를 주장하며 교회의 역사 참여를 비판하였다. 그러나 이들은 예언자적 비판이나 고난 참여의 실천성을 잊고, 기존체제를 옹호하고 민족적 모순을 해결하고자 하는 노력이 부족했다는 비판을 받아왔다. 반면 진보진영은 역사에 대한 하나님의 주권을 주장하며 사회적 · 민족적 모순을 해결하기 위해 역사에 적극적으로 참여하였다. 그러나 이들 또한 보수진영으로부터 종교적 경

---

1) 이 부분은 숭실사학회의 『숭실사학』 제21집(서울: 도서출판 혜안, 2008. 12)과 공적 신학과 교회연구소의 『공적 신학과 공적 교회』(서울: 킹덤출판사, 2010)에 게재된 것을 다시 수록한 것이다.

2) 이 글에서 기독교 사회운동은 일반적으로 기독교의 교육, 문화사업, 윤리적 생활 개선, 자유, 인권, 그리고 평등을 비롯한 민주주의 보급, 선교정책 등 다양한 측면이 있지만, 윤리적 생활의 개선, 자유, 인권, 그리고 평등을 비롯한 민주주의 보급과 같은 기독교의 사회개혁운동을 말한다. 또한 민족운동이란 19세기 말 서구 열강들과 일본의 제국주의에 의해 국권이 침탈당하는 상황에서 기독교가 행한 애국계몽운동과 국권회복운동을 지칭한다.

건성 결여라는 비판을 받아 왔다. 한국 기독교사에서 사회 · 민족운동을 둘러싼 이와 같은 상반된 두 흐름은 사실 해방 이전부터 있어왔다. 일반적으로 학계에서는 한국 기독교 수용 당시부터 이미 보수와 진보의 구별이 시작되었고, 진보적 기독교인들에 의해 사회 · 민족운동이 시작되었다고 본다.[3]

그런데 그동안 학계에서는 한말 기독교의 사회 · 민족운동의 문제와 관련하여 크게 세 가지 주제가 논의되어 왔다. 첫째로는 한말 기독교 사회 · 민족운동의 주체가 누구였는가에 대한 문제이다. 즉 선교 초기부터 봉건사회 개혁 및 민족문제 해결과 관련하여 거기에 과감히 뛰어들려 했던 기독교인 혹은 기독교적 지성인들이 있었는가 하면, 그러한 사회적 · 민족적 과제와는 거의 무관하게 기독교의 '종교성'에 귀의하고 신앙을 개인 구원의 방편으로 인식했던 다수의 기독교인의 흐름이 있었다는 것이다.[4] 이는 기독교의 수용을 통상 서북지역과 기호지방으로 분류하고, 사회개혁 혹은 민족운동과 같은 정치적 운동에 대하여 서북지방은 보수적이고 소극적이었으나, 기호지방은 진보적이고 적극적이었으며 그래서 사회 · 민족운동의 주체였다는 학계의 일반적 견해를 나타내는 것이다.

둘째로는 한말 기독교 사회 · 민족운동의 배경에 관한 문제이다. 이에 대해서는 지금까지 두 가지 설명이 있어 왔다. 하나

---

3) 한국기독교사연구회, 『한국 기독교의 역사 I』; 장규식, 『일제하 한국 기독교민족주의 연구』; 민경배, 『한국 기독교회사』; 송길섭, 『한국 기독교사상사』; 이만열, 『한국 기독교와 민족의식』; 이덕주, 『초기 한국 기독교연구』 등은 모두 이러한 관점에서 서술되고 있다.

4) 이만열, 「한말 기독교 思想의 兩面性 試考」, 『한국 기독교와 민족의식』(서울: 지식산업사, 2000), 205쪽.

는 통상 기호지방의 개화적 기독교 인사들의 정치적 지향성과 관련된 설명이다. 즉 기독교를 문명진보의 수단으로 파악하고 기독교 입국론까지 주장한 개화지식인들의 정치적 성향이 한말 기독교 사회·민족운동의 동기라는 것이다. 다른 하나는 한말 기독교 사회민족운동을 선교의 자연스런 소산으로 간주하는 견해이다. 즉 선교 초기부터 1920년대까지 한국 기독교의 사회·민족운동은 네비우스 선교방법론이나 덴니스의 선교신학에 영향을 받은 내한 선교사들의 선교신학의 자연적 결과물로 보는 견해이다.[5]

셋째는 한국 기독교 사회·민족운동의 성격에 관한 문제이다. 그동안 한말 기독교 사회·민족운동의 기본적 특징은 반봉건·반외세 운동이었다고 일반적으로 정의되어 왔다. 즉, 한말 기독교는 내적으로는 유교사상에 의해 신분차별과 인권침해, 관리들의 부정과 부패로부터 백성들을 해방시킨 반봉건 운동이었고, 외적으로는 외세에 의해 국권이 침탈당하는 민족적 위기 상황 속에서 애국계몽운동과 국권회복운동을 펼친 반외세 운동이었다는 것이다.

이상과 같은 한말 기독교 사회·민족운동의 세 가지 문제들과 관련하여 이 글은 기존의 해석을 재검토하고, 지금까지의 해석과 설명이 바르고 타당한지를 살펴보고자 한다. 이를 위해 이 글은 첫 번째로 한말 기독교 사회민족운동의 주체의 문제를

---

5) 민경배, 『韓國基督敎社會運動史』(서울: 대한기독교출판사, 1987), 10쪽. 민경배는 선교 초기부터 1920년까지는 사회민족운동을 선교의 자연스러운 소산으로 본다. 반면 1920년대부터 해방까지의 시기는 개인 구원에 대치되는 사회구원과 사회복음을 통하여 사회악을 제거하고 사회구조 속의 모순을 예언자적 판단으로 개혁해 나가려는 시대였다는 것이다.

다시 재검토할 것이다. 특히 선교사들이 입국한 1885년부터 독립협회 해산 직후인 1900년까지 한말 기독교 사회개혁운동과 민족운동을 역사적으로 살펴봄으로써 기독교 수용 초기부터 서북지방은 보수, 기호지방은 진보라는 구별이 시작되었는지, 서북지방의 기독교는 사회와 역사참여에 소극적이었고, 기호지방의 기독교는 적극적이고 주체적이었는지 기존의 견해를 검토할 것이다.

두 번째로 이 글은 한말 기독교 사회·민족운동의 신학적 배경이 무엇이었는지 중점적으로 다루고자 한다. 이 글은 그동안 한말 기독교 사회·민족운동이 기호지방 개화파 인사들의 정치적 지향성과 관련되어 이해된 그동안의 피상적 관점을 피하고, 이것을 기독교 신앙과 신학, 그리고 기독교 윤리의 관점에서 규명해 보고자 한다. 특히 한말 내한 선교사들의 어떤 신앙과 신학이 한국인들과 그들의 사회·민족운동에 어떻게 영향을 주었는지 그 상관성을 살펴보고자 한다.

마지막으로 이 글은 기독교 사회·민족운동의 성격에 대하여 다시 한번 정리하고자 한다. 그동안 기독교 사회·민족운동이 반봉건·반외세적 운동이었다는 평가를 받아 왔다. 이 글은 기독교 사회·민족운동의 성격의 이러한 평가와 관련하여 그 외의 특징은 없는지 살펴보고자 한다.

2. 한말 기독교 사회 · 민족운동의 전개

1) 선교 초기 사회개혁운동

급진개화파 인사들의 개화 의지에 따라 1884년경 기독교의 수용이 본격화되었으나, 이미 1870년대 만주 지역에서 서상륜, 백홍준, 김청송 등 한국인들의 자발적인 기독교 수용이 일어나고 있었다. 이들은 김옥균, 박영효, 서광범, 서재필 등 개화파 인사들과는 달리 성경과 기독교 소책자를 통해 기독교에 접근했으며, 기독교를 개화운동적 · 사회사상적 차원에서보다는 인간의 내면적 고민과 사후세계의 문제를 해결하는 종교로 파악했다.[6] 그러나 1890년대 이후 교회가 성장하고 기독교인의 수가 증가함에 따라 성경, 전도문서에 의한 기독교교육은 한국 사회에 소규모였지만 기독교 윤리에 근거한 사회개혁 운동을 일으키게 되었다. 기독교회는 오랫동안 유교사상의 인습에 젖은 한국인들이 옛 인습을 벗어 버리는 데 앞장섰던 것이다.[7] 이러한 기독교 사회개혁운동은 우상숭배와 제사의 거부, 술, 담배, 아편의 금지, 그리고 혼례와 장례의 문제, 여성의 인권, 관리들의 부정부패와 같은 봉건적 · 민족적 모순에 대한 비판과 개혁노력으로 나타났다.

---

6) 이만열, 앞의 책, 212쪽.
7) 김인수, 『韓國基督教會史』(서울: 한국장로회출판사, 1994), 157쪽.

(1) 종교윤리 차원의 사회개혁운동

① 우상숭배와 미신철폐

기독교적 사회개혁은 기독교의 핵심 교리인 유일신 사상에 근거하여 우상과 미신을 철폐하고 조상제사를 거부하는 것으로 나타난다. 기독교의 유일신 사상은 하나님 외에 어떠한 형상을 만들거나 섬겨야 할 대상으로 받드는 것을 거부하는데, 십계명 중 제2계명에 근거한 종교윤리이다. 기독교적 사회개혁운동으로서 우상숭배 거부와 미신을 철폐하려는 노력은 이미 1890년대에 나타난다.『독립신문』은 물론, 1897년에 창간된 두 개의 기독교 신문인『죠션 크리스도인 회보』와『그리스도 신문』에도 자주 소개되고 있다.[8]

이들 신문에 의하면, 초기 기독교인들은 소극적으로는 우상과 미신 섬기는 것을 멀리 하였고, 적극적으로는 미신 타파에 나섰다. 그들은 예수를 믿은 후 가지고 있던 복주와 토주 및 심신항아리를 파괴해 버리는가 하면, 무당과 판수, 풍수지관이 회개하고 오히려 예수를 열심히 전도하고자 노력하였다.[9] 1897년 4월 황해도 백천의 교인 감만보의 아내가 무당이었는데 전도를 받고 "마귀를 다 제손으로 불살아" 버렸다. 그리고 그해 7월에는 기독교인들이 서울 남산에 올라가 국사당 안에 있는 "잡동산이 화상

---

8)   이만열, 앞의 책, 230-232쪽.
9)   『죠션크리스도인회보』 1권 6호, 1897. 3. 10; 이만열,「기독교 수용과 사회개혁」,『한국기독교
     수용사연구』(서울: 두레시대, 1998), 423쪽.

을 다 빼여 소화"시켜 버리기도 하였다.[10] 초기 기독교인들은 하나님을 믿음으로 미신적인 힘으로부터 해방을 받았고, 우리 전통 사회를 규제하고 있던 미신적인 불합리로부터 해방될 수 있었다. 이러한 미신으로부터의 해방은 기독교의 핵심 교리인 유일신 사상과 십계명 중 제2계명인 우상숭배 거부에 근거한 종교윤리에 힘입은 것으로써, 이 종교윤리는 한말 기독교인들의 모든 사회개혁의 기본적 동력으로 작용하고 있었던 것이다.

② 조상제사 거부

조상제사 문제는 한국 사회에서 뿌리 깊게 내려오는 전통으로서 로마 가톨릭의 수많은 사람들이 이 문제 때문에 피 흘리고 순교하였다. 개신교회는 이 문제에 대하여 교리적인 측면뿐만 아니라 사회개혁적 측면에서도 계도해 나갔다.[11] 먼저 교리적 측면을 보면 개신교회는 조상제사가 조상의 영혼숭배의식이며, 제사 때에 죽은 자의 영혼이 머문다고 믿는 신주를 주물(fetish, 呪物)이라 하여 반대하였다.[12] 즉 종교적 윤리에 근거한 우상숭배 거부와 미신철폐운동의 연장선상에서 조상제사를 거부하였다. 초기 기독교에 입교한 일반 대중들과 일부 사대부 관료들은 기독교의 제사폐지론을 받아들였다. 궁내부 물품사장 이무영은 부인의 기일을 맞아 제사를 폐하고, 그 대신 하나님께 기도 찬미하며 부인 생

---

10) 민경배, 앞의 책, 50쪽.

11) 박정신, 『근대한국과 기독교』(서울: 민영사, 1997), 41쪽; 김인수, 앞의 책, 162쪽.

12) 백종구, 『한국 초기 개신교 선교운동과 선교신학』(서울: 한국교회사학연구원, 2002), 178쪽.

존시의 하나님 공경함과 경계하던 말씀을 생각하며 '참마음으로 제사'를 드렸다.[13]

한편 교회는 사회개혁적 측면에서 조상숭배의 폐해의 철폐를 위해 힘썼다. 훗날 『그리스도 신문』은 그 폐해를 다음과 같이 언급하고 있다.

> 제사하는 일이 헛될 뿐 아니라 이로 말미암아 허다한 폐단이 불소하니 시간을 허비하므로, 일에 방해될 뿐 아니라 힘을 낭비하며 재력을 모손하고 …… 또 자손이 업는 사람들은 곧 첩을 얻나니 이는 더욱이 그릇하는 일이라. 집을 망하는 화근인 줄을 아지 못하는 도다. …… 만일 허비하는 재물로 나라 일을 위하야 행할 지경이면 그 전진할 일이 한량이 업을 거시여늘, 이에 사람을 교육하는 일은 생각지 아니하고 마음을 우상 섬기는 데 전력하는 거시 엇지 그릇함이 아니리오.[14]

그러나 조상제사 폐지문제는 조상에 대한 효를 사회의 존립기반으로 삼고 있던 조선의 성리학 체제에서 단순히 신앙적 윤리적 행위로 규정되지 않고 정치사회적 의미로 해석되었다. 즉 기독교의 제사 거부 움직임은 윤리적 차원을 넘어 성리학적 기존 체계를 거부하는 정치적인 의미로 이해되었으며, 이로 인하여 기독교의 제사 폐지문제는 정치적 세력의 반대를 맞게 되었다. 그러나

---

13) 『죠션크리스도인회보』 제28호, 1897. 8. 11; 이만열, 앞의 글, 234쪽.

14) 『그리스도신문』, 1913. 12. 18; 김인수, 앞의 책, 163쪽에서 재인용.

이러한 조상제사에 대한 반대에도 불구하고 초기 기독교인들의 제사폐지는 유일신 사상에 근거한 우상숭배 거부와 함께 한국 중세사회를 지탱해 온 성리학적 체제의 기반을 흔들었다는 의미에서 반중세적인 사건이었으며, 이 시기의 기독교가 취하고 있던 일련의 반봉건적 사회개혁운동과 접맥하는 계기가 되었던 것이다.[15]

(2) 개인윤리 차원의 개혁운동

① 술, 담배, 아편 금지

우상숭배 거부와 미신철폐, 그리고 조상제사의 거부가 기독교의 유일신 사상과 관련된 것이라면, 개인윤리 차원의 사회개혁 움직임도 이미 1890년대에 나타나고 있었다. 술, 담배, 아편의 금지와 혼례, 장례의 개혁 등이 그것이었다. 선교 초기 기독교는 술, 담배, 그리고 아편을 금하였다. 청교도적 경건주의 신앙을 가지고 내한한 선교사들은 이것을 초기에는 성경을 근거로 금하지 않고 심신의 건강과 경제적 문제, 사회적 기강 및 개화와 관련하여 금하였다.[16] 먼저 술을 금하는 이유를 살펴보면 술이 '개화를 크게 해하는 물건'[17]이기 때문이라 하였다. 또한 계주론(戒酒論)을 지어 술 마시지 않도록 권장하기도 하였다.

---

15) 이만열, 「한말 기독교 思想의 兩面性 試考」, 233-235쪽.

16) 박정신, 앞의 책, 41쪽; 이만열, 「기독교 수용과 사회개혁」, 412쪽.

17) 「업시할 물건」, 『대한크리스도인회보』 제1권 제48호, 1897. 12. 20.

대개 술이란 동양이나 서양이나 개화한 나라이나 개화 못
한 나라이나 예전부터 지금까지 있는 음식인데 그 종류가
여러 가지요, 그 맛과 빛도 또한 여러 가지라(중략) 술로 패
가망신하는 자를 종종 듣노니 어지 애석지 아니리요. 우리
교회에는 술을 많이 먹는 것만 금하는 것이 아니라 한두 잔
이라도 금하고 또 그뿐 아니라 술장사하는 사람과도 상관
이 없는지라. 강례에도 술을 금하라는 말씀이 있으니 우리
형제들은 조심하여 술 끊기를 바라노라.[18]

이 계주론은 음주가 경제상, 도덕상, 건강상으로 패가망신
의 원인이 된다는 것을 강조하였다. 그러나 전적으로 건강상과
경제상, 그리고 개화의 차원에서 술을 금한 것은 아니었다. 감리
교의 선교사 조이스 감독은 1897년경 "우리 몸이 하나님의 거룩
한 성전"이기 때문에 술을 금한다 하였고, 1900년에는 존슨(G. H.
Jones, 1807-1919)이 전도인, 권사, 그리고 속장들을 모아 놓고 술을
마시는 교우들을 "즉시 출교"하겠노라고 경고한 일이 있어 신앙
과 교회법적 차원에서도 술을 금하였음을 알 수 있다.[19]

담배를 금하는 운동도 기독교 전래 초기부터 있었다. 이 역
시 건강과 경제상의 이유로 금하고 있었다. 이 금연운동은 개인
적으로나 교회 내에서 권면할 뿐만 아니라 언론을 통해서 교육하
기도 했다.

---

18) 「戒酒論」, 『죠션크리스도인회보』 1권 21호, 1897. 6. 23.
19) 「교회법에도 술 먹지 못홀 거시 분명홈」, 『대한그리스도인회보』, 1900. 3. 7; 민경배, 『韓國基督
    敎社會運動史』, 86쪽.

담배를 먹는 사람은 죽을 때까지 불편한 것이 많으니라. 이런 사람은 여러 가지 병이 있나니 힘줄이 약하고 가슴이 답답하고 염통이 더 벌덕벌덕하고 수전증이 나고 안력에 대단히 해롭고 여러 가지 병이 많으니라.[20]

금연의 논리는 초기에는 소극적인 건강상의 이유를 들었으나 시간이 흐름에 따라 "신체에 해 되고, 총명에 해 되고, 도덕에 해 되고, 경제에 해 된다"는 논리로 제시되었다. 또한 금연은 북감리교 연회와 장로교 공의회 등 교단의 회의의 의제로 등장하기도 하였다. 그리하여 뒷날 금연이 기독신자와 비신자를 구분하는 하나의 외형적 표식으로 일반인들에게 인식되게 되었다. 한편 금연운동은 1907년 대구를 중심으로 일어난 국채보상운동에 연결되어 기독교권 밖으로 확산되었는데, 이것은 금연을 통하여 우리나라의 국채 1,300만 원을 갚자는 운동으로 1920년대에 와서 기독교 절제운동의 중요한 내용이 되기도 하였다.[21] 아편을 금하는 것도 기독교회에서 강력히 주장, 실천되었는데 이것은 신자, 불신자를 막론하고 그 폐해를 알게 하여 막도록 노력하는 것이었다.

술과 담배와 아편의 폐단은 기독교가 수용되기 전부터 있어왔던 사회적인 병폐였던 만큼, 기독교계의 금주, 금연, 아편금지 운동은 기존의 삶을 변화시키는 하나의 계기가 되었다. 그리하여 이 운동은 우리 사회의 폐습개혁운동과 연관되어 기독교 사

---

20) 「흡연의 해되는 증거가 무엇이뇨」, 『그리스도회보』, 1911. 7. 15.
21) 민경배, 앞의 책, 88쪽; 이만열, 「기독교 수용과 사회개혁」, 418쪽.

회개혁운동 내지는 반봉건운동을 확신시켜 나가는 데 영향을 미쳤던 것이다.[22]

② 혼례, 장례 등의 구습개혁

초기 기독교인들은 한국의 전통적인 구습에 변화를 가하는 자세를 취하였다. 이것은 결혼예식과 장례의식의 변화로 나타났는 데 그 근저에는 기독교적인 가치관이 연결되어 있었다.[23] 전통적인 결혼에서는 결혼의 주체가 결혼 당사자가 아니었다. 부모의 의사에 따른 조혼과 당사자의 의사를 무시한 결혼이 보편적으로 행해졌다. 조혼은 고유의 구습이었으나, 1911년 일제 조선총독부가 혼인세를 징수하고 여자들을 탈취한다는 괴소문으로 갑자기 더 유행하였다.[24]

이러한 상황 속에서 교회는 가정의 신성성과 행복, 그리고 평화를 위해 조혼의 폐습을 타파하려고 하였다. 기독교가 수용된 후 남녀동등권에 입각하여 자의에 의한 결혼이 이루어지고, 조혼 및 결혼 때 돈거래하는 것을 금하게 되었다. 이를 위하여 교회는 1914년 혼인연령을 남자 만 17세, 여자 만 15세로 정하고 성례하도록 의결하여 조혼을 금하도록 했으며,[25] 당사자의 의사를 무시한 결혼의 폐단을 없애기 위해 혼인당사자들이 부모의 간섭 없이

---

22) 이만열, 같은 글, 416-420쪽.
23) 이만열, 같은 글, 426쪽.
24) 민경배, 앞의 책, 84쪽.
25) 「예수교장로회 죠선총회 데삼회 회록」(1914), 「뎨육회 회록」(1917), 그리고 민경배, 같은 책, 85쪽.

서로 배우자를 선택해 결혼한 사실을 광고하기도 하였다.[26]

한편 초기 기독교회는 전통적 장례의식에 대하여 제사를 금하고 장례는 엄숙하고 간편하게 하도록 지도하였다. 선교사들은 한국인들의 전통적인 장례예식은 "머리 풀고 크게 우는 것과 베옷 입고 3년상 하는 것과 장사 지낼 때에 음식을 차려 놓고 배불리 먹는 것"으로 보고 이를 "없애야 할 풍습"으로 이해하였다.[27] 이는 전통적인 장례예식에서 허례허식을 발견하였기 때문이다. 그리하여 기독교에서는 1897년경부터 목사의 집례하에 행하여지는 교회장의 풍속이 정착되기 시작하였다. 머리를 풀고 크게 울던 장례가 상여 뒤를 따르며 천당 가는 영혼을 위로하면서 찬미 부르는 환송행사와 같은 의식으로 변화하여 갔던 것이다.[28] 이와 같이 선교사들과 초기 한국 교회는 폐해가 많은 한국의 전통적인 구습을 기독교적 가치관으로 변화를 일으켜 생활의 개선을 도모하고자 하였던 것이다.

(3) 사회윤리 차원의 개혁운동

① 여권의 신장

기독교회가 한국 사회에 끼친 윤리적 가치관 중 가장 중요한 것의 하나는 여성의 권리 신장이었다. 남존여비의 유교적 가

---

26) 「회한혼 일」,『대한그리스도인회보』, 1899. 7. 19; 민경배, 앞의 글, 85쪽.

27) 이만열, 같은 글, 428쪽.

28) 이만열,『韓國基督敎와 歷史意識』(서울: 지식산업사, 1981), 37-38쪽.

정윤리가 지배하던 사회에 교회는 하나님이 남녀를 평등하게 인격자로 창조했음을 가르쳤다. 그리하여 1901년 장로교공의회는 여성의 인권에 관하여 다음과 같이 다섯 가지를 결의하였다.

> 첫째 남녀가 장성하기 전에 혼인 하는 일이오, 둘째는 과부가 두 번 시집 가랴는 거슬 금하는 거시오, 셋째는 교중 신도가 믿지 아니하는 이와 혼인하는 거시오, 넷째는 혼인을 매즐 때에 몬져 돈을 받는 거시오, 다섯째는 부녀를 압제하는 일을 업시 하고자 하는 일이다.[29)]

이는 조혼, 과부의 재가, 불신자와의 결혼, 혼인 시의 돈거래, 부녀자 핍박 등 여성의 인권을 보호하기 위한 선교부의 정책이었다. 그런데 여성의 인권 신장은 기독교회만 도모한 것이 아니었다. 기독교 신자였던 개화파 인사들도 이 성서의 정신과 가르침을 우리 사회에 보급하고자 노력하였다. 이러한 가르침은 토론회, 설교, 신문을 통해서 보급되었으며, 교회는 이것을 우리의 윤리 속에서 실천하려고 노력하였다. 우선 교회에서 이 원리를 가르치고 이를 실천하기 위하여 교인들에게 축첩제도는 죄가 된다고 가르쳤다. 축첩한 사람은 고치지 않는 한 교인으로 행세하지 못할 뿐 아니라 때로는 출교당하기도 하였다.[30)]

한편 기독교는 남녀의 동등권을 실현하기 위한 가장 효과

---

29)   『그리스도신문』, 1901. 10. 3; 김인수, 앞의 책, 159쪽에서 재인용.

30)   이만열, 「기독교 수용과 사회개혁」, 430쪽.

적인 방법을 교육이라고 생각하고 여성교육에 엄청난 투자를 아끼지 않았다. 기독교 여성교육은 남녀를 같은 학문으로 공부시켜 동등한 인간으로서의 삶을 누리게 하는 인간해방에 그 초점이 있었으며, 여성으로 하여금 더 나은 한국인으로 양성하려는 민족주체적인 관점도 고려되고 있었다.[31] 그러므로 기독교가 초기 선교의 대상을 하층민과 부녀자, 소녀층으로 잡은 것도 복음전파의 방편으로써 뿐만 아니라 사회변혁의 효과도 이미 계산한 것이며, 여성만이 가진 독자적 잠재력과 역량의 발휘, 창조질서에서의 평등, 여권독립의 확립 등은 모두 교회의 사회변혁의 공헌이었던 것이다.[32]

② 신분제도의 타파

구한말 사회는 사농공상의 유교적 전통에 의해 사회적 신분계급이 뚜렷했다. 1894년 갑오경장(甲午更張) 때 노비제도나 백정들에 대한 차별을 법적으로 철폐했으나 실질적으로는 아주 미흡하여 교회가 앞장서서 이 일을 전개하였다. 예수 믿고 만민평등사상을 실천하여 종들을 놓아주는 이들이 적지 않았던 것이다.[33] 특히 구한말 사회제도 안에서 계급타파와 평등의 이상 실현에서 백정해방운동만큼 독특한 사건도 없었다. 백정은 "호적에서 제외된" 천민계급으로 가장 비천한 하층 구성원이었다. 이들은

---

31) 이만열, 같은 글, 431쪽.

32) C. Trollope, Mark Napier Trollope, *Bishop in Corea!*, 1911-1930, London, S.P.C.K., 1936, 112쪽; 민경배, 『韓國基督敎社會運動史』, 85쪽.

33) 김인수, 앞의 책, 161쪽; 박정신, 앞의 책, 29쪽.

갑오경장 때 제도상 신분적 평등은 보장되었지만 오랜 습관이 간단히 버려지지 않았다.[34]

1895년 4월 12일 곤당골 교회의 선교사 무어(S. F. Moore)는 조정의 내부에 진정서를 보내 백정들도 법의 보호를 받고 평민의 신분을 확보하며 머리를 동이고 갓을 쓰도록 할 것을 소청하였다.[35] 조정은 무어의 소청을 받아들였고, 그해 5월 13일 백정에 대한 신분해방과 갓 착용에 대한 포스터가 전국에 나붙게 되었다. 그러나 해방된 백정들은 오래된 사회적 관습에서 쉽게 빠져 나오지를 못하였다. 그때에 박성춘은 전국적인 백정 조직체의 책임자가 되면서 몇몇 입교한 사람들과 함께 전국을 돌면서 이들을 격려하고 의식화시켜 갓을 쓰도록 하여 신분의 장벽에서 벗어나도록 하였다. 그리하여 이때 승동교회에 여섯 명의 백정이 입교하였고, 수원 지방에서는 50여 명의 백정들이 회집하여 그들의 가족과 더불어 132명이 회개하고 입교하였다고 한다.[36] 뿐만 아니라 백정 박성춘은 독립협회의 만민공동회에 강사로 참석하여 충군애국의 내용이 담긴 연설을 하였고, 독립협회 66인 총대위원이 되기도 하였다.[37] 이처럼 기독교의 만민평등 사상과 윤리에 근

---

34) 민경배, 앞의 책, 102쪽.

35) Notes and Calendar, *The Korean Repository*, Vol. 2, 280쪽. 그 진정서는 백정들의 가련한 상태를 낱낱이 알리면서 그 비인도적 박대와 천대의 해소를 건의한 것으로, 곤당교회, 곧 승동교회에 출석하는 백정 박성춘과 지씨에 의해 초안이 잡혀진 것이었다. 민경배, 『韓國基督教社會運動史』, 103쪽.

36) Notes and Calendar, *The Korean Repository*, Vol. 3, 1896, September, 382쪽; 민경배, 같은 책, 104쪽; 김권정 외 2인, 『한국 기독교와 초기의료선교』(서울: 한국기독교역사문화연구소, 2007), 149-150쪽.

37) 이덕주, 『초기 한국 기독교사 연구』(서울: 한국기독교역사연구소, 1995), 142쪽.

거한 사회개혁운동은 한말 신분해방이라는 봉건적 사회제도와 구조변화의 동력이 되었던 것이다.

③ 관리들의 가렴주구에 대한 항거

기독교인들의 반봉건운동은 무엇보다 지방 관리들의 가렴주구 등 봉건적 모순에 저항하는 움직임으로 나타났다. 정부 관리들의 불법 비행, 매관매직이 성행하였다. 재판이나 법률에 의하지 않고 백성들을 구금, 태형에 처하는 사례가 많았으며, 관찰사직은 20만 냥에, 일등수령직은 5만 냥에 매관매직되고 있었다.[38] 특히 지방관들은 "낮에 생각하고 밤에 헤아리는 것이 돈먹을 생각"뿐일 정도로 무고한 백성들을 잡아 가두고 재물을 빼앗았다.[39]

관리들의 이러한 불의와 부패, 그리고 가렴주구에 대해 기독교인들의 저항은 거세게 일어났다. 1896년 이후 기독교인들이 독립협회 회원으로 가입하여 부정부패 추방운동에 앞장섰고, 기독교인들은 관찰사와 군수에게 이유 없이 재산을 강탈당하자 내부대신에게 항의서를 제출하였다.[40] 그중 1900년에서 1901년의 황해감사 윤덕영은 흉년임에도 불구하고 세금을 지나치게 많이 징수하였는데 기독교인들의 저항으로 파직되었다.[41] 기독교인들의 저항운동은 일반 관료들에게 널리 알려져 지방관에 따라서는

---

38) 黃玹, 『梅泉野錄』, 光武 5년조.

39) 『독립신문』 4권 187호, 1899. 8. 16; 이만열, 앞의 글, 432쪽.

40) 『皇城新聞』, 光武 6년 7월 23일 및 同 8월 20일; 이만열, 「기독교 수용과 사회개혁」, 433쪽.

41) The Korea Review, 1902. Mar, 126쪽, News Calendar.

예수교 있는 고을에 수령으로 부임하는 것을 꺼리는 경우도 있었다. 이처럼 기독교인들이 관리들의 가렴주구에 저항하는 반봉건적 생존투쟁을 벌인 일은 그 뒤 일제의 침략이 노골화되는 시기에는 항일 경제 및 무력투쟁으로 연결되었다.[42]

2) 독립협회의 사회 · 민족운동과 기독교

초창기 기호지방의 개화파 지식인들에 대한 기독교 선교는 직접적인 복음전도보다 신교육을 통한 간접적인 문화선교 방식이 주종을 이루었는데, 그 거점이 배재학당이었다. 미국 북감리회 선교사 아펜젤러(H. G. Appenzeller)에 의해 1886년 6월 8일 시작된 배재학당의 기독교 선교는 조선정부가 1894년 갑오경장을 거치면서 양반지식층 자제들에 대한 교육을 위탁해 옴에 따라 본궤도에 오르게 된다.[43] 당시 배재학당에는 아펜젤러, 헐버트(H. B. Hulbert) 등 선교사들과 함께 당대 대표적 개화파 지식인이었던 윤치호(尹致昊), 서재필(徐載弼), 최병헌(崔炳憲)이 교사 또는 강사로 출강하였다. 뒤에 기독교계의 지도자로 활약한 이승만(李承晩), 신흥우(申興雨), 노병선(盧炳善) 등이 모두 이 무렵 배재학당을 거쳐 간 학생들이었다.[44] 이때 배재학당 입학은 일차적으로 문명개화에 대한

---

42) 이만열, 「한말 기독교 思潮의 兩面性 시고」, 235-236쪽.

43) 장규식, 『일제하 한국 기독교 민족주의 연구』(서울: 도서출판 혜안, 2001), 43쪽.

44) 장규식, 같은 책, 44쪽.

관심과 정치적인 입신출세의 동기에서 비롯된 것이었다. 그러므로 당시 지식인들은 문명개화의 맥락에서 기독교를 수용하였고, 이렇게 '서구 기독교문명의 힘'의 사상적 세례를 받은 신지식층 학생들과 양반 개혁관료출신의 지식인들은 배재학당 내의 협성회와 독립협회를 통하여 사회개혁과 민족운동을 전개하였다.[45]

(1) 독립협회의 창립

개화파는 기독교의 도입을 한국의 근대화와 부국강병과 관련하여 검토하였다. 그들의 주된 관심은 기독교 국가의 부강과 이를 실현하기 위한 교육, 의료, 기술의 도입 및 제도의 개편이었다.[46] 그러나 갑신정변으로 사회·정치적 구조를 개혁하고자 했던 개화파 지도자들은 정변 실패 이후 대부분 해외망명의 길에 올랐다. 김옥균, 박영효, 서광범, 서재필은 일본 공사관의 주선으로 일본에 망명하였고, 윤치호는 주한 미국공사 주선으로 중국 상해로 망명했다. 이들 중 서재필과 윤치호는 정치개혁에 뜻을 둔 진보적 지식인으로 해외망명 기간 중 기독교로 개종하였다. 그 후 이들은 국내 상황이 개화파에 유리하게 전개되기 시작한 1895-1896년에 귀국하였다.

1895년 12월 귀국 후 서재필은 서구식 민주주의를 한국에 실천하려는 강력한 정치적 의지를 가지고 있었다. 그러나 춘생문

---

45) 박정신, 앞의 책, 105쪽; 장규식, 같은 책, 45-46쪽.
46) 이만열, 앞의 글, 210쪽.

사건 이후 정치를 통한 민주주의 실현이 어렵게 되자 방법을 바꾸어 언론을 통한 사회계몽을 사회변혁의 첩경으로 여기고 1896년 4월 7일 『독립신문』을 창간하였다.[47] 『독립신문』은 집권층의 비리와 권력의 심층 성역을 민중에 공개하였고, 민중의 의식화를 이루어갔다. 서재필이 다음으로 착수한 것은 수구세력의 모화(慕華)사상의 상징이었던 서대문 밖 영은문(迎恩門)을 헐고 그 자리에 독립문을 세운 것이다. 『독립신문』과 '독립문 건축'이 민중의 절대적인 호응을 받아 성공하게 되자, 서재필은 보다 적극적인 정치적 목적을 지닌 단체로 독립협회(獨立協會)[48]를 창립하였다. 독립문건축기금모금운동이 계기가 되어 안경수, 이완용, 김가진, 현홍택, 이상재, 남궁억, 오세창, 정교 등을 임원으로 한 독립협회가 1896년 7월 2일에 조직되었던 것이다.[49]

(2) 독립협회의 사회개혁과 민족운동

독립협회의 기본 이념은 자주국권(自主國權), 자유민권(自由民權), 자강개혁(自强改革)의 세 가지였다. 자주, 자유, 자강으로 요약될 수 있는 독립협회의 이념과 정신은 외세의 정치 · 경제적 침략의 위협이란 당시 조선의 상황에서 도출된 주체적 사상이며 운동노

---

47) 이덕주, 앞의 책, 138쪽.

48) 1900년대에 들어서는 교육, 언론, 결사 등 애국계몽운동에 나서게 되었다. 그러나 독립협회운동과 관련, 과거 학계에서는 기독교인의 운동참여를 거의 도외시하였다. 독립협회에 대한 연구로는 신용하, 『독립협회연구』; 유영렬, 『개화기의 윤치호 연구』; 주진오, 『독립협회의 대외인식의 구조와 전개』 등이 있으나, 이들의 독립협회 연구에서는 기독교인들의 역할이 거의 배제되어 있는 느낌이다. 이만열, 앞의 책, 236쪽.

49) 『독립신문』, 1896. 7. 2.

선이었다. 독립협회운동은 "한국인에 의한 한국인을 위한 진실한 근대시민사회"를 성취하려는 운동으로 한국 근대사에 전기를 마련할 결정적 사건이었다.[50]

독립협회는 창립 후 3단계를 거치면서 사회개혁과 민족운동을 전개하였다. 제1단계는 '독립문 건립운동기'로서 1896년 창립 초부터 1897년 8월 28일까지의 시기이다. 이 단계에서는 독립문과 독립관, 독립공원의 건립사업을 추진하면서 시민들과 고급관료까지 가입케 하여 국내 애국세력과 개혁세력을 조직화하였다. 제2단계는 '토론회계몽운동기'로서 1897년 8월 29일부터 1898년 2월 20일까지이다. 이 단계에서는 시민들과 청년들을 모아 토론회를 개최하면서 민중계몽사업을 주로 했으며, 회원들과 시민들 사이에 독립협회의 자주국권 및 자유민권사상을 널리 보급하였다. 이때부터 이 협회가 해산될 때까지 34회에 걸쳐 토론회가 열렸고 보통 약 200명의 회원들이 열성적으로 참여하였으며 이보다 더 많은 500여 명이 방청하였다.[51] 제3단계는 본격적인 '정치개혁기'로서 1898년 2월 21일부터 독립협회가 해체된 같은 해 12월 25일까지의 시기이다. 이 단계에서는 나라의 자주독립 공고화와 민주주의의 제도적 실현을 위해 독립협회는 맹렬한 투쟁을 전개하였다.[52] 특히 자주국권과 자강개혁으로 의식화된

---

50) 이덕주, 앞의 책, 139쪽.

51) 송길섭, 『韓國神學思想史』(서울: 대한기독교서회, 1992), 105쪽.

52) 신용하, 『韓國近代化知性史研究』(서울: 서울대학교출판부, 2005), 177쪽, "독립협회의 이권침탈반대투쟁, 생명과 재산의 자유권운동, 언론집회의 자유권운동, 친러수구파정부 해체 및 개혁정부수립운동, 의회설립운동, 의학교설립운동, 황실호위 외인부대 창설저지운동, 진남포목포조차반대운동, 관민공동회운동, 만민공동회투쟁 등 국정 전반에 절친 자주, 민권, 자강운동을 전개하였다."

민중들과 이들의 대변자인 선각적 지식인들은 더욱 전투적으로 자주, 민권, 내정개혁에 의한 민족운동을 전개하였다. 그리하여 독립협회는 구국선언상소를 통하여 수구파 정권의 부패와 무능을 공격하고 만민공동회를 개최하여 개혁내각의 구성 및 의회개설운동을 전개하였다. 그러나 고종황제를 비롯한 정부의 수구파 관료들은 어용단체인 황국협회와 보부상들을 동원하여 독립협회의 활동을 핍박했으며, 결국 1898년 12월 25일 정부는 전격적으로 독립협회를 영원히 해산시키고 동시에 회원들에 대한 체포령을 내렸다.[53)]

(3) 독립협회와 기독교의 관계

기독교는 1884년 이래 선교 초기에는 주로 사회개혁운동에 관련되어 오다가 1896년 독립협회의 창립과 참여를 계기로 민족운동과 관련을 맺게 된다. 이 독립협회는 기독교인인 서재필과 윤치호 등이 주도한 운동으로 기독교는 이 운동에 적극적으로 가담하였다.[54)] 특히 독립협회 창설의 주역인 서재필의 귀국활동은 지식인층의 기독교 인식변화에 중요한 계기가 되었다.[55)]

---

53) 송길섭, 앞의 책, 105-106쪽. 이때 체포된 인사는 서울에서만도 400여 명에 이르렀는데, 남궁억, 이상재, 양기택, 이승만, 안창호, 신채호, 이승훈, 박은식, 이동휘, 이갑, 최광옥, 이준, 박용만 등이었다. 이들은 후에 을사조약체결(1905)과 신민회(1907) 조직 때 전덕기 목사의 상동교회를 중심으로 상동파 민족운동의 핵심을 이루는 인물들이었으며 독립협회의 이념을 이어 반일민족독립운동을 계승하였다.

54) 신용하, 『한국 기독교와 민족운동』, 『한국 기독교 사회운동』(서울: 路出版, 1986), 34쪽.

55) 박정신, 「한국 현대사에 있어서 개신교의 자리: 독립협회 운동을 보기로 삼아」, 『씨알의 소리』 제99호, 1989, 3쪽; 이덕주, 『초기 한국 기독교사 연구』(서울: 한국기독교역사연구소, 1995), 138쪽.

기독교인들의 독립협회운동 참여는 초기에 충군애국운동으로 전개되었다. 1896년 11월 21일 독립문 기초를 놓는 날 민중이 그곳에 모여 축하하였는데 그 중에 배재학당 학생들의 축가와 선교사 아펜젤러의 기도 순서가 있었다.[56] 또한 1895년 무렵부터 기독교회를 중심으로 태극기 게양이 나타났다. 이 태극기의 게양은 주일이나 성탄절을 비롯한 각종 행사 때 교회와 기독교 계통의 학교, 그리고 일반 교인의 가정에서 서울과 지방의 구별 없이 행해지고 있었다.[57] 또한 교회와 기독교 계통학교들의 각종 행사에서는 태극기의 게양과 더불어 다양한 애국가가 불려졌다.[58] 이와 같은 행동은 외세의 정치 · 경제적 침략 앞에 민족의 자존이 위협받고 있는 위기적 상황 속에서 기독교인들은 나라의 독립을 노래하며 '애국'을 생활화하려 노력했던 것이다.[59]

한편 기독교인들의 독립협회운동 참여는 말기에 가서 근대 시민사회 수립운동으로 바뀌게 된다. 즉 독립협회운동이 점차 정부개혁운동으로 방향이 바뀌고, 만민공동회가 그 실험장이 되자, 기독교인들도 이에 적극 참여하였던 것이다. 그 예로 1898년 10월 29일 서울 종로에서 열린 만민공동회에서 백정 출신 기독교인인 박성춘이 강사로 참석하여 연설하였다. 이때에 만민공동회는 응집된 민중의 힘을 배경으로 하여 대정부 혹은 반외세 투쟁을 전개하였고, 기독교의 강력한 원조를 받아가며 독립협회는

---

56) 『독립신문』1896. 11. 24; 『죠션그리스도인회보』, 1897. 8. 19.
57) 이만열, 「한말 기독교인의 민족의식 형성과정」, 35쪽.
58) 『독립신문』, 1886. 7. 23.
59) 이만열, 「한말 기독교인의 민족의식 動態化 과정」, 앞의 책, 272-283쪽.

사회개혁과 역사 발전의 전기를 마련하였던 것이다.[60]

당시 독립협회에 참여한 기독교인으로서는 상층 지도부에 서재필, 윤치호가 있었고, 중간 지도부에는 주시경, 이상재, 남궁억 등의 친기독교 인사들과 이승만, 신흥우 등이 참여하였다. 독립협회는 1898년 공주, 평양, 선천, 의주, 강계, 북청, 대구 및 목포에 여덟 개의 지부를 설치하였다.[61] 첫 번째로 설치된 공주지부는 기독교에 친화적인 중앙간부인 이상재와 지석영의 요청으로 이루어졌다.[62] 평양에서는 한국 교회 초기 지도자들인 길선주, 안창호, 한석진, 김종섭 등 17명의 교회지도자들이 독립협회 평양 지부를 이끌어 가고 있었는데, 서울에서 만민공동회 사건이 계속되고 있을 때 이들은 평양에서 독립협회를 지원하는 모임을 열고 있었다.

> 평양 예수교인들이 모여 이번에 서울서 외국 사람들과 고문관을 해고한 일로 백성들이 종로에 모여 연설함과 독립관에서 의리에 죽기로 동맹한 일과 시폐를 들어 상소한 일이며 정부에 몇 번 편지한 일을 듣고 일제히 말하되 우리도 백성이 되어 이러한 충의 있는 일에 어찌 수수방관하리요, 서울 사람들이 옳은 일과 충절만 가지고 죽을 것 같으면 우리도 그 뒤를 좇아 죽음이 백성의 직분에 마땅하다고들 하

---

60) 이덕주, 『초기 한국 기독교사 연구』, 142-143쪽.
61) 『독립신문』, 1898. 10. 1.
62) 신용하, 『獨立協會硏究』(서울: 일조각, 1976), 93-95쪽.

였다.[63]

　　당시 길선주와 안창호는 평양지부 설치 첫 집회에서 수
천 명의 군중들에게 연설하였는데, 당시 군중집회계획이 알려지
고 또 동원되었던 것은 교회와 학교라는 조직을 통해서였을 것이
다. 독립협회의 나머지 지부들인 의주, 강계, 선천, 대구, 목포 등
도 선교 초기부터 기독교를 받아들여 사회적 · 정치적으로 각성
된 기독교인들에 의해 설치되고 주도되었던 것이다.[64] 인천에서
는 용동교회 복정채 전도사 등 교인들이 집단으로 독립협회회원
으로 가입한 적이 있었고, 황해도에서도 기독교와 독립협회는 밀
접한 관계를 맺고 있었다.[65]

　　이와 같은 기독교의 독립협회운동에의 참여는 그 뒤 한국
기독교에 큰 영향을 미쳤다. 무엇보다도 한국 기독교는 독립협회
해체과정에서 수많은 개화파 인물들을 수용하게 되었다. 이들 중
에는 옥중경험을 통하여 기독교로 개종한 사람들이 나타났는데,
이승만, 이상재, 박승봉, 이원긍 등이 그들이다. 이들은 독립협회
해산 후 1900년대 초에 애국계몽운동에 적극 참여하며 독립협회
의 남은 뜻을 펴나가고자 하였다. 둘째로는 독립협회에 참여했던
인사들 가운데 이미 기독교인이었던 경우, 그들의 의식과 경험
을 계속 교회활동에서도 살려 나갔던 것이다. 한석진, 방기창, 최

---

63)　『협성회회보』 1-14호, 1898. 4. 2: 이만열, 앞의 책, 237쪽 재인용.

64)　박정신, 「구한말 '기독교 민족주의' 논의」, 『한국 기독교사 인식』(서울: 도서출판 혜안, 2004),
　　　83-85쪽: 이만열, 「한말 기독교인의 민족의식 動態化 과정」, 237쪽.

65)　이만열, 「한말, 일제하 기독교 사회운동의 맥락」, 360쪽.

병헌 등이 교회의 지도자들로서, 안창호, 이승만, 신흥우 등이 민족지도자로 등장 할 수 있었던 것은 독립협회와의 관계를 통해서 이루어졌다는 사실을 무시할 수 없을 것이다.[66]

3. 한말 기독교 사회 · 민족운동의 신학적 배경

1) 보수적 복음주의 신학

초기 내한 선교사들은 신학적으로 '보수적'인 사람들이었다. 찰스 클락(Chares A. Clark)은 북장로교가 한국에서 성공한 열세 가지 비결을 밝히면서 그 가운데 첫 번째로 "선교사들이 신학적으로 보수주의적 견해를 견지했다는 점"을 들었다.[67] 이러한 경향은 감리교에서도 마찬가지였다. 감리교 감독 윌리엄 닌데(William X. Ninde)는 1895년 한국 방문 보고서에서 한국에 있는 감리교 선교사들은 '매우 보수적인' 사람들이었다고 기술하였다. 선교사들의 신학적 보수성은 20세기 초 그들에 의해 유입 번역된 『대한장로

---

66) 주진오, 「독립협회의 대외인식의 구조와 전개」, 『학림』 8, 연세대학교 사학연구회, 1986, 69-105쪽: 이만열, 앞의 글, 361쪽.

67) 류대영, 『초기 미국 선교사 연구』(서울: 한국기독교역사연구소, 2003), 93쪽에서 재인용: Charles A. Clark, "Fifty Years of Mission Organization. Principles and Practice", in Rhodes and Baird, 56쪽.

교신경』과 『미이미교회강례』에 공통적으로 반영되었다.[68] 이 신앙고백서들은 공통적으로 "영감에 의해 기록된 성경의 절대적 권위, 그리스도의 동정녀 탄생, 그의 대속적 죽음과 육체적 부활, 그리고 재림" 등 보수적 신앙요소들을 지녔다. 뿐만 아니라 선교사들은 서양 보수주의 서적들을 소개하고 기고함으로써 이들 교리들을 철저히 변호하였다.[69]

그런데 이 같은 선교사들의 신학적 '보수성'은 선교 초기 종교윤리 차원에서 우상숭배 거부와 미신철폐, 조상제사 거부, 그리고 안식일 준수와 같은 운동으로 나타났다. 선교사들의 신학적 '보수성'은 무엇보다도 한국인들을 교회에 받아들이는 데 매우 높은 신앙적 기준을 적용하였다. 그들은 한국인들에게 세례를 주고, 교회의 정회원으로 받아들이는 데 매우 신중하였다. 세례후보자로 지내는 동안 학습교인은 기독교인으로서 마땅히 지켜야 할 생활 규정을 준수해야 했다. 이 규정 중 가장 중요한 것은 '안식일'을 지키는 것이었다. 선교사들에게 안식일을 지키는지의 여부는 그리스도인과 비그리스도인을 구별하는 기준이었다. 또한 세례후보자는 어떤 형태의 '조상숭배'도 해서는 안 되었다. 어떤 형태로건 제사에 참여하는 것이 알려진 사람은 우상숭배자였

---

68) Ninde to Secretaries. Jan. 6. 1985. MR; Appenzeller to Leonard. June 16. 1891. 1907년 독노회가 결성되면서 채택된 한국장로교 최초의 신앙고백서인 『대한장로교회신경』은 칼뱅주의 대강령인 웨스트민스터 신앙고백서(The Westminster Confession of Faith)를 순서 그대로 요약한 것이다. 뿐만 아니라 초기 한국 감리교회의 신앙고백도 신학적으로 보수성에서 장로교 신경과 크게 다르지 않았다. 공식적으로 표현된 최초의 신학적 규범인 1890년 『미이미교회강례』는 미국감리교의 표준 교리강령인 25개 조항(The Twenty-Five Articles of religion)을 그대로 번역한 것이었다. 1908년 구성된 북감리교 연회가 1901년 만든 감리교회의 '대강령과 규칙'도 신조에서는 이것과 같았다. 류대영, 같은 책, 93쪽.

69) 박용규, 『韓國長老敎思想史』(서울: 총신대학교출판부, 2002), 71쪽.

고, 따라서 기독교인으로 공인되는 의식인 세례를 받을 수 없었다.[70]

따라서 내한 선교사들의 '보수적 신학'은 기독교의 핵심교리인 유일신 사상, 십계명의 우상숭배거부와 안식일 준수 등에 근거하여 선교 초기 한국인 신자들에게 우상숭배를 거부하고, 미신을 철폐하며, 조상제사를 거부하도록 하였던 것이다. 다시 말하면 선교사들의 '보수적 신학'은 구한말 한국 사회에서 기독교적 종교윤리 차원의 사회개혁운동으로 나아가게 하였던 것이다.

한편 초기 내한 선교사들은 '복음주의'(evangelicalism/ evangelism) 신학을 지닌 자들이었다. 여기에서 '복음주의'라는 말은 가톨릭 신앙에 반대되는 개념으로 보편적 '개신교' 신앙원리를 공유한 '전통적 개신교 전체'를 의미한다.[71] 그런데 18세기와 19세기 미국에서 '복음적'이라는 말은 부흥운동을 지칭하거나 그것과 관련된 어떤 것을 말하는 용어가 되었다. 특히 19세기 초 제2차 부흥운동 동안 거의 모든 개신교파가 부흥운동의 영향력 속에 놓이게 되었고, 19세기 내내 '복음적'이라는 말은 부흥운동에 영향을 받은 미국의 '주류 개신교회 전체'를 지칭했다.[72] 따라서 한국 교회

---

70) 류대영, 같은 책, 105-108쪽.

71) 이덕주, 『한국 토착교회 형성사 연구』(서울: 한국기독교역사연구소, 2001), 70쪽에서 재인용. 여기서 '복음주의'라 함은 가톨릭 교회 신앙에 대한 반대개념으로서 프로테스탄트 교회가 지향하는 보편적 신앙원리를 말한다. 즉 "① 성경은 절대적 권위를 갖고 있으며 성경이 모든 생활의 근거가 된다. ② 영원한 구원은 그리스도의 구속과 이에 대한 믿음으로 거듭나서 얻게 된다. ③ 영적으로 변화된 생활은 도덕적 행동과 성경공부, 기도생활, 전도와 선교 활동 등으로 표현되는 개인적 헌신으로 나타난다"는 신앙원리를 의미한다. 그러므로 이 개념은 넓게는 루터와 영국 성공회까지 포함할 수 있으며 좁게는 20세기 미국의 '근본주의' 원리로 축소할 수도 있다. G. M. Mardsen, "Evangelicals and Fundamental Christianity", *The Encyclopedia of Religion*, Vol. 5, 190-196쪽.

72) 류대영, 같은 책, 95쪽.

의 선교 초기 신학적 보수성은 과학주의적·합리주의적 세계관에 의해 심각한 도전을 받기 이전 미국 주류 개신교회가 19세기 내내 지녀온 부흥운동에 영향을 받은 '복음주의적' 신학 전통을 반영한 것이다.[73]

그런데 19세기 미국 부흥운동의 영향을 받은 '복음주의'는 기독교가 문명진보의 원천이 된다는 사상을 지니고 있었다. 복음주의자들은 인류애의 정신에서 사회에 대한 관심을 가졌고, 이러한 관심은 사회윤리 차원의 사회개혁운동으로 이어질 수 있었다. 당시의 지배적 생각은 시민의 도덕이 성공적인 문명의 기반이며 참 도덕의 기반은 종교라는 것이다. 한 나라의 종교가 순수하면 순수할수록 그 나라의 도덕성은 더 높아진다. 기독교는 종교 가운데 가장 순수한 종교로 서구 특히 유럽의 문명의 우위는 기독교 그중에서도 개신교의 영향에 기인한다고 주장하였다.[74] 그러므로 내한 선교사들은 기독교를 받아들이는 것을 곧 문명화로 보았으며, 이러한 믿음은 직접 전도를 중시한 장로교 선교사나 사회개혁을 중시한 감리교 선교사나 차이가 없었다. 이들에게 기독교는 문명진보와 개화에 유익한 종교였다.[75]

내한 선교사들의 이러한 사상의 영향은 해외에서 신앙고백을 하고 기독교로 입교한 급진개화파 계열의 서재필과 윤치호에게 잘 나타난다. 그들은 기독교를 문명진보, 곧 근대화의 방편

---

73) 이덕주, 『한국 토착교회 형성사 연구』, 72쪽; 류대영, 같은 책, 94쪽.

74) 백종구, 『한국 초기 개신교 선교운동과 선교신학』(서울: 한국교회사학연구원, 2002), 152쪽.

75) 류대영, 앞의 책, 201쪽에서 재인용.

으로 생각하였다. 이들은 근대화를 위한 사회사상으로서 기독교를 수용하였고, 교육, 의료, 출판, 구제 사업에 힘쓰는 한편, 여권, 제도, 풍속문제 및 일반적인 가치관 등에 이르기까지 한국 사회의 개화와 개혁운동에 힘썼던 것이다.[76] 기독교를 문명진보의 원천으로 파악한 내한 선교사들의 '복음주의' 신학은 급진개화파를 비롯한 기독교인들에게 개화와 사회개혁사상으로써 받아들여졌다. 그리하여 이들로 하여금 여성의 인권을 신장시키고, 신분제도를 타파하며, 관리들의 부정과 부패를 척결하는 데 앞장서게 하였던 것이다. 다시 말하면 선교사들의 '복음주의 신학'은 구한말 한국 사회에서 근대문명의 개화와 사회개혁운동의 사상적 기초가 되었던 것이다.

결론적으로 우리는 선교지 한국에서 내한 선교사들의 '보수적 복음주의 신학'은 한국 기독교인들의 우상숭배 거부와 미신철폐, 그리고 조상제사의 거부와 같은 종교 윤리적 차원의 개혁과 여권신장, 신분제 타파, 관리의 부정과 부패 척결 등과 같은 사회윤리 차원의 개혁, 그리고 더 나아가 문명진보, 근대 시민사회건설과 같은 개화운동을 함께 견인해 냈음을 알 수 있다.

2) 청교도적 경건주의 신앙과 신학

청교도 신앙(Puritanism)은 내한 선교사의 절대 다수를 차지하

---

76) 이만열, 「한말 기독교인의 민족의식 動態化 과정」, 211쪽.

고 있던 장로교 계통 선교사들의 신학 배경이었다.[77] 북장로교 선교본부 총무 아더 브라운에 의하면, 20세기 초까지 입국한 미국 선교사들의 전형적인 모습은 '청교도적인 사람'(a man of Puritan type)이었다.[78] 미국 선교사들의 '청교적인' 모습은 여러 가지 면에서 찾아볼 수 있다. 그 가운데 가장 두드러진 것은 교회의 신앙적 순결과 그것을 유지하기 위해 요구되는 신자들의 높은 윤리성에 대한 요구였다.[79]

한편 초기 장·감의 선교사들은 교파를 초월하여 경건주의(Pietism) 색채가 강했다. 경건주의는 하나님과의 인격적 만남을 통한 중생의 체험과 기도와 성경공부를 중심한 신앙 훈련, 그리고 선교와 사회구제로 연결되는 윤리적 실천을 그 요소로 하였다.[80] 또한 경건주의는 성경윤리를 인간의 도덕적 행위의 지침으로 삼고, 성경이 금지하는 사회악을 단호하게 금지하였으며, 윤리적 영역에서 엄격주의를 지향하였다.[81]

이러한 청교도적 경건주의 신앙을 지닌 장·감의 선교사들은 개인윤리 차원에서 술과 담배, 그리고 아편을 금지함으로 개인의 생활개혁을 추진하였다.[82] 선교 초기 한국 교회는 술을 먹는 사람은 말할 것도 없고 술을 생산, 판매하는 일에 종사하는 사

---

77) 이덕주, 앞의 책, 67쪽.
78) Arthur Judson Brown, *Mastery*, 540쪽; Sands, 94-95쪽; Gilmore, *Korea*, 107-108쪽; 류대영, 앞의 책, 129쪽.
79) 류대영, 같은 책, 129쪽.
80) 이덕주, 앞의 책, 68쪽.
81) F. E. Stoeffler, *The Rise of Evangelical Pietism*, 1965, 22쪽.
82) 박용규, 앞의 책, 122쪽.

람도 세례받을 자격을 제한하였다. 선교사들은 한국인들에게 음주는 건강에 좋지 않고 비도덕적이고 비경제적일 뿐 아니라 죄를 짓는 일이라 가르쳤다. 뿐만 아니라 선교사들은 한국인들에게 담배를 금하도록 하였다. 한말 흡연은 남녀노소 가릴 것 없이 사회 전반에 퍼져 있는 일종의 국민적 악습이었다. 따라서 선교사들의 눈에 흡연은 건강과 위생상의 문제를 야기할 뿐 아니라 경제적인 면에서도 대단히 심각한 악영향을 끼치는 것으로 보았던 것이다.

선교 초기 기독교인들은 선교사들이 제시한 이와 같은 기준보다 더 철저하게 청교도적 경건주의 신앙에 기초한 개인윤리를 지키려는 경향을 보였다. 선교사들의 신학과 세계관이 한국 교인들에게 영향을 끼쳤다는 면에서 윤치호는 가장 좋은 예였다. 윤치호는 미국 남감리교 선교사들이 상해에 세운 중서학원에서 개종을 한 후, 밴더빌트 대학과 에모리 대학에서 공부한 사람이다.[83] 따라서 그는 미국 남감리교 선교사들과 신학자들로부터 절대적인 영향을 받았다. 그는 중국 상해에서 남감리교에 입교하면서 행했던 감리교인 서약을 대단히 심각하게 받아들였고 평생을 두고 실천하고자 노력했다.[84] 윤치호는 이 서약을 지키고자 하는 그의 종교적 · 도덕적 완고함 때문에 주위 사람들로부터 '청교도적'이라고 불려졌다. 윤치호뿐 아니라 많은 한국교인들은 그들이 선교사 앞에서 했던 맹세를 심각하게 받아들였고, 그것을 지키며

---

83) 류대영, 앞의 책, 117쪽.

84) 이광수가 한 이 표현이 Se Eung Oh, Dr. Philip *Jaisohn's Reform Movement*, 1896-1898 : *A Critical Appraisal of the Independence Club*, Lanham: University Press of America, 1995, 53-54쪽에 실려 있다. 류대영, 같은 책, 118쪽.

살기 위해 목숨을 걸었다. 특히 술, 담배, 아편의 금지와 같은 이들의 신앙 행위들은 선교사들이 가르친 청교도적 경건주의 신앙에 기인한 것이었다.[85]

한편 선교사들의 청교도적 형태의 신앙은 사회개혁적 신앙으로 발전하였다. 청교도적 형태의 신앙은 선교지 한국의 역사적 상황, 즉 사회적 불안, 종교와 도덕적 부재, 그리고 네비우스의 선교방법 등의 영향으로 새로운 신앙으로 변하게 되었고, 이 변화된 새로운 신앙은 청교도적 형태의 신앙으로서 정체성을 잃지는 않았지만, 복음적 경건과 도덕적 엄격을 세속적 의미의 사회진보와 연결시켰던 것이다.[86] 즉 청교도 신앙에서의 내적 믿음과 엄격한 도덕적 실천이 개인의 생활, 가정, 교회, 경제, 정치적 제도와 사회질서를 변화시켰던 것이다.[87] 우리는 이러한 본보기를 청교도 신앙에 기초한 금주운동이 경제적 항일의 성격을 띤 1907년 국채보상운동과 1920년대 절제운동, 즉 민족운동으로 발전한 것을 발견한다.[88] 그러므로 우리는 청교도적 경건주의 신앙은 개인과 가정, 교회와 사회를 변화시키고 나아가 사회개혁적이고 민족운동적 성격으로 발전하였다고 볼 수 있다.

---

85) 류대영, 같은 책, 118쪽.

86) 민경배, 『韓國基督敎社會運動史』(서울: 대한기독교서회, 1987), 101쪽.

87) 백종구, 앞의 책, 4쪽. 그러나 이덕주는 청교도 신앙은 개인의 신앙과 생활개혁에는 놀라운 힘을 발휘하였지만, 염세적 내세신앙으로 현실도피적 신앙 양태를 만들었고, 그 결과 교회의 사회개혁적 기능을 포기함으로 "사회적이기보다는 개인주의적 교회"로 전락하게 하였다고 비판하였다. 이덕주, 『한국 토착교회 형성사 연구』, 68쪽.

88) 류대영, 앞의 책, 116쪽.

3) 네비우스와 덴니스의 선교신학

　　한국 장로교회의 성장에 결정적인 영향을 미친 선교방법 가운데 하나는 '네비우스 선교방법'(The Nevius Method)이었다. 이 선교 방법론은 중국의 지푸에서 활약하던 존 네비우스 박사의 이론을 활용한 것으로, 한국 교회 선교부는 1890년 그의 내한을 계기로 이 방법을 엄격하게 실천한다는 결정을 내렸고, 이후 한국 교회 의 신앙형성에 막대한 영향을 미쳤다.[89] 그런데 이 네비우스 선교 정책은 세례지원자가 교회에 들어오기 전에 공적으로 동의해야 할 규범을 다음과 같이 제시하였다.

　　　① 그리스도인들은 조상숭배를 해서는 안 된다. ② 안식일을 거룩히 지키라. ③ 부모를 공경하라. ④ 불법적인 결혼관계를 가지지 말라. ⑤ 먼저 자신의 가족에게 복음을 전해라. ⑥ 생업에 부지런하고 계명을 지키라. ⑦ 악한 범죄를 모두 피하라. 성경이 술취함과 노름을 금할 뿐 아니라, 이러한 것으로부터 분쟁과 싸움, 살인과 상해가 나오기 때문에 이런 짓을 저지르지 말라. 또한 포도주나 아편을 만들거나, 먹거나 팔지 말고 도박 집을 개설하지 말며 어떤 방식으로든 남의 행동을 타락시키지 말라.[90]

---

89)　C. A. Cark, *Korea church and Nevius Methods*, 박용규 · 김춘섭 역, 『한국 교회와 네비우스 선교 정책』(서울: 대한기독교서회, 1994), 44-45쪽.

90)　곽안련, 같은 책, 130-132쪽.

여기에서 우리는 네비우스 선교방법론이 신앙에서 조상숭배 거부, 안식일 준수, 축첩금지, 술·노름·아편 금지와 같은 '엄격한 경건주의적 복음주의'를 지니고 있으며,[91] 이것은 기본적으로 네비우스 선교방법론이 개인의 구원이 선행된 후 사회선교를 지향한다는 것을 보여 준다.[92] 한국 선교공의회는 개인 구원이 선행한 후 사회선교를 지향하는 네비우스 선교방법론의 복음주의적 윤리를 1893년 채택한 〈장로회 정치를 쓰는 미션공회의 선교정책〉에 다음과 같이 반영하였다.

① 상류계급보다는 근로계급을 상대로 해서 전도하는 것이 좋다. ② 부녀자에게 전도하고 크리스천 소녀들을 교육하는 데 특별히 힘을 쓴다. ③ 기독교교육은 시골에서 초등정도의 학교를 경영함으로써 크게 효력을 낼 수 있다. 그러므로 이런 학교에서 젊은이들을 훈련하여 장차 교사로 내보내도록 한다. ④ 장차 한국인 교역자도 결국 이런 곳에서 배출될 것이다. 이 점을 유의하고 있어야 한다. ⑤ 사람의 힘만이 사람을 개종시키는 것이 아니다. 하나님의 말씀이 하신다. 따라서 될수록 빨리 안전하고도 명석한 성서를 이들에게 주도록 해야 한다. ⑥ 모든 종교 서적은 외국말로 조금도 쓰지 않고 순 한국말로 씌어지도록 하여야 한다.[93]

---

91) 곽안련, 같은 책, 44-45쪽.

92) 민경배, 앞의 책, 19쪽.

93) 한국기독교역사연구회, 『한국 기독교의 역사 Ⅰ』(서울: 기독교문사, 1991), 221쪽.

이 선교정책은 ①, ②에서 선교대상을 민중 층, 곧 "근로자나 부녀와 소녀 등으로 할 것"을 강조하였는데, 이것은 하류층과 부녀 층에 대한 선교가 '개인'의 강조와 함께 자연적으로 그들에게 자아의식의 계발과 책임감, 그래서 인간 존엄으로의 연쇄발전을 유도하게 된다.[94] 여기에서 네비우스 선교방법의 자립, 자치, 자립선교의 정신은 사회적으로는 부르주아 근대시민의 생성과 형성을 구조적으로 진행시키게 되며, 이것은 한국에서 근대 시민사회 형성 동력이 바로 기독교의 복음이었다는 사실을 입증하게 되는 것이다.[95]

그러므로 민경배는 초기 한국 선교에 있어서 사회구원의 독자적 방법론은 따로 없으며, 개인 구원의 내연을 통해서 사회구원의 외연이 접속된다고 주장한다. 결국 이 네비우스 선교방법론은 한국 개신교 선교부의 정책인 복음선교를 사회진보의 정책과 연결시키게 되었다는 것이다.[96] 그러므로 네비우스 선교방법론은 한국 기독교회의 사회·민족운동의 하나의 신학적 배경이 되는 것이다.

한편 선교 초기 한국 선교의 방향과 유형 결정에 영향을 준 신학자로 제임스 덴니스(James S. Dennes)를 들 수 있다. 그는 감리교의 두 선교사인 아펜젤러와 존스로 하여금 "기독교의 사회선교에 대한 강한 신념을 가지게 하였으며", 나아가 아펜젤러와 존스는

---

94) G. H. Jones, *The Growth of the Church in the Mission Field*, The International Review of Missions, Edinburgh, Vol. 1, No. 3, 1912, 417-426쪽.

95) 민경배, 앞의 책, 19-20쪽; W. Knight, *Memoris of Henry Venn*, London, 1880, 285-286쪽.

96) 백종구, 앞의 책, 4쪽.

"한국 선교에서의 덴니스 방법론을 확대 적용"하였다.[97] 그런데 덴니스는 사회선교에 대하여 다음과 같이 말하였다.

> 사회운동의 결과는 부차적이요 간접적 성격의 것이다. 따라서 개개인의 삶이 얼마만큼 변화되었느냐 하는 성취의 계정에 따라서 그 조건이 좌우된다. 이러한 결과는 선교를 해서 얻게 되는 영적 결실을 선행할 만큼 현저하고도 즉각적으로 나타나는 것은 아니다. 이런 것들은 선교의 한 흔적으로 후속되는 것이다. 따라서 그것은 한 개인의 회개에 따라오는 현상보다 더 어렵게 그러나 덜 요란한 표징으로 나타나는 것이다. 다시 말하면 그것은 고대사회 전통 관례의 혁신의 문제요, 재래 정신적 전통의 핵심에 기독교적 이념의 고귀한 표준을 이식 변화시키는 것을 의미한다.[98]

여기에서 덴니스의 선교신학은 기독교의 복음의 씨앗이 뿌려지고 나서 사회의 악들이 노출되고, 지금까지의 관습들에 대한 도전이 시작되고, 전통적 비행들이 비판을 받아 마침내 개선되게 된다는 것이다.[99] 초기에 내한한 감리교 선교사들은 '신앙'이 "기독교 선교의 사회적 결실에 관한 사회학적 확증인 것"과 "비기독교 사회의 악을 제거하는 초자연적 동력"이라는 사실을

---

97) 민경배, 앞의 책, 14쪽.

98) James S. Dennis, *Christian Mission and Social Progress*, New York, Fleming H. Revell, 1897, Vol. I, 24쪽.

99) 민경배, 앞의 책, 14-15쪽.

덴니스에게 영향 받았던 것이다.[100] 그러므로 초기 내한 감리교 선교사들과 그들에 의해 영향을 받은 한국 교회는 사회운동이 개인 구원의 자연스러운 현실적 전개과정이라 규정하는 덴니스의 선교신학을 그 배후에 가지고 있었으며, 이 덴니스의 선교신학은 초기 한국 개신교의 사회 · 민족운동의 한 원리였다는 것이다. 이상에서 우리는 초기 한국 장로회의 사회개혁운동의 근거에는 네비우스 선교방법론이 있고, 한국 감리회의 사회선교론의 근거에는 덴니스의 선교신학이 자리 잡고 있음을 발견할 수 있다.

4. 한말 기독교 사회 · 민족운동의 성격

1) 성서적 사회 · 민족운동

한말 기독교 사회 · 민족운동의 기본적 동력은 선교사들이 성경을 보급하고 가르친 데에 있었다. 내한 선교사들은 선교 초기부터 한국 기독교인들의 성경의 완전 번역에 대한 요구에 직면하였다. 1891년 북감리교 선교보고서에는 성경번역을 재촉하는 한국인들의 '울부짖는 요구'가 있었다고 한다.[101] 또 1897년 아펜

---

100) 민경배, 같은 책, 14쪽
101) M. E. C. Annual Report for 1891.

젤러와 언더우드가 발행한 한글 신문은 한국인들이 국문으로 번역된 성경이 보급되는 것을 '배고픈 자의 밥과 목마른 자의 물과 같이' 또 '가무는 때에게 비'와 같이 기다렸다고 보도하였다. 한편 선교 초기 한국 기독교인들은 선교사들에게 성경공부를 요구하였다. 그리하여 사경회라는 성경연구모임이 한국 기독교인들의 요구로 전국 어디서나 회집되었다.[102] 이러한 초기 한국 기독교의 성경번역과 보급, 성경연구모임은 그 다음 단계로 강력한 사회운동을 가능케 했다. 1893년 1월 제1회 선교사공의회에서 채택한 장로교 선교정책에서 성경번역을 강조한 것은 일찍부터 하나님의 말씀이 사회구원운동의 핵심임을 간파하였기 때문이다.[103] 이런 점에서 맥켄지는 한국에서 성경이 사회운동의 가장 강력한 기반의 하나라는 것은 다음과 같이 잘 지적하고 있다.

> 일본이 한국을 병합하기 전에 많은 수의 한국인이 기독교에 입교하였다. 미선계 학교에서는 잔다크, 햄프란 및 조지 워싱턴 같은 자유의 투사들에 대한 이야기와 함께 근대사를 가르쳤다. 선교사들은 세계에서 가장 다이내믹하고 선동적인 책인 성경을 보급하고 또 가르쳤다. 성경에 젖어든 한 민족이 학정에 접하게 될 때에는 그 민족이 절멸되던가 아니면 학정이 그쳐지든가 하는 두 가지 중의 하나가 일어나

---

102) 박용규, 앞의 책, 106쪽: 이만열, 「한말, 일제하 기독교 사회운동의 맥락」, 357쪽: Blair, *Fifty Years of Development of korean church*, 142-143쪽: C. A. Clark, *Korea church and Nevius Methods*, 107쪽.

103) 이만열, 같은 글, 358쪽.

게 된다.[104]

한편 한말에 기독교 사회 · 민족운동을 가능케 한 기반으로서의 성경은 일제하에서는 더 강력한 힘을 갖게 된다. 권서들에 의해서 추진된 성경의 광범위한 보급과 그 결과로 나타난 국문해독운동, 그리고 사경회라는 말로 더 알려진 성경공부는 일제하에 이르러 전국적인 거교회운동으로 발전하여 갔다. 이 때문에 선교사들은 한국 기독교를 '성경기독교'(Bible Christianity)라고 부르고, 한국 기독교인들을 '성경을 사랑하는 크리스천'(Bible loving Christian)이라고 불렀다.[105] 따라서 한국 기독교 사회 · 민족운동의 가장 중요한 기반의 하나가 바로 하나님의 말씀, 즉 성경에 있었던 것이다.

2) 반봉건 · 반외세 사회 · 민족운동

한말 기독교 사회 · 민족운동은 반봉건(反封建)적 성격의 운동이었다. 구한말 사회는 내적으로 봉건적 모순이 축적된 사회였다. 사농공상의 신분제를 중심으로 한 유교적 지배체제와 관리들의 부정과 부패는 백성들을 착취하고 수탈하여 도탄에 빠뜨렸다. 사회적으로 여성들은 유교적이고 전통적 규범, 조혼과 축첩 등에

---

104) F. A. Mckenzie, *Korea's Fight for Freedom*, Yonsei University Press, 1969, 7쪽.

105) James Dale Van Buskirk, *Korea Land of the Dawn*, New York: Missionary Education Movement of the U, S and Canada, 1931, 44-45쪽; 이만열, 「한말, 일제하의 기독교 사회운동의 맥락」, 358쪽; 박용규, 앞의 책, 110쪽.

의해 억압과 인권의 침해를 당하였다. 그리고 대다수 백성들은 술, 담배, 아편과 같은 사회적 악습에 빠져 있었고, 종교적으로는 우상숭배와 미신, 조상제사가 만연하였다.

이러한 봉건적 모순과 사회적 병폐 속에서 초기 한국 기독교회는 봉건적 모순을 해소하고 사회적 악습을 철폐하고자 노력하였다. 이를 위해 기독교는 먼저 '보수적 복음주의' 신학에 입각한 철저한 신앙적 회심을 강조하였고, 청교도적 경건주의 신앙에 기초하여 높은 도덕적 · 윤리적 실천을 지향했다. 특히 우상숭배와 조상제사 거부, 안식일 준수, 성결한 생활윤리를 통하여 바른 교회를 지향했고, 여권신장, 신분제의 타파, 그리고 관리들의 가렴주구에 대한 항거를 통하여 사회를 바르게 개혁코자 하였다. 특히 성경과 전도문서를 통한 기독교 윤리 교육과 협성회, 독립협회의 사회개혁운동은 유교적이고 봉건적 폐습으로부터 벗어나도록 한 중요한 수단이었다. 그러므로 우리는 초기 한국 기독교 사회 · 민족운동은 그 기본적 성격에 있어서 반봉건(反封建)적 특징을 지닌다고 볼 수 있다.

한편 한말 기독교 사회 · 민족운동은 반외세(反外勢)적 성격의 운동이었다. 청일전쟁 후 1895년 10월 을미사변을 경험한 한국인들은 일제에 의해 국권이 침탈당하는 상황 속에서 반일적 민족감정과 반외세적 민족의식이 생기게 되었다. 이 민족적 위기에서 소수집단이었던 교회는 이 민족적 분노를 승화시키고 이것을 하나님 사랑과 나라사랑, 임금사랑과 겨레사랑으로 연결시키고,

또한 이것을 계몽하고 가르칠 필요를 느끼고 있었다.[106] 그리하여 1896년경부터 기독교인들의 자주적인 국가의식, 민족의식이 태동하였다. 기독교인들은 왕의 탄신일을 맞아 기념식을 거행하면서 충군애국하는 뜻을 표시하였고, 국가의 기원절을 애국하는 뜻으로 역시 시위적인 기념식을 가졌다. 또한 애국가의 제창과 국기의 게양을 통하여 애국심을 고취하였으며, 협성회, 독립협회에 가입하여 민족의 독립과 국가의 자주권 및 국민의 정당한 자유와 권리를 주장하며 반외세(反外勢) 운동을 펼치게 된 것이다.

특히 배재학당 학생을 중심으로 이루어진 협성회는 매주 1회씩 토론회를 개최하여 한국 사회의 개혁과 자주국가의 실현을 위해 토론하고 연설하였다. 뿐만 아니라 그들의 회보인 『협성회회보』를 발행하여 회원들이 직접 가두판매에 나서기도 하였다. 토론회의 제목은 우리나라의 개화를 위한 반봉건의 과제들이며, 자주독립의 근대국가를 수립하기 위한 방책들이었다.[107] 한편 기독교인들은 독립협회의 중앙과 지부에 가입하여 독립협회의 지지세력이 되어 반봉건 · 반외세 사회 · 민족운동을 전개하였다. 특히 독립협회의 운동이 말기에 근대국가 지향의 사회운동으로 발전하고, 만민공동회가 그 실험장이 되었는데, 기독교인들은 이 만민공동회에 적극적으로 참여하여 반봉건 · 반외세 운동을 적극적으로 펼쳤던 것이다. 뿐만 아니라 일제의 침략이 노골화되는 1900년대 초에 이르러서는 기독교인들의 사회 · 민족운동은

---

106) 송길섭, 『韓國神學思想史』(서울: 대한기독교출판사, 1992), 95쪽.
107) 이만열, 앞의 책, 276-278쪽.

교육, 애국계몽, 사회개혁을 추진하는 한편 시위, 테러, 암살행위, 정치경제적 투쟁을 통해 항일민족운동의 성격을 점차 심화시켜 나갔다.

그러므로 우리는 한말 유교적 전통사회 내에 내재되어 있던 봉건적 모순들과 일본을 비롯한 서구열강들의 국권 침탈이 자행되는 민족적 위기 속에서 선교 초기 기독교 사회·민족운동은 그 기본적 성격에 있어서 반봉건·반외세 운동으로 나타났음을 볼 수 있다.

3) 통전적 사회·민족운동

이만열은 한국 기독교계의 보수와 진보의 두 흐름이 기독교 수용 당시부터 이미 여러 형태로 나타났다고 주장한다. 즉 선교 초기부터 봉건사회 개혁 및 민족문제 해결과 관련하여 거기에 과감히 뛰어들려 했던 기독교인 혹은 기독교적 지성인들이 있었는가 하면, 그러한 사회적·민족적 과제와는 거의 무관하게 기독교의 '종교성'에 귀의하고 신앙을 개인 구원의 방편으로 인식했던 다수의 기독교인의 흐름이 있었다는 것이다.[108] 다시 말하면 기독교 수용 당시부터 기호지방의 개화파 기독교인들은 사회정치적으로 진보적 성향을 지니고 있어서 사회·민족운동에 보다 적극적이었고, 서북지방의 기독교인들은 보수적 성향을 지니고

---

108) 이만열, 같은 책, 205쪽.

있어서, 사회·민족운동에 대해 무관심하였다는 것이다.

그러나 한말 기독교 사회·민족운동의 역사적 전개 과정을 자세히 살펴보면, 이만열의 이러한 견해와는 달리 한국 기독교는 적어도 1885년부터 1889년 독립협회가 해산되고 일제에 의해 국권이 상실되는 1905년 을사조약을 전후한 시기까지는 신학적으로 보수와 진보의 개념은 존재하지 않았고, 사회개혁이나 민족문제와 관련해서도 보수와 진보의 구별이 존재하지 않았다. 특히 사회개혁 혹은 민족운동과 같은 정치적 운동에 대하여 서북지역은 보수적이고 소극적이었으며, 기호지역은 진보적이고 적극적이었다는 학계의 일부 견해는 적어도 선교 초기에는 적용되지 않는다.

이러한 예는 기호지방의 초기 기독교인들이나 서북지역의 초기 기독교인들 모두에서 찾아볼 수 있다. 해외에서 신앙고백을 하고 기독교로 입교한 기호지방의 개화파 지식인인 서재필과 윤치호는 기독교를 근대화의 방편으로 생각하여 진보적 사회·민족운동에 적극적으로 참여하면서도, 보수적인 기독교적 회심과 중생을 매우 중요하게 생각하였다. 윤치호를 예를 들면, 그는 1887년 4월 3일 상해에서 '세례'를 받았는데, "인간의 심각한 죄악성, 내세를 위한 깨끗한 영적 생활의 필요, 성서의 궁극적 진리, 하나님의 사랑, 그리스도의 주됨, 그리고 예언의 성취" 등의 신뢰를 가지고 기독교 진리에 접근했다. 뿐만 아니라 서북지역의 보수적 기독교인들이라 이해되는 한석진, 방기창, 길선주, 안창호 등도 진보적인 사회·민족운동인 독립협회 회원으로 가입하여 평양지부의 주도적 인사가 되었다. 길선주와 안창호는 독립협회를 지원하는 평양모임에서 수천 명의 대중들에게 연설을 할 정도로 사회·민족운동에 적극적이었다. 더욱이 훗날 평양신학교 제1회 졸업생이 되는 길선주는 3·1운동 당시 민족대표 33인의 한 사람으로 참여할 만큼 사회·민족운동에 적극적이었다.[109]

그러므로 적어도 선교 초기 1885년부터 1905년 을사조약을 전후한 기독교인들의 신앙은 보수와 진보의 구분이 없는 '통전적 신앙'이었으며, 이들은 진보와 보수를 뛰어넘는 통전적 신앙을 바탕으로 한말 사회개혁운동과 민족운동에 적극적으로 참여할 수 있었던 것이다. 그러므로 한말 선교 초기 기독교 사회·민족운동은 보수와 진보 사이의 이념과 갈등을 넘어서는 '통전적 사회·민족운동'이었던 것이다.

5. 나가는 말

지금까지 필자는 한말 기독교 사회·민족운동의 전개과정을 역사적으로 고찰해 보았다. 그리고 그 속에 나타난 신학적 배경과 그 성격에 대하여 살펴보았다. 필자는 이 글에서 선교 초기, 즉 기독교 선교가 공식화된 1884년부터 독립협회가 해산된 직후인 1900년까지 기독교 사회·민족운동은 '보수적 복음주의 신

---

109) 박정신, 『한국 기독교사 인식』(서울: 혜안, 2004), 85쪽.

학', '청교도적 경건주의 신앙', 그리고 '네비우스와 덴니스의 선교신학'이 그 신학적 배경이었음을 논구하였다. 또한 한말 기독교 사회 · 민족운동은 그 기본적 성격에 있어서 '성서적 사회 · 민족운동', '반봉건적 사회운동', '반외세적 민족운동', 그리고 진보와 보수의 구별이 없는 '통전적 사회 · 민족운동'이었음을 피력하였다.

필자는 이상과 같은 서술에서 발견된 몇 가지 내용을 정리하며 이 글을 마치고자 한다. 첫째로 한말 기독교 사회 · 민족운동은 서북지방과 기호지방의 초기 기독교인들이 함께 주체가 된 통전적 사회 · 민족운동이 있다는 점이다. 그동안 한말 사회 · 민족운동의 주체 문제와 관련하여 일반적으로 기호지방의 진보적 개화지식인들이 주체였다고 이해되어 왔다. 그러나 이 글에서 살펴본 바에 의하면, 선교 초기, 즉 1884년부터 적어도 1900년을 전후할 때까지 사회개혁이나 민족문제와 관련해서 보수와 진보의 구별이 존재하지 않았다. 특히 사회개혁 혹은 민족운동과 같은 정치적 운동에 대하여 서북지역은 보수적이고 소극적이었으며, 기호지역은 진보적이고 적극적이었다는 학계의 일반적 견해는 적어도 선교 초기에는 적용되지 않는다는 것이다. 그러므로 선교 초기 서북과 기호지방의 기독교인들의 신앙과 신학은 보수와 진보의 구분이 없었으며, 이들은 진보와 보수를 뛰어넘는 '통전적' 신앙과 신학을 바탕으로 한말 사회개혁운동과 민족운동에 적극적으로 참여할 수 있었던 것이다. 그러므로 필자는 한말 선교 초기 기독교 사회 · 민족운동은 서북지방과 기호지방의 기독교인들이 함께 주체가 된 '통전적 사회·민족운동'이었다는 것이다.

둘째로 한말 기독교 사회·민족운동의 신학적 배경과 관련하여 그동안 선교사들의 '보수적 복음주의 신학'과 '청교도적 경건주의 신앙'은 개인의 신앙과 생활개혁에는 놀라운 힘을 발휘하였지만, 염세적 내세신앙으로 현실도피적 신앙양태를 만들었고, 그 결과 교회의 사회개혁적 기능을 포기함으로써 '사회적이기보다는 개인주의적 교회'로 전락하게 하였다는 비판이 있어 왔다.[110] 그러나 이 글에서 고찰해 본 바와 같이 선교사들의 보수적 복음주의 신앙과 청교도적 경건주의는 내적 믿음과 엄격한 도덕적 실천을 통해 개인의 생활, 가정, 교회, 경제, 정치적 제도와 사회질서를 변화시켰다. 이러한 예는 금연운동이 1907년 국채보상운동과 1920년대 절제운동과 같은 민족운동으로 발전한 것을 통해서 알 수 있다. 그러므로 우리는 보수적 복음주의와 청교도적 경건주의는 한말 기독교 사회·민족운동의 중요한 배경이었음을 알 수 있다.

셋째로 한말 기독교 사회·민족운동은 성서에 그 토대를 둔 성서적 사회·민족운동이었다는 사실이다. 한말 기독교 사회·민족운동은 기독교의 교육, 문화사업, 자유, 평등을 비롯한 민주주의적 이념의 보급, 선교정책 등 다양한 측면에서 살펴볼 수 있을 것이다. 그러나 무엇보다도 한국 기독교는 처음부터 성경을 보급하고 읽고 가르치는 데에 주력했다. 일찍부터 하나님의 말씀이 사회구원운동의 핵심임을 간파했기 때문이었다. 이 때문에 선

---

110) 이덕주, 『한국 토착교회 형성사 연구』, 68쪽.

교사들은 한국 기독교를 '성경기독교'라고 부르고, 한국 기독교인들을 '성경을 사랑하는 크리스천'이라고 불렀다. 따라서 한국 기독교 사회·민족운동의 가장 중요한 기반의 하나가 바로 하나님의 말씀, 즉 성경에 있었다.[111] 그러므로 선교 초기 한국 기독교 사회·민족운동은 '성서적 사회·민족운동'이었다.

마지막으로 한말 기독교 사회·민족운동은 공적 신학과 공적실천의 신학에 기초한 운동이었다. 스택하우스에 의하면 공적 신학이란 '시민사회를 위한 기독교 사회윤리학'이다. 그는 공적 신학의 실천적 주제들로 종교, 정치, 경제 문제를 비롯하여 결혼과 가족의 문제, 인권, 심지어 공정한 교역에 이르기까지 다양하게 정의한다.[112] 한말 기독교 사회운동은 사회의 악습을 개혁하고 신분의 평등과 인권을 주장하며, 부정부패의 개혁에 노력하였다. 이것은 독립협회운동의 단계에 오면 근대국가 지향의 사회운동으로 발전하는데, 대내적으로 시민의 권리와 자유, 사회의 평등과 정의를 실현하고, 대외적으로 국가의 자주독립을 고양하게 하는 말하자면 자주적인 근대국가수립운동의 성격을 띠었다. 한말 기독교 사회·민족운동은 근대 시민사회를 위한 기독교 사회윤리로 현대 공적 신학이 지향하는 사회윤리학적 특성을 지닌다. 그러므로 한말 기독교 사회·민족운동은 공적 신학과 공적 실천의 신학에 기초하고 있다고 정의할 수 있다.

그런데 이와 같은 초기 한국 기독교회의 훌륭한 사회적 책

---

111) 이만열, 「한말, 일제하의 기독교 사회운동의 맥락」, 358쪽.

112) 문시영, 「공공신학 실천을 위하여: 公-私의 이분법을 넘어서」, 『공공신학 어떻게 실천할 것인가?』(서울: 북코리아), 새세대교회윤리연구소, 2008, 52-53쪽.

임수행과는 달리 최근 한국 기독교, 특히 개신교회는 사회적이고 역사적 책임을 소홀히 하여 타종교에 비해 낮은 수준의 신뢰도를 보이고 있다. 비록 일부 기독교인과 교회가 사회적 역할을 감당하고자 노력하고 있으나 이는 소수에 그치고 있는 실정이다. 뿐만 아니라 일부 기독교인들은 사회적·역사적 책임 수행의 방향과 방법을 잘못 이해하고 실천하여 한국 사회 지식인들과 비기독교인들의 집중적인 비판의 대상이 되고 있다. 이러한 현실 속에서 우리는 초기 한국 기독교인들의 훌륭한 사회적·역사적 책임 수행을 다시 한번 성찰해 보아야 할 것이다. 특히 공적 신학에 대한 논의가 활발한 요즈음 이미 공적 신학적 책임을 성실히 수행했던 초기 한국 교회를 되돌아보는 것은 오늘날 우리 기독교인들에게 수많은 통찰과 유익을 가져다 줄 것이다.

참고문헌

곽안련 저, 박용규 · 김춘선 역, 『한국 교회와 네비우스 선교정책』, 대한기독교서회, 1994.

김권정 외, 『한국 기독교와 초기의료선교』, 한국기독교역사문화연구소, 2007.

김인수, 『한국 기독교교회사』, 한국장로교출판사, 1994.

류대영, 『초기 미국 선교사 연구』, 한국기독교역사연구소, 2003.

문시영, 『공공신학 어떻게 실천할 것인가?』, 북코리아, 2008.

민경배, 『韓國基督敎社會運動史』, 대한기독교출판사, 1987.

_____, 『韓國基督敎敎會史』, 대한기독교출판사, 1990.

박용규, 『韓國長老敎思想史』, 총신대학교출판부, 2002.

박정신, 『한국 기독교사 인식』, 도서출판 혜안, 2004.

_____, 『근대한국과 기독교』, 민영사, 1997.

_____, 『한국 기독교사의 새로운 이해』, 도서출판 새길, 2008.

백종구, 『한국 초기 개신교 선교운동과 선교신학』, 한국교회사학연구원, 2002.

송길섭, 『韓國神學思想史』, 대한기독교서회, 1992.

신용하, 『한국 기독교와 민족운동』 『한국 기독교 사회운동』, 路出版, 1986.

_____, 『韓國近代化知性史硏究』, 서울대학교출판부, 2005.

이덕주, 『초기 한국 기독교사 연구』, 한국기독교역사연구소, 1995.

_____, 『한국 토착교회 형성사 연구』, 한국기독교역사연구소, 2001.

이만열, 『韓國基督敎와 歷史意識』, 지식산업사, 1981.

_____, 『한국 기독교와 민족의식』, 지식산업사, 2000.

이만열 외, 『한국 기독교와 민족운동』, 보성, 1986.

장규식, 『일제하 한국 기독교민족주의 연구』, 도서출판 혜안, 2001.

장신근, 『공적실천신학과 세계화 시대의 기독교교육』, 장로회신학대학교출판부, 2008.

주진오, 『독립협회의 대외인식의 구조와 전개』 『학림』 8, 연세대학교 사학연구회, 1986.

『그리스도회보』.

『독립신문』.

『대한크리스도인회보』.

『예수교장로회 죠선총회 데삼회 회록』, 1914, 1917.

『죠선크리스도인회보』.

『皇城新聞』.

黃玹, 『梅泉野錄』, 光武 5년조.

Appenzeller to Leonard, June 16. 1891.

Clark, Charles A., "Fifty Years of Mission Organization. Principles and Practice", in Rhodes and Baird, Seoul, 1934.

Dennis, James S., Christian Mission and Social Progress, Vol. Ⅰ, New York, Fleming H. Revell, 1897.

Hulbert, H. B., Missionary Work in Korea.

James Dale Van Buskirk, Korea Land of the Dawn, New York: Missionary Education Movement of the U, S and Canada, 1931.

Jones, G. H., The Growth of the Church in the Mission Field, The International Review of Missions, Edinburgh, Vol. I , No.3, 1912.

Knight, W., Memoris of Henry Venn, London, 1880.

Ninde to Secretaries. Jan. 6. 1985, MR.

Se Eung Oh, Dr. Philip Jaisohn's Reform Movement, 1896-1898 : A Critical Appraisal of the Independence Club, Lanham, University Press of America, 1995.

Stoeffler, F. E., The Rise of Evangelical Pietism, 1965.

Trollope, C., Mark Napier Trollope, Bishop in Corea, 1911-1930, London, S.P.C.K., 1936.

The Korea Review, Mar, 1902.

The Korean Repository, Vol. 2.

The Korean Repository, Vol. 3.

윌리암 베어드와 숭실대학[1]

1. 들어가는 말

조선에서의 근대교육에 대한 연구는 흔히 서울의 배재학당과 경신학당으로 대표되는 교육활동과 이에 맞서 평양에서 펼쳐진 숭실학당의 교육활동이 비교 연구되어 왔다. 1885년 조선에 들어온 언더우드와 아펜젤러는 복음전도의 자유가 허락되지 않았지만, 그해 곧바로 서울에서 교육사역을 시작하였다. 감리교의 아펜젤러는 1885년 11월 고종황제로부터 학교설립 허가를 얻어 두 명의 학생으로 한국 근대교육의 효시인 배재학당을 시작하였고, 장로교의 언더우드는 1886년 5월 11일 고아원 형태의 교육사업인 '예수교학당'을 시작하였다.[2]

한편 평양에서는 청나라와 일본이 조선을 전쟁터로 삼아 벌인 청일전쟁이 일어나고, 1897년 10월에서야 베어드가 사랑방

---

1) 이 부분은 숭실대학교 한국 기독교문화연구소의 『기독문화연구』 제4집(2007)에 게재되고, 『베어드와 한국 선교』(서울: 숭실대학교출판부, 2009)에 수록된 것을 다시 수록한 것이다.

2) 한국기독교사연구회, 『한국 기독교의 역사 I』(서울: 기독교문사, 1991), 197쪽.

학급으로 불리는 평양학당을 시작하였다.[3] 이후 베어드의 평양학당은 숭실학당으로, 1906년에는 숭실대학으로 발전하여 한국 최초의 근대대학이 되었다. 서울에서건, 평양에서건 이들 기독교교육기관들은 조선 최초의 근대교육기관이요 모델학교라는 점에서 특별한 가치와 의의를 지니고 있다.

이 두 지역의 교육기관 가운데 이 논문은 평양의 대표적 교육기관이었던 숭실대학과 그 설립자 윌리암 베어드를 다룬다. 그 이유는 평양의 교육기관과 그 설립자 베어드에 관한 연구가 서울의 교육기관 설립자인 언더우드나 아펜젤러에 비해 매우 미미하기 때문이다. 그동안 언더우드와 아펜젤러에 관한 연구는 이 두 분이 장감을 대표하는 최초의 내한 선교사들이라는 점에서 관심이 집중되어 왔고, 많은 연구자들의 축적된 연구논문과 저서들이 있다. 그러나 일부의 선교사들은 한국 개신교 선교사에서 매우 중요한 위치를 차지함에도 불구하고 아직까지 제대로 된 학문적 연구와 평가가 이루어지지 않고 있다. 이런 선교사 가운데 한 명이 평양선교부에서 교육전담 선교사로 사역했던 윌리암 베어드이다.

베어드는 한국에 건너와 40여 년 동안 이 땅의 복음전도와 문명계도를 위해 헌신해 왔다. 1891년 1월 29일 부인과 함께 일본을 거쳐 부산에 도착한 후, 부산, 대구, 평양에서 전국을 순회여행하면서 선교와 교육에 헌신해 왔다. 부산에서 선교지부를 조직

---

3) 박정신, "기독교와 한국역사: 그 만남, 물림 그리고 엇물림의 사회사," 『한국의 기독교』(서울: 도서출판 겹보기, 2001), 41쪽.

하고 다시 대구 선교지부를 옮겨 개척하였고, 서울에서 1년 사역한 뒤, 1897년 평양에 정착하여 본격적으로 교육선교사역에 투신하였다.[4] 1897년에서는 숭실대학 전신인 평양학당을 설립하여 한국에서 근대대학 교육을 개척하였고, 성서, 교리서를 서술하여 기독교 문서출판에도 공헌하였다.[5]

특히 베어드의 사역 중 가장 중요한 것은 1897년 북장로교 선교부의 교육고문으로 임명받아 조선선교부의 기독교교육의 기본정책인 "우리의 교육정책"의 수립이었다. 이 정책은 토착적 기독교교육을 내용으로 하는 근대 조선 최초의 초등학교부터 대학교를 총망라한 교육 시스템을 창출이었다. 이 베어드의 기독교교육 정책은 평양 및 그 주변의 교회 형성을 발전시키는 기능을 하였고, 그의 노동, 과학 교육의 중시는 근대교육의 보급이라는 관점에서 조선, 특히 서북지방의 근대화의 원동력이었으며, 그가 설립한 숭실대학은 이 교육 시스템의 정점에 있었다. 그러나 이러한 그의 사역과 업적이 그동안 제대로 알려지지 않았으며, 매우 저평가되어 있다. 그러므로 이 글은 아직까지 한국 교회에 제대로 알려지지 않은 베어드의 사역, 특히 평양의 숭실대학을 중심으로 한 그의 교육사역을 소개하는 데에 그 일차적 목적과 의미를 두고자 한다.

그러므로 이 글은 베어드의 여러 사역 중 평양의 숭실대학에서의 그의 교육사역을 중점적으로 다룬다. 특히 조선선교부의

---

4)   이인성, 『한국 선교와 숭실』(서울: 숭실대학교기독교박물관, 2007), 59쪽.
5)   최병헌, 『한국 선교와 숭실』, 4쪽.

요청으로 네비우스의 선교방법론을 적용하여 작성한 베어드의 〈우리의 교육정책〉이 무엇이며, 거기에 나타난 교육이념이 무엇인지를 살펴 본다. 아울러 이 〈교육이념〉이 그가 설립한 숭실학당과 숭실대학에 어떻게 구체적으로 적용되었으며, 어떤 영향을 미쳤는지에 대해 살펴본다. 특히 숭실의 복음전도 운동, 민족운동, 연합운동, 과학기술교육에 어떻게 투영되었는지에 관하여 살펴보고자 한다.

2. 평양 숭실대학 사역 이전의 베어드

1) 베어드의 초기 교육 : 서당과 예수교학당

베어드는 1891년 2월 2일 서울에 도착하여 3일부터 7일까지 개최된 조선선교부 연례회의에서 동료들에게 공식 인사를 한 후, 25일 언더우드와 함께 선교부지를 구입하기 위해 잠시 부산을 방문했다. 조선어를 배우면서 서울과 남한산성에서 휴가를 보낸 뒤, 1891년 9월 9월 정착하기 위해 부산으로 돌아왔다.[6] 9월 24일 선교부지를 짓는 것으로 사역을 시작하여, 1892년 4월 15일

---

6)   Richard. H. Baird, *William M. Baird of Korea: A Profile*, California, 1968, 20쪽.

완공되지 않은 거주지로 이사하였다.[7]

부산선교지부에서 베어드가 최초로 실시한 교육사역은 1895년 1월 베어드의 사랑방에서 문을 연 서당(Chines School)이었다. 베어드가 일본인 정착촌에 살고 있었기 때문에 학생들은 주로 한국인 하인들, 부두 노동자, 그리고 일본인을 섬기는 사람들의 자녀들이었다. 커리큘럼은 주로 한문교육이었고, 조선인 교사가 한문을 가르치는 것으로 학생들을 유도한 뒤, 성서, 산수, 지리 등을 함께 가르쳤다. 학생들은 매일 예배에 참석하였고, 주일 예배도 그 참석이 장려되었다. 수업료는 없었지만, 예배의 한 부분으로 헌금을 드려 이를 자선의 목적으로 사용하였다. 베어드는 대부분의 시간을 밖에서 보내 베어드 부인, 어빈 부인과 조선인 교원이었던 서초시, 그리고 후에 애덤스 부부가 운영하였다.[8] 당시 서당은 교육기관이라기보다 자선기관이며 전도기관이었다.[9]

한편 베어드는 위험이 따른다는 미국선교본부의 반대에도 불구하고, 1896년 1월 내륙지방 선교를 위해 대구에 가옥을 매입하고 선교지부를 개설하였다. 그 후 베어드는 그해 10월까지 부산과 대구를 왕래하며 제임스 애덤스(J. E. Adams)와 선교사역을 감당하였다. 그러나 베어드의 주거와 부여된 사역에 변화가 일어나게 되었다. 그것은 당시 북쪽에서 일어난 사건 때문이었다.[10]

---

7) 위의 책, 20쪽.

8) Richard. H. Baird, 위의 책, 45쪽; 이성전 저, 서정민 · 가미야 미나코 역, 『미국선교사와 한국 근대교육』(서울: 한국기독교역사연구소, 2007), 63-64쪽.

9) Richard. H. Baird, 앞의 책, 44쪽.

10) 김권정, "평양대부흥운동의 전국화", 『1907년 평양, 2007년 서울』, 숭실대학교 개교 110주년 1907년 평양대부흥운동 100주년 기념 전국학술대회 자료집, 숭실대학교인문과학연구소,

1894년 청일전쟁 이후 기독교에 관해 호기심을 가지는 사람들이 점차로 증가하였다. 새로운 기독교인 집단들이 평양에 만들어져서 선교사들이 방문해 주기를 바랐다. 1896년 정기연례회의가 열렸을 때 엄청난 토착운동(Indigenous movement)이 이미 시작되었다.[11]

사역이 급속하게 발전함에 따라, 1896년 10월에 열린 정기연례회의는 대구 선교지부를 애덤스에게 맡기고 베어드를 조선 선교부의 교육고문으로 임명하여 서울로 이주케 하였다. 애덤스는 베어드의 전임의 이유를 "서울의 소년학교의 확장과 발전"이라 말하였고, 밀러(F. S. Miller)는 선교부에 보낸 보고서에서 그 경위를 다음과 같이 기록했다.

> 우리는 오랫동안 학교 업무에 경험이 많고 선교부 전체의 교육업무에만 책임질 수 있는 영적인 사람을 원하며 기도해 왔습니다. 베어드 씨는 미국에서 교육경험이 있고 또 그에 대한 관심도 있어서 그렇게 결정된 것입니다. 그는 우리가 바라는 대로 그 학교를 영적인 중심지로 만드는 일에도 매우 적합하고, 복음사역에 대한 경험이 있기 때문에 복음전도자로 부름받은 사람들을 충분히 훈련시킬 수 있을 것입니다. 그래서 저는 선교본부가 예기치 않은 베어드 씨의

74쪽. 치열한 청일전쟁의 와중에서 교회는 피난민들의 수용소가 되어 평양주민의 생명과 재산을 보호해 주었다. 이는 평양주민들이 기독교에 대한 호의적인 인상과 태도를 갖게 하는 계기가 되었다. 뿐만 아니라, 지역의 탄압과 전쟁의 극한 상황 속에서 교인들은 절대자에 의존하는 신앙이 더욱 깊어져 신앙이 견고해지고 그것으로 전도의 가능성이 훨씬 증대되었다. 이는 외지 사람에 대해 배타적이고 드센 평양 지역에서 기독교가 빠르게 수용될 수 있는 배경이었다.

11) Richard. H. Baird, *William M. Baird of Korea: A Profile*, 61쪽.

사역의 변화에 현명한 태도를 보여 주기를 기대합니다. [12]

그런데 밀러는 선교부가 자기의 학교업무에 협력하도록 베어드를 서울로 이동시킨 것으로 알았다. 그러나 선교부의 계획은 베어드를 교육사역에, 밀러를 서울 남부지방의 전도사역에 임하도록 한 것이었다. 이러한 오해로 두 사람 모두 교육과 전도사역에 임해야 했고, 베어드는 서울에서 교육고문 직무와 곤당골과 연못골 교회의 목회책임을 겸임하는 바쁜 나날을 보내야 했다.[13] 서울의 예수교학당에서는 밀러와 함께 5개월간 교육에 관여하고 교재작성도 시작했다. 그러나 선교부의 교육정책이 뚜렷하지 못하여 학교의 성격이 고아원도 학교도 아닌 상태에서 적당한 교사(校舍)와 예산의 미비로 북장로교 선교부는 1897년 10월 이 부실한 학교를 폐쇄하였다.[14]

베어드는 예수교학당이 폐쇄되기 전에 곤당골에 새로운 학교를 세웠다. 이곳에서 베어드는 최초의 교원양성반을 개설하였는 데 평양, 서울, 안악, 창녕 등으로부터 교사 15명 정도가 참석하여 연수를 받았다. 그러나 선교부의 교육정책이 확립되어 있지 않은 단계에서 지원을 받을 수 없었을 뿐만 아니라, 이렇다 할 성과를 거두지 못하였다. 결국 베어드는 자기가 시작했던 학교와의 관계를 끊었다.[15] 베어드는 1897년 예수교학당에 대한 보고서

---

12) 위의 책, 62쪽에서 재인용.

13) 『숭실대학교 100년사』 제1권(서울: 숭실대학교출판부, 1997), 48쪽.

14) 위의 책, 49쪽.

15) 이성전 저, 서정민 · 가미야 미나코 역, 『미국선교사와 한국 근대교육』, 64쪽.

에서 다음과 같이 말하였다.

> 만일 다른 곳에 적당한 기지를 잡을 수 있고 조선어를 교육
> 용어로 하여 기독교교육을 받으려고 지망하는 적당한 수의
> 학생을 확보할 수 있다는 믿을만 한 전망이 보이고, 선교사
> 로서 교육사업에만 전적으로 봉사하여 좋은 성과를 기대할
> 수 있다면 나는 본래 서울로 올라올 때에 나의 희망으로 되
> 었던 그 사업을 다시 시도하여 볼 기쁨을 갖고 싶다.[16]

이 보고서에서 베어드는 조선어로 하는 토착적 기독교교
육(Christian Vernacula Education)의 필요성을 주장하며, 비기독교인 가정
에서 요청하는 영어교육을 통한 통역, 관리의 양성을 주안으로
하는 학교교육을 거부했다.[17] 예수교 학당에서의 짧은 교육경험
은 후에 평양에서의 교육에 충분히 반영되었다. 특히 초등학교교
육은 조선 교회가 담당하고, 중등교육 이상은 선교부가 담당한다
는 방침은 이후 조선에서의 기독교교육의 방향성을 가르키는 것
이었다.[18]

---

16)   William M. Baird, Report on Boy's Seoul, 1897. 3. MSS Report, Presbyterian Board of Foreign
      Missions, N. Y. 186. The Korean Repository for September, 1897, 342쪽: 백낙준, 『한국 개신교
      사』(서울: 연세대학교출판부, 1991), 331쪽.

17)   이성전, 『미국선교사와 한국 근대교육』, 65쪽.

18)   위의 책, 66쪽.

2) 베어드와 선교부의 교육정책

　　조선이 1884년 개신교 선교사들에게 개방되었을 때, 인도
와 미얀마에서는 개신교 선교활동이 1세기 이상 되었고, 중국과
일본에서도 선교사들이 반세기 동안 활동하고 있었다. 분명히 이
런 현장에서 얻은 경험으로부터 한국에 적용시킬 만한 교훈이 도
출되었다. 당시 선교본부 총무인 엘린우드 박사(Dr. F. F. Ellinwood)는
알렌(H. N. Allen)으로 하여금 한국 개척 사역으로 나가도록 했고, 언
더우드, 마펫, 베어드, 그 외 모든 초기 선교사들을 선발하고 지시
를 내리는 책무를 맡고 있었다. 그는 한국에서는 다른 현장에서
저지른 실수들을 되풀이해서는 안 되고, 새로운 생각을 시험하고
새로운 방법론을 발전시켜야 한다는 점을 강조했다.[19] 베어드는
이 새로운 방법을 다음과 같이 기록하였다.

> 우리는 한국에 새로운 선교지부 개척을 원하고 몇몇의 선
> 교지에서 한 실수들—과도한 중앙집중화 정책, 몇몇의 중심
> 적인 지역에서 행하는 기관사역에 대부분의 선교사들을 투
> 입하는 정책 등—을 되풀이하지 않기를 바랍니다. 우리는
> 선교사들을 선교지 전체에 골고루 분산시켜서 선교사들이
> 사람들과 쉽게 접할 수 있고, 전체 나라가 좀 더 빨리 복음
> 화되었으면 합니다.[20]

---

19) Richard. H. Baird, *William M. Baird of Korea: A Profile*, 103-104쪽.
20) 위의 책, 104쪽에서 재인용.

이런 선교정책은 선교부가 가진 강력한 반기관적 태도(Anti-institutional attitude)를 말해 준다. 먼저 나라 전체에 걸쳐 토착교회가 세워져야 하고, 그런 다음 여러 기관들이 교회의 필요에 맞게 발전해 가야한다는 것이다. 교회가 실제 기반을 잡기 전에는 선교사들의 시간과 재원이 고아원, 학교, 심지어 병원이나 다른 좋은 목적에도 쓰여서는 안 된다. 이런 선교철학은 엘린우드가 발표하고 선교부가 수용한 것인데, 네비우스(Dr. Nevius)에게서 얻은 것이었다.[21]

그러나 네비우스의 글에는 교육사역이나 교육기관에 대한 분명한 정책이 없었다. 중국에서 네비우스는 개교회의 발전 이후를 바라보고, 개교회의 어린이들과 그 장래의 지도자들에 대한 초등·중등·고등교육을 생각하지 못했다. 1896년 조선선교부는 이 분야에서 사역이 시작되어야 한다는 점을 확신하였고, 교육정책에 대하여 자신의 힘으로 무엇인가를 만들어야 했다. 그러므로 그해에 베어드는 선교부의 교육자문(Educational adviser)이 되었고, 부산과 대구에서 하고 있던 개척복음전도 사역에서 서울로 옮기게 되었다.[22]

1897년 8월 선교본부의 총무 스피어(Robert E. Speer)가 참석한 가운데 조선선교부 연례모임이 열렸고, 이 모임에서 베어드가 입안하여 상정한 교육정책인 〈우리의 교육정책〉(Our Educational Policy)이라는 논문이 심의되고 채택되었다. 이 교육정책은 베어드가 장로

---

21) 위의 책, 105쪽.

22) Richard. H. Baird, *William M. Baird of Korea: A Profile*, 107쪽.

교선교부의 선교정책과 자신의 그동안 선교와 교육에 관한 경험, 그리고 한국의 실정을 토대로 선교와 교육에 대한 경륜을 밝힌 것이었다.[23] 따라서 이 정책은 그동안 표류해 온 선교부의 교육정책의 확고한 방안으로, 선교부의 선교정책인 네비우스 방법을 교육부분에 입안한 교육정책이었다. 그 내용은 다음과 같다.[24]

"우리의 기본 규칙과 세칙인 제C항. 제3조로부터 인용하겠다."

모든 학교에는 두 가지 주요정신이 반영돼야 한다.

① 학교의 설립과 운영의 기본적 이념은 학생들에게 유용한 지식을 다양하게 교수하여 학생들이 앞으로 실생활의 여러 부분에 책임 있는 일꾼이 되도록 한다.

② 학교가 해야 할 가장 중요한 일은 학생들에게 종교적·정신적 역량을 함양시키는 것이다.

"이것에 전적으로 동의하면서 나는 세 번째 항을 덧붙이려 한다."

③ 미션 스쿨(mission school)의 주된 목적은 그들 국민들에게 적극적인 포교활동을 위하여 토착교회(native church)의 육성과 그 지도자들을 양성하는 일이다.

여기에서 중요한 것은 베어드가 추가한 제③항인데, 그에

---

23) 『숭실대학교 100년사』 제1권, 52쪽.

24) Our Educational Policy, Read in the Mission in Seoul, 1897. 그러나 이 논문은 사실 조선선교부가 1891년 2월 연례모임에서 조선선교부 기본규칙과 세칙(Standing Rules and By Laws of the Korea Mission)으로 채택했던 것이었다. 그리고 Richard. H. Baird, 위의 책, 116쪽과 『숭실대학교 100년사』 제1권, 52-53쪽.

의하면, "미션스쿨은 토착교회의 발전과 그 지도자를 훈련시키기 위해 세워진 것"이다. 요컨대 베어드의 교육정책은 토착교회의 설립을 목적으로 하는 자립적인 '네비우스 선교방법'의 교육방면에 대한 적용이었던 것이다.[25] 그러므로 미션스쿨은 "교회의 필요를 충족시키고, 교회를 강화시키고, 교회를 진보시키는 데 도움이 되는 한에서 발전되어야 한다."[26]

한편 베어드는 〈우리의 교육정책〉에 대한 부연 설명에서 학생들의 졸업 후의 생활 방식에도 관심을 기울인다.

> 이상적인 학교는 마치 우물이 바닥에서부터 오염되지 않도록 계속적으로 기독교인 학생이 주류를 이루도록 함과 동시에 무엇보다도 토착교회(Native church)를 훈련할 수 있도록 설립되어야 한다. 학생들에 대한 교육이 이와 같을 때, 만약 그 학교의 제일 원칙이 진실이라면, 그들이 농부가 되든, 대장장이가 되든, 의사나 교사 혹은 정부의 관료가 되든 모두가 적극적으로 복음을 전하는 자가 될 것이다. 선교교사(missionary teacher)는 무엇보다도 학생들을 복음전파자로 만들어야 한다. 이 일에 실패한다면, 그가 아무리 유능한 교육자라 하더라도 선교교사로서는 실패인 것이다.[27]

---

25) 박은구, "숭실대학교의 첫 장을 연 배위량", 『인물로 본 숭실 100년』 제1집(서울: 숭실대학교 출판부, 1992(1), 1995(2)), 467쪽.

26) Richard. H. Baird, 앞의 책, 107쪽.

27) Our Educational Policy, Read in the Mission in Seoul, 1897. 『숭실대학교 100년사』 제1권, 53쪽; Richard. H. Baird, *William M. Baird of Korea: A Profile*, 116쪽.

이와 같은 맥락에서 베어드는 미션스쿨의 운영과 설립의 목적이 후일 학생들이 사회에 나가 그 사회의 지도자로서 활동할 때, 그들이 어느 분야에서 일하든지 확고한 신념과 열정을 가진 복음의 전파자로서, 적극적인 설교자로서의 자질을 갖추어야 한다는 점을 나타내고 있다.[28] 이러한 베어드의 교육정책은 교육기관을 선교현장의 여왕의 자리에서 교회의 시녀로 끌어내렸기 때문에 혁명적이었다. 강력한 토착교회가 능동적인 기독교 학교들과 왕성한 기독교교육 프로그램들을 보장할 수 있는 최고의 가능성이라는 것이었다.[29]

한편 베어드는 이 논문에서 조선의 미션스쿨의 현상을 분석하고, 향후 과제를 지적하기도 하였다. 그러면서 베어드는 조선에서의 미션스쿨은 크게 두 개 부문으로 이루어져야 한다고 보았다. 첫째 부문은 선교사 관할하에 조선인에 의해 자립적인 교회경영으로 운영되는 초등학교[30]이다. 두 번째 부문은 선교사를 중심으로 하는 중등교육 및 고등교육[31]이다. 또한 베어드는 소규모 학급 교육의 필요성과 교육기자재의 준비, 도서관 서적과 실

---

28) 『숭실대학교 100년사』 제1권, 53쪽.

29) Richard. H. Baird, 앞의 책, 118쪽.

30) Our Educational Policy, Read in the Mission in Seoul, 1897; 이성전, 『미국선교사와 한국 근대교육』, 68쪽. 초등교육은 선교사가 조선인 교원을 선발하여 커리큘럼을 정하고 평가한다. 그러나 학생들에게 읽기, 쓰기를 가르치는 것은 조선인 교원에게 그 권한을 맡긴다. 그리고 이 초등교원 육성을 위한 단기 사범과를 설치하여 유망한 조선인을 교원으로 양성한다.

31) Our Educational Policy, Read in the Mission in Seoul, 1897; 이성전, 위의 책, 68쪽. 중등교육 과정은 초등학교에서 선발된 학생들을 철저히 교육시키는 방법론이다. 이 교육과정은 학생들의 진보의 단계에 맡긴다. 교과목은 산수, 지리, 철학, 생리학, 역사, 조선어 문법이며, 서서히 고등수학, 화학, 그리고 학생들을 유능하고 지적이며, 적극적인 기독교인으로 양성하기 위해 다른 유익한 학문들도 병행해 가르친다. 성경은 단지 교재로만 쓰는 것이 아니라, 모든 교육이 성경을 의지할 수 있도록 하며, 기독교식의 이웃사랑으로 가득차 있어야 한다.

습 훈련소의 필요성, 남자 기숙학교의 폐쇄, 그리고 기독교 교육의 장소로 서울보다 평양을 제안했다.[32]

그러나 기본적으로 베어드의 교육정책은 단순히 학교를 몇 개 설립하는 것이 아니라, 학교를 설립하기에 앞서 확실하고도 광범위한 교육제도를 수립하는 데 있었다. 이에 대하여 1909년 베어드는 교육 초창기를 회고 하면서 다음과 같이 말하였다.[33]

> 선교지부에서 선교사업의 일환으로 교육부문에 착수할 때에 당면한 문제는 학교를 한둘 설립하는 문제가 아니라, 우리 교회 청년자제를 양성할 수 있는 광범위한 교육제도를 수립함에 있었다. 이 목적을 달성하기 위해 다음과 같은 방법이 채택되었다. 첫째 각 지교회 지역 초등학교를 설립 발전시킨다. 둘째 이 초등학교 교원 확보를 위하여 특별 단기 사범과정을 운영하며, 재직교원과 기타 유능한 인재들을 모아 교원을 양성한다. 셋째 특별히 선발한 학생들을 중학교와 나아가서는 전문학교(대학교)에서 철저한 교육을 받게 한다. 넷째 각급 과정에 맞는 한국어 교과서를 준비한다.[34]

이 교육정책이 의도한 대로 학교제도는 교회와 함께 성장하였다. 일본이 한국을 병합한 1910년까지 그 어떤 선교지도 한국의 학교제도만큼 크고, 잘 진행되고, 토착화된 학교제도를 가

---

32)   이성전, 위의 책, 69쪽.

33)   백낙준,『한국 개신교사』(서울: 연세대학교출판부, 1991), 332쪽.

34)   W. M. Baird, "History of the Educational Work," Quarto Centennial Paper read before the Korea Mission of the Presbyterian Church in the U. S. A(1909), 64쪽.

진 곳은 없었다. 이는 베어드가 설립자이자 초대교장인 평양 숭실대학(The Union Christian College)에서 그 절정에 달하였다.[35] 그러나 뉴욕에 있던 선교본부 쪽에서 이러한 교육정책은 1903년 엘린우드 박사가 은퇴함으로써 끝이 났다.[36]

3. 베어드와 평양 숭실대학

1) 베어드와 사랑방 학급

1886년 선교부가 베어드를 교육자문으로 임명하고, 1897년 그의 교육정책을 채택하고 그 실행을 위해 그를 평양으로 파송했지만, 순회전도는 여전히 그의 주된 임무였다.[37] 그러나 1897년이 되면서 교육사역은 더 이상 미룰 수 없는 절실한 현안이 되었다. 이때 선교부가 직면한 교육문제는 세 가지로 요약된다. 첫째 남녀 새신자들을 위한 성인교육의 문제이다. 둘째는 권서인, 조사, 전도사, 교사, 전도부인 등 일선 전도요원을 위한 수준 높은 교육이다. 셋째는 초등학교 졸업생들을 위한 중등교육 실시의 절

---

35) Richard. H. Baird, *William M. Baird of Korea: A Profile*, 108쪽.

36) 위의 책, 109쪽.

37) 위의 책, 125쪽.

박성이다.[38] 이 세 가지는 모두 긴급한 것이었으나, 선교부는 이러한 문제를 해결할 수 있는 예산이 없었다.[39]

그러나 늘어나는 초등학교 졸업생들과 순회전도로 인한 교회 수의 증가는 교회를 이끌어갈 지도자를 공급할 중등교육을 절실히 필요로 했다.[40] 그리하여 평양 선교부는 베어드의 중등교육반의 시작을 의결하였다. 그러나 아무런 시설도 없고, 준비도 없었으므로 우선 그의 사택 사랑방에서 평양 선교부 주변의 초등학교 졸업생들과 교회청년들을 대상으로 하나의 중등반을 만들어 학교를 시작할 수 밖에 없었다. 이것이 1897년 10월 초 '사랑방 학급'으로 불리는 중등 교육반으로 숭실학당의 출발이었다.[41]

평양에서의 초기 중등교육반에 관하여 베어드는 1899년 보고서에 자세히 기록하고 있다. 1899년 보고서에서 베어드는 토착교회를 위한 교육기관들의 모델로 미국의 파크대학(Park College)과 이와 유사한 학교들을 제시하면서,[42] 자신의 교육사역의 원칙에 대하여 다음과 같이 말하고 있다.

저는 중국 산동성 등주의 마티어(Calvin Mateer) 박사가 가리킨 교육 사역의 원칙만큼 좋은 것은 없다고 생각합니다. 박사

---

38) 『숭실대학교 100년사』 제1권, 56쪽.

39) Richard. H. Baird, 앞의 책, 126쪽.

40) 『숭실대학교 100년사』 제1권, 57쪽. 당시 평양에 소재하는 초등학교는 4개 학교로, 그 가운데 남학교는 2개 교에 재적수가 72명이었으며, 여학교는 2개 교에 재적수는 48명이었다. 그 중에 베어드는 남학교 2개 교의 책임을 맡았는데 중등학교는 아직 충분하게 제도화되어 있지 못했다.

41) 『숭실대학교 100년사』 제1권, 59쪽.

42) William M. Baird, "Educational Report" for 1899; Richard. H. Baird, 위의 책, 132쪽.

님이 말하기를 '우리의 미션 스쿨은 ① 기독교적이고, ② 그 나라의 말로 사용해야 하고, ③ 철저해야 한다. 저는 여기에다 ④ 그들의 환경에 어울리지 않는 것은 안 된다는 것을 추가하고 싶습니다.[43]

이것은 베어드가 칼뱅 마티어의 기독교 토착교육론의 영양을 받아 그것을 조선의 실상에 맞게 발전시킨 것으로, 장로교회가 전도론뿐만 아니라 교육론에서도 중국 선교의 영향을 받았음을 말해 주는 것이다.[44] 베어드는 위의 ①-④의 원칙을 다음과 같이 부가 설명하는데 내용을 요약하면 다음과 같다.[45]

① 비기독교인을 받아 들일 수도 있지만 기독교인 학생의 숫자를 넘어서는 안 된다. 미션스쿨의 주요목적은 인격교육, 지적교육을 통한 기독교인과 교회형성을 위한 공식으로 인정받는 일꾼들의 육성이기 때문이다.

② 그 나라의 말을 매체로 쓴다. 조선인으로부터 학생들을 너무 분리시키면 안 된다. 전국 사람들이 이해하는 조선어로 된 책들, 문학 발전에 공헌할 수 있어야 한다.

③ 조선의 전통적 학교에는 완전성을 추구할 수가 없다. 교사는 많은 시간을 교육에 바치고 날마다 학생들과 접해야 한다. 오랜기간(학당은 5년) 계속해서 학교에 재학해야

---

43) William M. Baird, "Educational Report" for 1899; Richard. H. Baird, 위의 책, 134쪽.

44) 이성전, 『미국선교사와 한국 근대교육』, 86-87쪽.

45) 위의 책, 73쪽.

한다.

④ 지도자는 지도받는 사람들로부터 멀리 떨어지면 안 된다. 지도자는 새로운 생각을 가져야 하지만 생활양식, 생활습관을 많은 사람들이 사는 곳의 수준으로 멀리 떨어지면 안 된다. 따라서 교육은 조선인의 현상을 밟으며 거기서 출발해야 한다. 그래서 커리큘럼도 미국 아카데미에서 실시하는 것을 그대로 모방해서는 안 되고 준비가 안된 조선인들에게 그것을 부담시켜서도 안 된다. 조선인의 지력, 가능성, 필요에 따라 앞선 학문으로 인도해야 한다.

1897년의 베어드의 논문인 〈우리의 교육정책〉이 조선선교부의 공식적 교육정책이었다면, 1899년 보고서에 나타난 교육사역의 원칙은 교육현장에서 실제적이고 구체적인 실천 방안이라고 할 수 있다. 베어드는 이 보고서에서 미션스쿨은 첫째 교회의 일꾼을 양성하기 위하여 기독교인이 다수를 차지하여야 하고, 둘째 그 나라의 말, 즉 조선어로 교육이 이루어져야 하며, 그러기 위해 조선어로 된 책의 필요성, 셋째 5년을 기간으로 하는 완벽한 교육, 넷째 조선인에게 맞는 교육 등을 말하고 있다.

한편 베어드의 이 보고서에 의하면, 평양에서의 초기 교육사역은 부산에서와 마찬가지로 서당식 교육으로부터 시작할 수밖에 없었다. 박자중이 조사를 맡아 학생지도와 교과지도의 책임을 졌다. 1년을 보내면서 베어드는 중등교육의 제도화를 구현하기 위해 1898년 가을 학기가 되자, 학생모집을 공고하였다. 60여

명의 지원자 몰려들었고, 이 가운데 학력, 건강상태, 경제상황 등을 고려하여 학업을 성취할 수 있는 능력이 있는 18명을 선발했다.[46] 교과목은 성서, 지리, 산수, 역사 등을 가르쳤다. 그러나 주요 교과목은 성서이며 가장 오래 재학한 학생은 지도교사와 주석서 등의 도움을 받아 가며 신약성서를 거의 다 독파했다. 또 도서관이 설치되어 중국, 조선의 각종 서적들을 약 60여 권 갖추어 학생들이 잘 읽도록 하였다.[47] 이렇게 베어드는 초기 단계부터 명확한 교육이념과 확고한 방법론으로 평양의 중등교육 확립을 위하여 힘을 다하고 있었다.[48]

2) 베어드와 숭실학당

베어드의 사랑방 학급은 평양학당으로 불리워졌는데, 1901년에 가서야 숭실학당이라는 이름을 짓게 되었다. 이 학교명은 베어드의 의뢰로 그와 함께 교육을 담당한 한학자인 박자중이 고안하였다. 베어드는 숭실의 의미를 '진리의 숭상, 진실의 숭상'의 의미로 풀이하고, 이를 'The Venerate Truth School'이라고 번역했다. 그 진리란 무실한 한국인을 진실한 한국인이 되도록 교

---

46) 『숭실대학교 100년사』 제1권, 74쪽.
47) William M. Baird, "Educational Report" for 1899; Richard. H. Baird, *William M. Baird of Korea: A Profile*, 133-4쪽.
48) 이성전, 앞의 책, 74쪽.

육하는 정신이었다.[49] 그러나 실학자였던 박자중은 이 '숭실'의 의미를 '허에 대한 실'의 숭상이라는 평면적 이해보다 조선 왕조 후기부터 주자학을 내재적으로 비판하고 서학의 영향을 받아 실사구시를 표방한 바 있는 실학의 숭상이라는 당시의 시대 사상을 반영시킨 것이었다.[50]

숭실학당은 베어드의 교육계획 대로 발전해 나갔다. 베어드의 교육정책이 교회성장과 불가분의 관계에 있었기 때문에, 평양에서의 기독교 선교활동의 성공과 숭실학당의 성장은 밀접한 관계가 있었다. 1898년 전체 교회의 신도수가 약 7,500여 명이었고, 그 중에 서북지방(평안도, 황해도)이 약 5,950명이고 전체의 79.3%를 차지했다.[51] 북부지역에서 장로교회의 급속한 교세확장과 비례하여 초등학교 또한 확대되어 갔다. 이러한 초등학교의 성장과 비례하여 숭실학당의 재적수 또한 늘어났다.[52] 18명으로 시작한 학생 수는 진급과 신입생의 증가로 1902년에는 72명, 1903년에 86명이 되었다. 1904년에는 드디어 102명이 되었고, 1906년에는 감리교회와의 연합이 이루어지면서 재학생 수가 367명이나 될 정도였다.[53]

1900년 가을부터 숭실학당은 수업년한 5년제로 발전하였

---

49) 『숭실대학교 100년사』 제1권, 68쪽.

50) 위의 책, 69쪽.

51) 이성전, 『미국선교사와 한국 근대교육』, 74쪽: 한국기독교사연구회, 『한국 기독교사 연구』(서울: 기독교문사, 1989), 258쪽. 평양선교지부 이외에 선천(1901), 재령(1906), 강계(1908) 등에 북장로교 선교지부가 확대되었고, 1910년 장로교회의 경우 교회의 수만 보더라도 683개 교회 중 조선 북부(관서, 해서)가 362개 교회로 전체의 과반수를 차지하였다.

52) 이성전, 앞의 책, 75쪽.

53) 『숭실대학교 100년사』 제1권, 74-75쪽: 이성전, 위의 책, 75쪽.

다. 학교는 학생들을 선발할 때, 5년 동안 교육과정을 완벽하게 마칠 수 있는지, 그리고 지원자가 기독교인으로서 도덕적·정신적, 육체적인 점에서 충분한 자격을 갖추었는지를 보았다.[54] 초기 입학자는 연령제한이 없어 선발된 학생들의 나이가 한결같지 않았다. 1900년대 중반까지 학생의 평균연령이 20세 전후였다. 학생들의 출신지도 초기에 평양을 중심으로 하였던 학생들이 점차 평안남북도와 황해도, 그리고 함경도와 그 북부지역까지 확대되어 갔다. 심지어 1904년에는 전라북도 전주에서 온 학생이 나타났고, 그 후에는 전국에서 학생들이 몰려오기 시작했다.[55]

학생 수와 학급 수가 증가하자, 베어드의 사랑방으로는 도저히 감당할 수가 없었다. 1899년 선교지부는 700원을 지원하였으나, 이것은 학당 건물을 마련하기에는 너무도 적은 금액이었다. 그러나 1901년 스왈렌(W. L. Swallen)이 그의 부친으로부터 받은 유산 1,800원을 기부함으로, 1901년 4월 11일 새로 구입한 신양리 39번지의 학교 부지 위에 일곱 개의 큰 교실을 배치할 수 있는 교사를 건립하게 되었다.[56]

한편 베어드의 교육정책대로 중등교육기관인 숭실에는 여러 선교사가 교사들로서 적극 관여했다. 1898년 가을 학생 선발 때에는 교장에 베어드, 교사에 박자중이 있었다. 그러나 그해

---

54) 『숭실대학교 100년사』 제1권, 76쪽.

55) 위의 책, 77쪽.

56) The Annual Report of the Board of Foreign Mission of the Presbyterian Church in the U. S. A. for 1905, 259쪽; 백낙준, 『한국 개신교사』, 334쪽에서 재인용; 『숭실대학교 100년사』 제1권, 101쪽, 한국식 건축양식을 이용하여 지은 2층으로 된 이 교사의 건축은 이길함 선교사가 담당했는데, 베어드는 1901년 보고서에서 이 교사 건물은 '이씨가 최고의 기술을 발휘한 결과'라고 썼다.

에 베스트 양과 그레함 리 부부가, 1899년에는 소왈렌 등이 학교에 가세하였다. 그리하여 1901년 베어드를 제외한 여러 교사들은 헌트 여사(Mrs. W.B. Hunt, 음악, 수학), 웰즈(Dr. J. H. Wells, 위생학), 블레어(Mr. Blair, 미술, 체육), 블레어 여사(Mrs. Blair, 음악), 하우엘(Miss Howell, 음악), 베어드 여사(Mrs. A. A. Baird, 식물학), 스왈렌(Mr. Swallen, 성경, 천로역정), 마펫(Dr. A. S. Moffet, 성경, 천로역정), 번하우젤(Mr. Bernhesiel, 지리, 산수) 등이었다.[57]

학당 설립 초기 적당한 교과서가 부족하자, 1900년 전후에는 선교사들이 교과서의 번역과 제작을 추진하였다. 베어드는 자신의 교육철학을 반영하여 교육언어를 한국어로 정하였고, 교과서 또한 한국어로 결정하였다. 그는 성서를 비롯한 인문과목을 그의 부인은 동물학, 식물학, 생물 등 과학 과목 교재를 준비했다. 당시 교재들은 주로 미국에서 사용하던 중등교육 교과서를 번역하였고 한국의 실상에 맞추어 편집하였다.[58]

베어드가 생각한 학교 경영 모델은 미국 미주리 주의 장로교계 학교인 파크대학(Park College)과 포이넷 아카데미(Poynette Academy)였다. 이 학교에서는 학교가 설치 및 운영하는 학생 자조기관이 있었는데, 베어드는 학생들의 자조를 격려하기 위해서 조선과 숭실학당의 사정에 맞추어서 이 제도를 도입하였다.[59] 베어드에 의하면 자조학생들의 작업 종류는 다음과 같다.

---

57) 『숭실대학교 100년사』 제1권, 81쪽.
58) 위의 책, 93-95쪽.
59) 위의 책, 111쪽.

그 초창기에 자조학생부 학생들은 인쇄, 학교농장 경작, 새 끼꼬기와 미투리 삼기, 정원작업과 도로수축, 교실소제, 선 교사들의 비서역, 지도제작, 제본, 제모작업, 악보, 식물도 본, 천문도 그리기, 초등학교와 야학교와 맹인학교에서 수 업하는 일들이었다.[60]

베어드는 학교가 자선단체가 되어선 안 된다는 기본 방침 을 세웠는데, 숭실학당에서는 학생들이 수업 등록비와 일정한 경 비를 부담하는 것이 원칙으로 되어 있었다. 학생의 반 정도가 전 체 등록비를 지불하면서 재학하였고, 나머지 반 정도가 하루 중 반을 노동하여 그 수입으로 등록해 공부했다.[61] 1900년에는 숭실 학당에 인쇄기가 설치되어 평양시내의 교회 주일학교 교재, 전도 지, 교회통신 등 인쇄에 공헌하였다. 1902년에는 미국의 재목 상 인 사무엘 데이비스(Samuel S. Davis)가 베어드의 취지에 감명을 받아 5,000달러를 기부하였고, 이 자금으로 학교 내에 공장을 건설할 수 있었다. 이 공장은 사무실과 공작실로 나뉘어져, 공작실은 목 공실, 인쇄실, 주물실, 철공실로 되어 있었다. 이곳은 '안나데이비 스공작소'(The Anna Davis Industrial Shop) 혹은 '숭실 기계창'으로 불리며 학생 자조사업이 이곳을 통해 다시 한번 비약적으로 확충될 수 있었다.[62]

---

60) William M. Baird, "History of the Educational Work," 73쪽; The Annual Report of the Board of Foreign Mission of the Presbyterian Church in the U. S. A. for 1906, 259쪽; H. H. Underwood, *Modern Education in Korea*, 112쪽.

61) 『숭실대학교 100년사』 제1권, 111쪽; 이성전, 『미국선교사와 한국 근대교육』, 78쪽.

62) 『숭실대학교 100년사』 제1권, 112-114쪽.

3) 베어드와 합성숭실대학

　　19세기 말부터 대각성 운동과 선교운동의 영향으로 하나의 개신교회를 향한 에큐메니칼 운동이 본격화되었다. 그리하여 1900년 뉴욕, 1910년 에든버러에서 에큐메니칼 선교대회가 개최되었고, 교육사역을 포함한 피선교지에서의 개신교 교파 합동사업의 추진이 강력하게 장려되었다.[63] 조선에서도 대부흥운동 준비기간 중에 선교사단체들과 교인들 사이에 긴밀한 접촉이 있었고, 관서지방의 급속한 사업발전에 의해 연합이 의식적으로 추진되었다. 당시 평양에 감리교 계통의 중등학교가 없었으므로, 신자들 간에 실업계 고등학교 설립을 청원하는 진정서를 선교본부에 자주 제출하였다. 이러는 동안 선교사들 간에 교육사업 연합안이 점차로 표면화되었다. 이 연합안의 필요성은 이렇게 표현되었다.

　　　　선교사 교육인들의 교육활동을 최고도로 활용하고 더 광범위하고 효과적인 교육사업을 달성한다는 견지에서 우리들은 이 선교지역(평양) 안에 연합대학의 설립을 찬동한다. 그해에 장로교선교지부는 카나다 장로교선교부와 또 감리교 선교부와 합동하여 연합교육사업의 추진을 찬성하는 뜻을 표했다. 여러 선교부가 서로 협력할 수 있는 현안이 안출되어, 각 선교부가 연합하여 최소한의 노력과 경비로서 최대한의 능률을 낼 수 있는 강력한 단일교육기관이 창설될 희

---

63)　이성전, 앞의 책, 79쪽.

망이 굳어지고 있다.[64]

그리하여 1905년 6월 북감리교 선교부 총회가 서울에서
열렸을 때, 총회는 교육문제 토론회에 다른 교파의 선교사들도
참석하도록 초청하였다. 이 총회에서 베어드는 조선 내 고등교육
에 있어서 장로교와 감리교와의 협동 방안을 제의하였다.[65] 이 흐
름 속에 1905년 9월 감리교와 장로교가 합동하여 '한국복음주의
선교연합공의회'(The General Council of Protestant Evangelical Missions in Korea)를
결성"하여 "선교지역의 분할, 교회학교의 커리큘럼 제작, 병원 경
영, 기관지 출판(The Korea Mission Field), 찬송가 편집" 등의 합동사업을
진행하였다.[66]

베어드는 이 연합사업에 대해 브라운(A. J. Brown)에게 보낸 편
지에서 자신의 견해를 다음과 같이 밝혔다.

연합은 그 어떤 분야보다도 교육사역에서 가장 쉽게 이루어
질 수 있을 것이다. 그것은 의문의 여지가 없다. 교과목에서
는 원칙적으로 교파적 차이가 존재하지 않는다. 장로교와 감
리교 두 선교학교는 이제 연합하기에 가장 적절한 상황 앞에
놓여 있다. 평양의 상황은 더욱 그러하다. 감리교는 학교를
창설할 계획이 있지만 현재 학교 건물은 존재하지 않는다.[67]

---

64) The Annual Report of the Board of Foreign Mission of the Presbyterian Church in the U. S. A. for
   1906, 260쪽.

65) 백낙준, 『한국 개신교사』, 396-397쪽.

66) 위의 책, 399쪽.

67) William M. Baird to A. J. Brown, 1905. 9. 15; 이성전, 위의 책, 79쪽에서 재인용.

이 편지에서 베어드는 "연합은 성숙해졌을 때 이루어지는 것이며, 억지로 되는 일이 아니다"라고 말하면서도 연합을 시작한다면 교육사업이 최적이라고 말하고 있다. 게다가 평양에서는 "지역적 조건 및 교육에 대한 절망이 보통이 아니다"라고 말한 뒤 "평양선교지부도 그 필요성과 대학창설을 향한 준비에 착수했다"고 대학창설을 향하여 적극적인 의견을 피력했다.[68] 한편 그는 일제의 보호국이라는 새로운 상황의 출현을 맞이하는 조선을 언급하면서 학교연합의 필요성을 주장하였다.

> 일본인들이 유입해 오기에 더욱 새로운 상황이 출현하여 연합의 필요성이 더욱 높아져 있다. 교육을 받은 일본인들이 유입되는데 그들은 상급학교의 창설을 꾀하고 있다. 일본인들이 미칠 영향은 반선교사적이며 반기독교적이다. 교육을 못 받으면 조선인들이 이번에 도래할 새로운 영향과 상황에 대처해 나갈 수 없다. 기독교인들의 지도적 지위를 확보하고자 한다면 조선의 기독교인들은 이전보다 훨씬 더 좋은 교육을 받아야 할 것이다. 그러면 조선의 청년들은 가장 좋은 시설과 설비가 갖추어진 학교에 가야 할 것이다.[69]

베어드는 이 편지에서 "조선이 일본의 보호국가가 되는 새로운 상황에 대응하기 위해 선교부가 조선 청년들에게 더 많은

---

68) 이성전, 위의 책, 79쪽.

69) W. M. Baird to A. J. Brown, 1905. 9. 15; 이성전, 『미국선교사와 한국 근대교육』, 80쪽에서 재인용.

교육기회를 제공해야 한다"고 강조하고 있다. 또한 "연합에 의해서만 효율성이 높아지고 최소한의 경비로 최대의 성과를 얻어낼 수 있을 것이며", 동시에 "이교세력들 앞에서 효율성과 힘이 증강된 연합 전선을 펼쳐 보일 수가 있다"고 선교본부에 강력하게 호소했다.[70]

이러한 베어드의 노력의 결과 1906년 합성숭실대학(The Union Christian College)이 감리교회와 연합으로 출범하게 되었다. 이렇게 관서지방에 있는 두 개 선교지부는 교육사역에 합작하였다. 베어드는 이 합작이야말로 "그해의 특기할 사항 중의 하나"[71]라고 말하였다. 그러나 숭실대학의 경영은 북장로교와 감리교회뿐만 아니라, 1912년 남장로교와 호주 장로교도 참여하였고, 몇 년 뒤 캐나다 장로교도 참여하였다.[72]

장감 양 선교부의 연합사업으로 숭실중학교 학생 수가 증가하기 시작하여 1905년에는 160명이었던 학생이 1906년에는 225명으로 늘어났다. 학생 수가 증가하고, 교사 증축의 필요성이 대두되자, 평양 시내의 교인들과 주민들은 과학, 산업교육관의 신축을 위하여 6,000원을 모금하였다. 또한 캔자스(Kansas) 주 위치타(Wichita)에 있는 제일감리교회는 이 건물의 신축비로 2,500달러를 기부하였다. 이리하여 감리교회에서 세운 첫 번째의 학교건물이 낙성되어 과학관, 즉 격물학당이라 명명되었다.[73] 1909년에는

---

70) 이성전, 위의 책, 80-81쪽.
71) William M. Baird, "Pyeng Yang Academy." *The Korea Mission Field*. Vol. 2, No. 12, 221쪽.
72) 『숭실대학교 100년사』 제1권, 132쪽.
73) 위의 책, 133쪽.

장로교 선교부가 7,000달러를 들여 대학건물을 짓기 시작하여, 1911년에 미국교회의 도움을 받아 중학교 동편에 3층 벽돌 양옥을 기공하여 1912년에 준공하였다.[74]

숭실대학 초창기 수업연한에 대하여 원한경은 2년 과정의 대학으로 시작되었다고 하나,[75] 숭실대학의 수학 연한은 4년이었다. 1907년 장로교 연례보고서에 의하면 그해에 숭실학교 대학부 3학년이 다섯 명이며 2학년이 일곱 명이라고 하고 있어 1908년 4년제 대학으로 첫 졸업생을 배출했음이 명백하다.[76] 숭실대학 초기인 1909-1910년의 교과목은 성서, 수학, 물리학, 자연과학, 역사학, 인문과학, 어학(영어), 변론, 음악 등이었다. 그러나 1912-1913학년도 교과과정을 보면, 자연과학 분야에서 물리, 생물, 화학, 농학, 임학, 지질학, 광물학 등의 강의 개설되었고, 사회과학 분야에서는 경제학, 경제사, 사회학, 민법 등의 강의가 개설되었고, 어학 분야에서는 영어, 조선어 고전, 논어 등의 한문이 첨가되었고, 새로 일본어가 개설되었으며, 그 밖에 실과에서 공작 시간이 배정되었다.[77] 이는 대학의 교과과정이 이전에 비해 많이 정비되었음을 보여 준다.

합성숭실대학이 출범하자, 감리교회는 교수진으로 최고 수준의 세 사람을 지원하였다. 베커(A. L. Becker) 목사가 학교의 서

---

74) Richard. H. Baird, *William M. Baird of Korea: A Profile*, 139-140쪽.

75) H. H. Underwood, *Mordern Education in Korea*, 1926, 126쪽.

76) The Annual Report of the Board of Foreign Mission of the Presbyterian Church in the U. S. A. for 1907.

77) 『숭실대학교 100년사』 제1권, 147-149쪽.

기 겸 회계로 물리학과 화학과 학과장을 맡았다. 블리스 빌링스 (Billss Billings) 목사는 수학과 학과장을 맡았다. 장로교 측에서는 베어드가 교장, 조지 맥쿤과 엘리 모우리, 베어드 부인이 전임교수로 일했다. 기계창(안나 데이비스 숍)에서 일하는 로버트 맥머트리(Robert McMutrie)는 대학과 학당의 근로 학생들을 지도하였다.[78] 한국인 교수는 1905년 세 명이었으나, 1909년에는 모두 여섯 명이 되었다. 이것은 한국인 교수의 비중이 점점 높아지고 있음을 말한다.

이렇듯 숭실대학은 1987년 10월 10일 베어드의 사랑방에서 '중등반'으로 시작되어, 1901년 숭실학당으로 발전하였고, 1904년 5월 15일 세 명의 첫 중학교 졸업생을 배출하였다. 1905년에는 실질적으로 대학과정의 교육이 시작되었고, 1906년 8월에는 장로교 선교부로부터 숭실대학교 내에 대학부 설치를 허가받았다.[79] 그리고 1906년 8월에 감리교 선교부에서 숭실대학 대학부의 경영에 참여하게 되고, 아울러 1906년 가을에 합성숭실대학의 교명으로 정식출범하게 된 것이다. 1908년에는 대한제국 정부 아래에서 조선 최초의 4년제 대학, 합성숭실대학으로 인가되었고, 그해에 대학부 졸업생 두 명을 배출하였다.[80] 이리하여 10년이라는 짧은 기간에 초등학교로부터 대학부까지 일관한 기독교학교체제가 관서지방에 건립되었다.[81]

---

78) Richard. H. Baird, *William M. Baird of Korea: A Profile*, 139쪽.

79) 위의 책, 67쪽.

80) 『숭실대학교 100년사』 제1권, 131-132쪽.

81) 백낙준, 앞의 책, 338쪽.

4) 베어드와 대학문제

에큐메니칼 흐름에 의해 '조선에 하나의 연합대학' 구상이
떠 오른 것이 1912년의 일이다. 하지만 그 설치 장소에 대해서는
평양이 좋은지 서울이 좋은지의 여부가 초점이 되어 미국의 각
선교본부와 조선에 있는 각 선교부에서 대 논쟁이 일어났다. 이
것이 바로 '대학문제'(College Question)이다. 이 '대학문제'는 설치 장
소뿐 아니라 교육이념과 성격을 둘러싸고 심하게 의견이 대립하
였다. 선교사들 사이에는 '평양이 복음적'이고 '서울은 세속적인
교육'을 중요시한다는 이해가 있었다.[82]

이 문제의 발단은 1912년 3월 서울에서 열린 감리교 선교
부 연례회의의 결의에 있었다. '전 한국에 하나의 대학을 설립하
여 운영하되 그 대학의 위치는 서울로 한다'는 내용을 담은 이 결
의는 재한 선교부 교육위원회[83]에 상정되었다. 감리교의 이러한
결정은 숭실대학의 폐교를 의미하는 것이었다.[84] 이 결정의 배경
에는 신학적으로나 교육적으로 아주 보수적인 베어드에 대한 불
만이 있었다. 그러나 가장 결정적인 이유는 감리교의 선교의 방

---

82) 이성전, 앞의 책, 81-82쪽.

83) Richard. H. Baird, 앞의 책, 157-158쪽. 이미 1909년 베어드는 한국에 있는 각 선교부를 대표
하는 교육위원회(Educational Senate)를 구성하는 데 견인차 역할을 했다. 교육위원회의 규약
이 작성되어서 각선교부와 본국선교본부의 승인을 받았다. 규약의 내용은 "위원회에 속해 있
는 선교부가 설립되거나 유지하는 고등학교, 기술대학, 실업학교, 특수학교의 위치, 서로 간의
상호관계, 각각의 담당 지역의 경계는 위원회가 결정한다"는 것이었다. 규약은 또한 미국에
있는 각 선교본부가 서로 합동위원회(Joint Commitee)를 구성하는 것을 규정했다. 이 합동위
원회는 어떤 권한도 없었다. 합동위원회는 단지 교육위원회가 한국에 세울 대학들의 이익을
장려하고 재정적인 지원을 하는 역할이었다.

84) 『숭실대학교 100년사』 제1권, 175-176쪽.

법과 정책 때문이었다. 감리교는 토착교회를 세우는 느린 과정을 진행하지 않고, 서울에 최고의 대학을 세우고자 했다. 총무인 프랑크 메이슨 노스 박사(Dr. Frank Mason North)는 "기독교의 이상으로 사회에 영향을 미치는 대학을 세우고자 한다"고 말했다.[85] 어쨌든 감리교가 한국에 하나의 연합기독교 대학을 설립하고 그것을 서울에 두기로 결정하였고, 사태는 극도로 악화되었다.[86]

교육위원회가 선교부의 의견을 조사하자, 1912년 10월에 열린 교육위원회에서 북장로교, 남장로교, 호주 장로교 선교부는 모두 서울에 다른 대학을 설립하고 평양의 숭실대학을 폐교하려는 감리교 선교부의 주장을 극력 반대하였다. 그러므로 교육위원회는 한국에 하나의 대학만을 갖는다는 원칙을 가결하고, 이어서 평양의 숭실대학이 기존의 대학이기 때문에 서울에 새로운 대학을 세울 것인지 여부에 대한 토론을 거부하였던 것이다. 그러나 감리교 측이 주장을 철회하지 않고 교육위원회의 탈퇴를 통보하자, 교육위원회는 12월에 이 문제에 대한 투표를 하고, 그 결과를 미국 각 선교본부의 대표로 구성된 합동위원회에 보고하면서 합동위원회의 결정에 맡기기로 하였다.[87]

교육위원회로부터 대학문제를 위임받은 합동위원회는 1913년 2월 25일 이 문제를 검토하고 대학의 위치를 서울로 한다는 건의안을 채택하였다. 이어 합동위원회는 1914년 1월 12일에

---

85)　Richard. H. Baird, *William M. Baird of Korea: A Profile*, 153쪽.

86)　위의 책, 154쪽.

87)　『숭실대학교 100년사』 제1권, 176-177쪽.

대학 위치를 서울로 지명했고, 북장로교 선교본부는 2월 2일에 이를 승인했다. 길고도 격렬한 항의와 대답으로 점철된 1914년을 넘기면서 선교본부는 본부서한 249호를 통해 두 대학을 허용하지는 않지만 한 대학과 반(半)대학을 허가한다는 것으로 결정했다. 사실상 숭실대학을 초급대학으로 운영할 것을 조건으로 대학의 존치를 승인한 것이었다.[88] 이것은 숭실대학의 존망의 위기에 관한 문제였다. 그러나 조선 선교부는 이러한 상부의 결정을 받아들이지 않았다.[89]

베어드는 개인보고서(Personal Report, 1914-1915)에서 당시에 겪었던 자신의 고민과 피로에 대해 다음과 같이 기록했다.

> 오랫동안 나는 교육사업에 가해진 중책으로 피곤했다. 나는 교육사역이 그 작은 시작부터 확고한 미래를 약속할 수 있게 되기까지 지켜왔다. …… 나는 자신을 희생시켜 가며 몇 년에 걸쳐 나중에 반드시 이룩할 세속적 시스템, 세속적 대학교육으로 인한 사악한 영향에 대항하는 교육 시스템을 여기에 창설하고자 하는 희망을 갖고 온갖 고생을 거듭해 왔다. 이미 알게 된 결함에도 불구하고 발족된 교육 시스템에 따라 많은 사악한 시도들이 사라지고 교회에 많은 선한 일이 생겼다고 믿고 있다. 하지만 나는 쉬고 싶었다. 어떤 결정이 나와도 다른 사람에게 책임을 맡기고 나는 쉴 수 있

---

88) 위의 책, 182-183쪽.
89) Richard. H. Baird, 앞의 책, 149-184쪽.

게 대학문제가 결론지어질 수 있기를 기다리고 있었다.[90]

또 베어드는 "조선의 교육사역은 내 양심을 걸고 협력할 수 없는 내용들이다. 그 방법과 정책, 목적, 행정 등은 내가 일생을 바쳐 걸어왔던 길과는 정반대이다. 이후의 교육 분야에서 진행될 정책은 내가 자신 있게 지지할 수 있는 성질의 것들이 아니다"라고 말하고 선교본부의 교육정책에 반대한 입장을 명확히 밝혔다. 게다가 "이러한 점들을 고려한다면 나는 교육사역에 관한 모든 사업으로부터 손을 뗄 것이다"라고 말하였다.[91]

1915년이 되면서 숭실을 완전한 대학으로 부활시켜 운영할 수 있는 총회의 보장을 받기 위한 선교부의 노력이 시작되었다. 선교부는 대학문제의 최종 해결책으로 총회에 호소하였다. 총회는 이 문제의 중재인으로 의장이었던 굿(Thomas R. Good)을 임명하고, 1920년 여름에 선교본부와 선교부의 대표들로부터 이 문제에 대한 보고를 받고 또 많은 서신들을 검토하였다. 그 결과 총회는 서울과 평양에 대학의 설립을 승인하여 선교본부와 선교부 모두에게 만족할 만한 답을 제공하였다.[92]

감리교는 1914년에 평양에서의 교육사업을 이탈하고 1917년 서울에서 조선 기독교대학(연희전문학교)을 연합대학으로 발족시켰다. 숭실은 감리교의 이탈 이후에도 남장로회, 카나다 장

---

90) Personal Report of William M. Baird for the year, 1914-1915; 이성전, 앞의 책, 83쪽에서 재인용.
91) 이성전, 앞의 책, 83쪽.
92) 『숭실대학교 100년사』 제1권, 186-187쪽.

로회, 호주 장로회의 지원으로 계속 존속하였는데, 신사참배 강요 등 조선총독부의 황민화 정책에 의해 기독교교육기관으로서의 존속이 불가능하다는 조선선교부의 판단에 따라 자주적으로 폐교하기에 이른다.[93]

　　베어드는 1916년 3월 31일 숭실대학 교장을 사임하고 그 후엔 기독교서회 편집위원, 성서공회 성서출판위원 등을 역임하고 주일학교 교재 및 성서번역 등 주로 문서 사업에 종사했다. 베어드는 40여 년 동안 조선 선교에 종사하고 1931년 11월 28일 임종을 맞아 인생의 막을 내렸다. 그때가 향년 69세였다. 장례식은 학교, 교회 연합장례로 장례위원장을 마펫이 담당했다. 마펫, 언더우드 등 조선에서 활약한 선교사들의 대부분이 본국에 귀국하여 일생을 마쳤는 데 베어드는 조선인들로부터의 존경을 받으며 평양 교외에 있는 장산 묘지에 매장되어 조선의 흙이 되었다.[94]

---

93)　이성전, 앞의 책, 83-84쪽.
94)　위의 책, 84쪽.

4. 베어드의 신학과 교육 사상이 숭실에 미친 영향

1) 베어드와 숭실의 복음전도운동

1891년 29세의 나이로 조선에 온 베어드는 그의 신앙과 신학에 있어서 크게 두 가지의 영향을 받고 있었다. 첫째는 무디(D. L. Moody)의 신앙부흥운동의 영향이었다. 1870-1880년대에 무디는 "영국과 미국을 순회하면서 도덕적인 죄와 음주 등에 대하여 설교했으며, 이성주의와 과학주의 사조에 대하여 성경의 무오류와 권위를 주장하였다. 그는 열정적인 기도회, 성경연구모임, 부흥사회를 조직하면서 교파를 초월하였으며, 세계 선교에 있어서 연합적인 사역을 환영했다."[95] 특히 무디의 영향을 받아 창립된 학생자원운동(SVM)은 대학생들과 신학생들에게 큰 영향을 주었다. 시카고에 있는 맥코믹 신학교의 급우인 베어드와 마펫도 학생자원운동집회에 참석하였고, 그들 학급의 다른 학생들과 함께 바다 건너에까지 그리스도를 섬기기 위한 헌신을 다짐하였다.[96]

두 번째 요소는 맥코믹 신학교의 신학이었다. 1892년 하노버 대학의 신학부로 출발한 맥코믹 신학교는 "종교개혁적 복음주의 전통과 영국 청교도의 웨스트민스터 신앙고백과 교회정치원리를 기반으로" 목회자와 선교사 양성을 목적으로 설립된 신학교

---

95) Clyde L. Manschreck, *A History of Christianity in the World*, 『세계 교회사』, 심창섭 · 최은수 역 (서울: 총신대학출판부, 1991), 518쪽.

96) Richard. H. Baird, *Willam M. Baird of Korea: a Profile*, 2쪽.

였다.[97] 뿐만 아니라 무디에 의해 주도된 복음주의 운동의 중심지로[98] "매일 같이 수업이 시작할 때마다 찬송가를 부르고, 성경을 읽고 기도로 시작하고, 또한 주일날 아침에는 주일학교에서 교수들이 가르치고, 오후 예배는 학장이 인도하는 전형적인 기독교 학교"로, 그 훈련과정은 "철저한 보수주의, 청교도적인 엄격성 그리고 불굴의 기상을 불어 넣어 주는 동시에 경건성"을 위주로 실시되었다.[99] 이러한 맥코믹 신학교의 보수적이고 복음적인 신학은 조선에서 평양신학교의 신학을 좌우하고 지도했으며,[100] 조선의 세례후보자들에게는 "철저한 안식일 준수, 조상숭배, 축첩, 음주, 흡연, 도박 금지" 등 엄격한 신앙적·윤리적 기준을 요구하였다.[101]

그러므로 이러한 신앙적·신학적 배경을 가진 베어드는 맥코믹신학교의 보수적인 정통칼뱅주의 신학과 청교도적 경건주의에 입각한 신앙적·윤리적 엄격성 등을 지니고 있었으며, 대부분의 학생자원운동 출신의 선교사들과 마찬가지로 개인구령과 복음전도에 대한 열정, 성경중심적·부흥회적 신앙의 모습을 지니고 있었다.[102]

---

97) Le Roy Halsey, *A History of the McCormick Theological Seminary of the Presbyterian Church*(Chicago: McComick Theological Seminary, 1893), 2, 5-6쪽.

98) 박은구, "숭실대학교의 첫 장을 연 배위량", 『인물로 본 숭실 100년』 제1집(서울: 숭실대학교출판부, 1992(1), 1995(2)), 457쪽.

99) 마포삼열 박사 전기편찬위원회, 『마포삼열 박사 전기』(서울: 대한예수교장로회 총회교육부, 1973), 59쪽.

100) Havie M. Conn, *Studies in the Theology of the Korean Presbyterian Church*, 『한국장로교신학사상』(서울: 개혁주의신행협회, 2007), 23쪽.

101) 류대영, 『초기 미국선교역사 연구』(서울: 한국기독교역사연구소, 2003), 105-110쪽.

102) 박용규, 『한국장로교사상사』(서울: 총신대학교출판부, 2002), 71쪽. 초기의 서양 장로교 선교

이와 같은 베어드의 보수적이고 복음적 신앙과 신학은 필연적으로 조선에서 그의 〈교육정책〉에 그대로 반영될 수밖에 없었다. 1897년 조선선교부의 제안으로 장로교의 공식적 교육정책인 〈우리의 교육정책〉을 입안하였을 때, 그는 미션스쿨의 목적을 토착교회의 설립과 교회를 섬길 복음전도자 양성에 두었었다. 이러한 내용의 〈교육정책〉은 열정적 복음전도를 이상으로 하는 베어드의 보수적인 신앙과 신학에 깊은 영향을 받았던 것이다. 그리고 복음전도를 최고의 이상으로 하는 그의 교육이념은 그의 생애의 황금기를 몸담아 온 평양 숭실대학의 교육현장에서 구체적으로 실천되었던 것이다. 일찍이 수많은 숭실의 학생들과 졸업생들이 목회자로 혹은 평신도 지도자로 복음전도 운동에 선구적으로 헌신하여 왔던 것은 그의 교육이념과 영향 때문이었다.

우선 경술국치 이전 숭실대생들은 졸업도 하기 전에 교회의 전도사 등 교회의 일꾼으로 불려갔다. 1905년 경술국치를 전후하여 복음전도 사역은 개인전도에서 탈피하여 단체전도에 힘쓰는 경향이 나타났다. 1907년 조선 장로교회는 전도국을 설치하고 제주도에 이기풍 선교사를 파견했다. 이때 숭실대학, 숭실중학 기독교학생회는 1909년에는 김형재를 제주도에 파견하여 숭실대학 전도사업의 본격적인 출발을 고했으며, 우리나라 학생전도활동의 새로운 장을 열었다.[103]

사들은 "거의 모두 구학파 사상이 지배하던 신학교 출신이었다. 따라서 그들은 흔히 "극단의 보수주의자 또는 근본주의자"라고 불리워졌고, 전혀 의심없이 다섯가지 근본 교리들―처녀탄생, 대속의 죽음, 육체적 부활, 그리스도의 역사적 재림, 그리고 성경 무오성―을 확신했다.

103) William Newton Blair, *God in Korea*, 김승태 역, 『속히 예수 믿으시기를 바라나이다』(서울: 두란노, 1995), 109쪽.

1909-1911년 경술국치를 전후해서는 한국의 모든 기독교 교파가 연합하여 백만인 구령운동을 전개했다. 이때 숭실대학과 중학교는 연합 부흥대를 조직하여 방학기간 동안 전국 각지에 전도대를 파견하여 전도활동을 벌였다.[104] 1912년 조선장로회총회가 평양신학교에서 결성되어 총회의 첫 사업으로 중국 산동성에 선교사를 파견함으로써 장로교 교단 해외선교가 시작되었다. 그러나 이보다 앞서 숭실대학과 숭실중학의 학생 전도대는 스스로 모금한 전도비로 1910년에는 손정도를 중국에 파송하였고, 1911년에는 박영일을 일본에 파송하여 우리나라 해외 선교활동의 첫 문을 열었다. 이처럼 숭실대학, 숭실중학 연합 전도대는 열정적으로 전도활동을 전개했으며, 1913년 당시 대학과 중학을 합하여 숭실학교 학생수는 400여 명이었는 데 전교생의 1/4이 복음전도운동에 참가하였다.[105]

　　3·1운동 이후 1920년대에는 전도강연을 통하여 〈독립사상〉을 고취함은 물론 〈음악전도대〉를 통하여 전도활동에 나섰다. 1920년 3월 숭실대학 전도대원 16명은 1개월간 남한 일대 전도에 나섰으며, 같은 해 여름 방학에 20여 명의 숭실음악전도대가 평북 안주에서 전도 강연을 하기도 하였다. 이처럼 우리나라의 음악전도는 1920년대와 1930년대 숭실대학 음악전도대에서 시작되었다.[106]

---

104) 유영렬, 『민족과 기독교와 숭실대학』(서울: 숭실대학교출판부, 1998), 24쪽.
105) 위의 책, 25쪽.
106) 위의 책, 26-27쪽.

한편 베어드의 교육이념에 영향을 받은 다수의 숭실인들은 학교를 졸업하고 신학교에 입학하여 한국 기독교계의 기라성 같은 지도자가 되었다. 숭실에서 배출한 대한 예수교장로회 총회장만도 김선두, 정인과, 한경직, 명신홍, 강신명, 김형모, 안광국, 신후식, 방지일, 이수연, 박종순 등이 있으며, 이외에도 박형룡, 정일선, 김성락, 박윤선, 강태국, 김양선, 신태식 등이 기독교계의 지도자로서 활약했다. 현재도 전국적으로 활동하고 있는 숭실 출신의 목회자가 600여 명을 상회하고 있다는 사실에서 한국 기독교계에서 숭실의 비중을 짐작할 수 있다. 이같이 숭실이 복음전도 운동에 헌신하고 다수의 한국 기독교계의 지도자를 배출할 수 있었던 것은 복음전파와 복음전도자 양성이라는 숭실의 설립자 베어드의 교육이념에 기인한 바 크다 하겠다.

2) 베어드와 숭실의 민족운동

베어드는 일찍이 1897년 〈우리의 교육정책〉에서 "미션스쿨의 목적을 조선 교회의 발전과 조선인들에게 적극적으로 기독교인으로서의 사명을 다할 수 있도록 하는 지도자를 양성하는 일"이라고 말하였고, '토착적 기독교교육', 즉 조선어로 하는 교육의 필요성을 강조하였다. 그리고 1905년 을사조약으로 대한제국이 일본의 보호국이 되자, "반선교사적이고 반기독교적인 일본에 대항하기 위해 선교부가 교육사업의 강화를 시도해야 하며 그 일환으로 교파연합의 숭실대학의 개교를 주장"하였다.[107] 이러한 베어드의 언급은 그가 신앙과 선교정책상 반일(反日)의 감정을 지니고 있음을 보여 준다. 이 베어드의 반일(反日)의 감정은 결과적으로 그의 교육이념 가운데 하나인 조선어 사용의 교육방법과 더불어 자연스럽게 숭실인들에게 민족의식과 국가의 자주, 독립사상을 고취시켰으며, 숭실을 민족운동의 본거지가 되도록 만들었다.

그리하여 1910년 조선이 일제에 합병되자, 베어드의 교육이념에 영향을 받은 숭실의 민족정신은 항일 독립운동의 형태로 나타났다. 1910년에 일어난 105인 사건은 기독교인들을 중심으로 한 비밀결사인 신민회를 뿌리 뽑기 위해 날조한 사건이었다.[108] 일제가 신민회의 와해를 위해 꾸민 조작에는 평양 숭실대학의 교사들이 다수를 차지하고 있었다. 숭실학교 교장인 베어드, 교사인 마펫, 스왈렌, 번하우젤, 벡커, 맥쿤, 휘트모어, 그레엄, 리, 블레어를 포함하여 총 21명이었다.[109] 당시 숭실과 관련된 선교사들이 105인 사건에 직접 연루된 것은 베어드를 비롯한 교사들이 반일적이었음을 보여 주며, 숭실이 민족 독립운동의 근거지의 역할을 했음을 말해 준다.

신민회 이후 기독교민족운동은 조선국민회로 나타났다. 조

---

107) 이성전, 『미국선교사와 한국 근대교육』, 188-189쪽.

108) 김영한, "숭실 2세기와 한국 교회", 『숭실대학교 개교 101주년 기념 한국 기독교문화연구소 특별 세미나 자료집』, 1998.

109) 윤경로, "105인 사건과 기독교의 수난", 이만열 외, 『한국 기독교와 민족운동』(서울: 도서출판 보성, 1986), 320쪽.

선국민회는 1910년 경술국치 이후 3·1운동 이전까지 숭실학교의 재학생과 기독교청년들로서 구성된 비밀결사조직이었다.[110] 숭실중학 출신 장일환은 국권회복을 목적으로 배민수, 김형직 등과 모의하고 숭실중학 교사 안세환, 숭실대학 졸업생 김인준 등을 규합하여 1917년 3월에 조선국민회를 조직하였다. 그러나 1918년 일경에 조직이 적발되었고, 당시 평안남도 경무부장은 이 사건을 보고하면서 숭실을 "불온사상이 횡일하는 집단"으로 표현하였다. 이처럼 숭실대학과 숭실중학 출신들은 민족의 독립을 위한 비밀결사에 참여하여 1910년대의 민족독립운동을 이끌었다.[111]

1919년 3·1운동 당시 숭실중학 출신의 선우혁은 1919년 2월 상해에서 내한하여 서북지방의 기독교지도자들을 만나 서북지방의 3·1독립운동을 준비시켰으며,[112] 숭실중학 졸업생 박희도와 숭실대학 졸업생 김창준은 민족대표 33인으로 서울의 3·1운동 계획에 참여했다. 뿐만 아니라 당시 숭실대학생들은 평양의 만세운동을 주도했으며, 숭실대학의 교장이었던 마펫과 미국인 교수들은 시위주동자들을 숨겨 주는 등 만세운동을 도왔다.[113] 이

110) 김형석, "한국 기독교와 3·1운동", 위의 책, 344쪽.

111) 유영렬, "최초의 근대 대학: 숭실대학", 『전환의 시대 대학은 무엇인가』(서울: 한길사, 2000), 96-97쪽.

112) 김형석, "한국 기독교와 3·1운동", 346쪽.

113) 강동진, 『일제의 한국침략정책사』(서울: 한길사, 1980), 94쪽; 김영한, "숭실 2세기와 한국 교회", 7쪽; 김형석, "한국 기독교와 3·1운동", 368-369쪽. 마펫은 독립신문 발행 사건에 장소를 제공한 혐의로, 또 모오리는 이 사건에 관련된 숭실전문 학생 다섯 명을 숨겨준 혐의로 경찰에 연행되었다가 마펫은 석방되었고, 모오리는 범인 은익죄로 재판에 회부되었다. 국제사회에 큰 괌심을 집중시켰던 이 사건은 1년여를 끌어오다가 정치적 해결을 보았다.

처럼 숭실중학과 숭실대학의 재학생과 졸업생들은 을사조약 반대 시위, 신민회의 국권회복운동에 가담했고, 1910년대의 비밀결사 조선국민회의 항일독립운동과 평양의 3·1운동을 주도하였다. 1929년 광주학생사건을 이은 평양학생만세시위도 숭실전문 학생들에 의해 주도되었다. 그러므로 이처럼 줄기찬 민족운동에 의하여 평양숭실은 일제에게 '불온사상의 근거지'로 여겨질 정도로 강한 민족적 성격을 띠었다.[114]

　　한편 3·1운동 이후 숭실대학은 농촌운동을 통하여 합법적인 항일운동을 전개하였다. 당시 농촌운동은 농사개량과 농업기술의 발달 등을 추진하는 농촌계발운동이었고, 문맹퇴치와 농민계몽 등 사회문제에 관심을 가지게 하는 농촌계몽운동이었으며, 무엇보다도 일제의 식민지적 농촌착취에 대응하여 농민의 자립생활을 기하려는 민족자립경제 건설운동이었다.[115] 이에 숭실대학은 1928년 농과강습소를 설치하여 운영하였고, 장로교총회 농촌부와 연계하여 농촌진흥운동을 전개했다. 당시 숭실인들의 농촌운동은 기독교 민족운동가인 조만식의 영향을 받아, 정인과, 배민수, 박학전, 유재기, 이창호, 최봉주, 그리고 숭실대학 4대 교장인 윤산온은 총회 농촌부의 부장과 총무, 서기, 회계의 주요 임원을 맡아 농촌운동을 주도했다. 특히 윤산온 교장과 숭실전문학교 농과교수들은 월간잡지 『농민생활』을 발간하여 농촌계몽운동

---

114) 유영렬, 앞의 책, 101쪽.

115) 유영렬, 『민족과 기독교와 숭실대학』(서울: 숭실대학교출판부, 2004), 27쪽.

에 기여했다.[116]

　　이러한 일제시대의 민족운동의 배후에는 숭실의 설립자 베어드의 조선인 지도자 양성을 목표로 조선어로 말하는 토착적 기독교교육 이념이 그 근저에 뿌리를 내리고 있었다. 이와 같은 사실은 조만식의 증언에 잘 나타나 있다. 숭실학교 출신 조만식은 1935년 조선기독교연합회 하령회에서 "내가 조선에서 전도함은 조선인의 영혼만을 천당으로 구원하기 위해서가 아니라, 금세기에 조선의 민족적 구원의 성취를 위해서이다."라는 숭실학교 은사 베어드의 말을 인용했다. 이 말은 베어드가 한국에 와서 전도하고 숭실학당과 숭실대학을 설립한 목적은 미신에 빠져 있는 한국인의 영혼을 구원하고 일제의 억압에 허덕이는 한국의 현실을 구원하기 위한 것이었음을 보여 준다. 이러한 목적에 부응하여 숭실대학의 베어드 교장은 한국인들에게 전도함과 동시에 한국의 독립운동을 적극 후원했던 것이다.[117]

3) 베어드와 숭실의 교회연합운동

　　초기 한국 교회의 복음주의 신앙과 신학은 초기 한국 교회들 간의 상호 연합 또는 초교파적 운동을 이루어 내었다. 1905년 형성된 "한국 복음주의 선교사공의회"는 초교파적 복음주의 연

---

116) 위의 책, 28-30쪽.

117) 숭실대학교 인문과학연구소, 「1907년 평양, 2007년 서울」, 숭실대학교 개교 110주년 기념, 1907년 평양대부흥운동 100주년 기념 학술대회 미간행논문, 1쪽에서 재인용.

합운동의 가시적 열매였다. 이 연합공의회의 초교파적 복음주의 연합사업은 성경의 공동번역, 교육사업의 공동참여, 선교지의 분할 정책에 대한 상호이해 등의 중대한 선교 결과를 낳았다. 특히 연합공의회의 초교파적 협력사업은 사경회나 부흥회의 공동참여에서 그 절정을 이루었다.[118]

이러한 초기 한국 교회의 초교파적 연합사역의 흐름 속에서, 선교 현장에 있어서 연합적인 사역을 환영하는 무디[119]의 영향을 받은 베어드는 적극적으로 교회의 연합운동을 지지하였다. 베어드의 이러한 입장은 "1900년 안식년을 맞아 뉴욕에서 열린 에큐메니칼 선교대회에 참석하였을 때, 전율하는 듯한 감동을 받았다"[120]는 그의 기록에 잘 나타나 있다. 베어드의 교회연합운동에 대한 신념은 장감연합운동을 통한 합성숭실대학의 설립운동에서 두드러지게 나타났다. 1905년 6월 북감리교 선교부 총회가 서울에서 열렸을 때, 베어드는 교육사역에 있어서 서로 연합하여 협력할 것을 촉구하였다.[121] 또한 그는 연합사업에 대해 브라운(A. J. Brown)에게 보낸 편지에서, "연합은 그 어떤 분야보다도 교육사역에서 가장 쉽게 이루어질 수 있을 것이며, 장로교와 감리교 두 선교 학교는 이제 연합하기에 가장 적절한 상황 앞에 놓여 있다."[122]

---

118) 이호우, "한국초교파복음주의 운동에 대한 역사적 고찰과 전망", 『일립논총』 제10집, 한국복음주의 역사신학회, 2004, 64쪽.

119) Clyde L. Manschreck, *A History of Christianity in the World*, 심창섭 · 최은수 역, 『세계 교회사』(서울: 총신대학교출판부, 1991), 518쪽.

120) Richard. H. Baird, *Willam M. Baird of Korea: a Profile*, 69-70쪽.

121) 백낙준, 『한국 개신교사』, 396-397쪽.

122) William M. Baird to A. J. Brown, 1905. 9. 15.

고 말한 바 있다. 이러한 베어드의 노력의 결과, 장로교와 감리교 선교부는 1906년 10월부터 합성숭실대학(The Union Christian College)을 설립하여 운영하게 되었다.[123]

이와 같은 베어드의 교회연합 정신은 서울 숭실대학의 〈한국기독교문화연구소〉, 〈한국기독교사회연구소〉, 〈기독교학대학원〉, 〈기독교학과〉 등을 통하여 계승 발전되어 오고 있다. 서울 숭실대학은 교회연합 정신에 바탕을 둔 한국 교회와 사회에 기여할 목적으로 그동안 〈한국기독교사회연구소〉를 설립하여 운영해 왔다. 본 연구소는 "기독교적 사명을 가지고 사회를 발전시키며 보다 합리적이며 기독교적인 사회를 만들기 위한 방법의 연구와 세계평화에 관한 연구, 특히 교회와 사회와 대학을 밀접하게 연결하기 위하여" 1986년 7월 1일에 창립되었다. 이와 같은 창립 취지에 맞추어 1996년부터 6회에 걸친 국제 학술대회와 15에 걸친 국내 학술 대회를 개최하여 왔으며,[124] 많은 한국 기독교계의 에큐메니칼 운동의 지도자들이 본 연구소와 관계를 맺으며 사역해 왔다.

한편 〈한국기독교문화연구소〉는 1967년 10월 10일에 창설되어 오늘에 이르고 있는데, "기독교 관련 각종 연구자료, 논총, 학술 논문집 등을 간행하여 왔고, 기독교 관련 분야 연구발표 및 강연회의 개최, 목회자 재교육을 위한 목회자 세미나 그리고 단체, 개인으로부터의 위탁연구" 등을 수행하여 왔다. 특히 1987년부터 시작하여 제8회까지 개최한 〈한국 기독교문화 및 신학 국제

---

123) 한국기독교사연구회, 『한국 기독교의 역사』 I, 211-212쪽.
124) 『숭실대학교 요람』, 2007-2008, 547쪽.

학술 심포지엄〉과 1993년부터 시작하여 제15회까지 개최된 〈전국목회자 신학세미나〉는 전국의 1,000명이 넘는 초교파 목회자들이 참가하여 에큐메니칼 정신의 구현은 물론 복음주의적인 기독교 대학의 존재 가치와 위상을 수립하였다.[125]

이것이 기초가 되어 1996년 10월 24일 〈기독교학대학원〉이 교육부의 설립인가를 받아 1998년 3월 1일부터 개원되어 석사과정 45명의 학생들이 선발되었고, 목회자 지도자 최고과정들이 등록하여 역사적으로 시작되었다. 그리고 1988년에는 학부에 〈기독교학과〉가 신설되어 기독교대학으로서 기독교 학문을 본격적으로 시행할 기반을 형성하였다.[126] 특히 기독교학대학원과 기독교학과는 그 교수와 학생들은 다양한 교단을 배경으로 하고 있어 초교파의 자연스러운 교회연합운동의 장이 되고 있다.

4) 베어드와 숭실의 과학기술교육

숭실의 창설자 베어드의 가문은 엄격한 스코틀랜드 출신으로 방직업에 종사하였다. 베어드의 아버지는 의사이면서 동시에 기술노동자였는데, 모직물 공장을 운영하였다. 베어드 자신도 학창시절 형으로부터 장학금을 받고 학교를 다녔는데, 그것을 갚기 위해 선교사로 가기를 미루고 잠시 교회에 부임하기도 하였

다.[127] 이러한 스코틀랜드의 엄격하고 실용주의적인 전통을 이어받은 베어드는 학교경영 모델로 미국 미조리 주의 장로교계 학교인 파크대학(Park College)과 포이넷트 학교(Poynette Academy)를 따라 학생 자조사업부를 설치하였다. 이 학생자조사업부는 정원 가꾸기, 건축 노동, 제본 등의 단순한 근로부로 시작하여, 1900년 인쇄부를 개설함으로써 자조사업의 영역을 확장하였다.[128]

이후 베어드는 미국의 유수한 목재 상인 데이비스로부터 5,000불의 후원을 받아, 1902년 교내에 T자 모양의 공장을 건립하고, 이를 숭실학교 기계창이라고 명명했다. 이 기계창은 이전에 설치 운영된 자조근로사업부와 인쇄소 등을 흡수 통합하였다.[129] 이 숭실학교 기계창 사업은 우리 나라에서는 첫 번째로 시도된 철저한 직업교육이었고, 오늘날 우리 사회에서 강조하는 산학협동의 원형이었다.[130] 베어드에 의해 시작된 숭실의 학생자급제도와 숭실 기계창 사업은 대학의 중요한 사업으로 계승되어, 평양 숭실이 폐교된 1938년까지 수많은 학생들에게 학비를 제공하였고, 그들이 사회에 진출하여 각 분야에서 민족과 교회를 위하여 활약할 수 있는 강한 의지를 길러 주었으며, 그들로 하여금 기술을 통하여 사회에 봉사할 수 있게 하는 훈련을 시켜 주었다.[131]

---

127) Richard. H. Baird, *Willam M. Baird of Korea: a Profile*, 1쪽.
128) 『숭실대학교 100년사』 제1권 평양숭실 편, 111-112쪽.
129) 『숭실대학교 100년사』 제1권, 113-114쪽.
130) 유영렬, 『민족과 기독교와 숭실대학』(서울: 숭실대학교출판부, 1998), 33쪽.
131) 위의 책, 34쪽.

그리고 평양 숭실대학은 설립 초기부터 과학기술교육을 중요시했다. 대학을 창설한 다음해인 1907년에 이미 과학관을 세울 정도로 과학교육에 관심을 기울였다. 숭실대학은 처음에는 문과로 시작했으나 어느 시점에서 이과를 설치하여 숭실대학이 전문학교로 개편된 1925년까지에는 문과와 이과 양과를 운영했다. 한편 베어드는 숭실 기계창을 바탕으로 숭실대학에 공학과의 설치를 모색하였다. 그는 숭실대학에서 한국 사회의 '근대적 진보'에 공헌하기 위하여 공학과의 설치를 구상했다. 이것은 베어드가 한국의 미래지향적 산업으로서 공업을 중시했고, 공업 분야의 지도자들을 양성하고자 했던 것을 말한다. 그러나 한국 근대산업의 발전을 위한 평양 숭실대학의 공학과 설치의 꿈은 서울숭실대학에서 이루어졌다.[132]

　　서울숭실대학은 평양 숭실대학의 과학기술교육의 전통을 이어받아 미래지향적 대학으로 매진하고 있다. 평양 숭실대학 출신 김형남은 서울숭실대학의 이사장과 총장으로서 공과대학을 설치하고 육성하는 데 심혈을 기울였다. 그는 평양숭실의 베어드처럼 한국의 미래는 공업을 축으로 하는 근대 산업의 발달에 있다고 보았다. 뿐만 아니라 그는 미래사회는 정보화 사회임을 내다보고 1969년 우리나라 대학으로서는 최초로 컴퓨터를 도입했다. 당시 우리나라에는 여섯 대의 컴퓨터가 도입되어 있었는데 대학에서는 숭실대학만이 유일하게 컴퓨터를 보유하였다. 숭실대학은 1970년에는 우리나라 최초로 전자계산학과를 설치하여

---

132) 위의 책, 35-37쪽.

정보화 사회에 대비하였다. 이에 숭실은 지금까지 IT대학의 대명사로 불리고 있다.[133]

한편 숭실대학은 과학기술교육의 현대화를 위해 2006년에 400억 원을 들여 새로운 공학관을 신축하고, 이를 형남 공학관이라 명명했다. 이 공학관은 숭실대학 내외에 학교의 상징적 건물로 자리 잡아 가고 있다. 이와 같은 서울숭실의 과학기술 교육에 대한 투자와 육성은 숭실의 설립자인 베어드의 실용주의적이고 과학기술을 중요시하는 교육이념에 힘입은 바 크다 할 것이다.

5. 나가는 말 : 베어드의 교육정책에 대한 평가를 중심으로

미국 북장로교 선교본부는 다른 나라와는 달리 조선에서는 네비우스 선교방법론에 입각한 새로운 교육 시스템을 모색하고 있었다. 당시 북장로교 선교부의 교육고문으로 사역하고 있던 베어드는 서울에서의 교육경험을 반성하며, 1897년 "우리의 교육정책"을 발표하여 기독교교육의 기본 정책을 수립하였다. 여기에서 베어드는 미션스쿨은 토착교회의 설립과 그 지도자들을 육성하는 것이고, 철저히 전도의 일환으로서 구성되는 것으로 정의하였다. 이러한 교육정책 아래 베어드가 조선의 평양에서 행한

---

133) 위의 책, 38쪽.

교육은 다음과 같은 세 가지의 의미를 지닌다. 첫째로 평양에서의 베어드의 교육은 한국 근대교육사에 있어서 근대 조선 최초로 초등학교부터 대학교까지를 총망라한 광범위한 교육 시스템의 창출이었다. 베어드는 조선에서의 교육제도를 선교사의 관할하에 조선인이 자립적으로 운영하는 초등학교, 조선인을 초등학교의 교원으로 양성시키는 단기사범과, 그리고 초등학교를 졸업한 학생들을 선교사들이 교육하는 중등교육, 혹은 고등교육으로 구분하였다.[134] 이러한 교육체계는 조선에서 선교사 베어드에 의해 구상되고 실현된 교육제도였다.

둘째로 베어드는 조선의 평양숭실에서 기독교 토착교육론을 구현하였다. 베어드가 추진한 토착적 기독교교육은 평양을 비롯한 서북지방의 교회발전을 기반으로 한 초등교육에 뿌리를 두었고, 이것은 숭실학당과 숭실대학으로 꽃을 피었다. 특히 베어드는 자신의 교육이념에 중국 산동성 등주에 있는 칼뱅 마티어(Calvin Mateer)의 기독교 토착교육론을 받아들여 조선의 실상에 맞게 더욱 더 발전시켰다. 그리하여 조선 문화와 전통으로부터 괴리되지 않은 조선인 지도자의 양성을 교육의 목표로 하였다.[135] 그리고 토착적 교육이념을 구체적으로 실현하기 위해 조선어 교재를 연구 및 개발하기도 하였다.

셋째로 베어드는 평양숭실에서 반식민지적 민족교육을 실시하였다. 일본의 침략이 노골화되자, 베어드는 일본과의 대항을

---

134) 이성전,『미국선교사와 한국 근대교육』, 85쪽.
135) 위의 책, 86쪽.

의식하며 감리교와 연합한 교육의 효율화와 교육제도의 강화를 시도했다. 그 결과 1906년 감리교와 장로교의 연합으로 합성숭실대학이 탄생하였고, 식민지하에서도 그 지배를 상대화시킬 수 있는 교육공간을 창출했던 것이다.[136] 특히 조선어를 중심한 토착적 교육체제와 숭실이라는 교육공간은 식민 지배를 받던 조선인들에게 조선총독부의 정책에 저항하는 하나의 대안으로 비쳐졌으며, 다수의 민족지도자들을 배출할 수 있었던 것이다.

그러므로 우리는 베어드의 교육정책과 평양숭실을 중심으로 한 그의 교육실험은 첫째 한국 근대교육사에서 한국 최초의 근대적 교육 시스템의 창출, 둘째 토착교육론을 통한 조선의 전통과 문화의 강조, 셋째 일제에 대항하는 반식민지적인 민족의식의 고양이라는 특징과 의의를 지닌다고 할 수 있다.

그러나 이러한 베어드의 교육정책에 대한 비판의 목소리가 없는 것은 아니다. 숭실대학을 포함한 서북지역의 교육 시스템이 과연 식민지 조선인들에게 근대교육에의 지향, 식민지 지배 거부에의 지향에 부합하였는가에 대한 의문의 제기가 그것이다.[137] 이 견해는 베어드를 비롯한 평양선교부의 교육정책을 다음과 같이 비판한다.

첫째로 숭실대학을 중심한 서북지역의 기독교교육 체계는 근본적으로 근대교육보다는 기독교교육을 지향이었다는 것이다. 이는 숭실대학의 교과과목이 전공영역이 설정되지 않았고, 성경

---

136) 위의 책, 87쪽.

137) 정준영, "1910년대 조선총독부의 식민지교육정책과 미션스쿨: 중등교육의 경우", 『사회와 역사』 제72집(서울: 한국사회사학회, 2006), 234-236쪽에서 요약 인용하였다.

의 비중의 컸다는 사실에서 숭실대학은 신학교의 예비단계로 식민지인의 기대와는 달리 제한된 수준에서만 근대교육을 실시했으며, 그것도 철저하게 기독교교육의 측면으로 한정되었다는 것이다.

둘째로 숭실대학이 지향하는 토착교회의 건설이 반드시 토착문화의 인정, 존중과 연결되지 않았다는 비판이다. 선교사들은 오히려 선교지의 문화와 역사, 사회에 대한 이해와 접근을 통해서가 아니라, 엄격한 근본주의적 교리해석 및 복음주의적인 신자관리를 통해서 교회와 사회를 지도했다는 것이다. 이러한 특징은 숭실대학의 교과과정에 잘 나타나 있는데, 조선의 사회, 역사, 문화에 관련된 과목이 한 과목도 없고, 영국사와 미국사만을 가르치고 있었다는 점이다. 뿐만 아니라, 선교사들이 교회토착화의 측면에서 조선인들의 언어 및 표기법(한글)을 중시하고 교과서의 한글번역에도 심혈을 기울였지만, 이것도 어디까지나 선교의 일환일 뿐, 선교지의 사회·역사·문화에 대한 적극적인 관심은 아니었다는 것이다.

셋째로는 베어드를 비롯한 평양의 선교사들은 조선총독부의 교육이 식민지적이었기 때문이 아니라, 세속적이었기 때문에 거리를 두었다는 것이다. 따라서 총독부에 대한 이들의 입장은 '거부'라기보다는 '분리'에 가까웠고, 총독부가 지향했던 식민지 교육체제를 부정했던 것은 아니라는 것이다. 그러므로 언더우드는 평양 숭실대학이 비기독교신자들을 배제하는 등 지나치게 고립주의적 입장을 취하고 있음을 비판하고, 교파연합적 관점에서 감리교 선교부와 적극적으로 연대를 모색해 서울에 세속주의적 입장에서 조선기독교연합대학의 설립을 모색했다는 것이다.

그러나 이러한 비판은 올바르고 객관적인 평가가 아니다. 일정한 선입견을 전제한 매우 주관적인 평가요, 일부분에 대한 지나친 확대해석이다. 본 논고에서 살펴본 바와 같이 베어드가 창출한 교육공간, 곧 숭실은 분명 조선 최초의 근대교육 시스템이었으며, 토착문화와 전통을 수용하는 기독교교육기관이었으며, 반식민지적 민족교육의 장이었다. 이러한 사실은 평양숭실의 역사가 잘 웅변해 주고 있다. 일제 식민지 지배하에서 숭실의 근대적 교육을 통해 배출된 수많은 교회와 민족의 지도자들이 이를 증명해 주고 있다. 숭실은 한국 기독교계에서 박형룡, 한경직과 같은 기라성 같은 지도자들을 배출하였고, 음악 분야에서는 한국 최초로 근대 서양음악을 수용하여 안익태, 현재명, 김동진과 같은 인물들을 배출하였다. 또한 설립 초기부터 노동을 중시하는 실용주의적 사고를 바탕으로 숭실 기계창을 설립하여 과학기술교육을 실시함으로 한국 사회의 근대적 진보에 기여하기도 하였다.

뿐만 아니라, 베어드의 토착문화를 중시하는 교육이념은 숭실인들에게 민족의식과 국가의 자주, 독립사상을 고취시켜 숭실을 민족운동의 본거지가 되게 만들었다. 3·1운동 당시 박희도, 김창준 등은 민족 대표 33인 가운데 하나였으며, 농촌계몽운동을 비롯한 사회계몽운동에 조만식을 비롯한 수많은 숭실인들이 참여하여 일제 식민통치 기간 내내 조선 독립을 목표로 하는 민족운동을 펼쳤다. 그리고 일제의 신사참배에 반대하여 학교를 폐교하는 비운을 겪기도 하였다. 이러한 민족정신은 베어드의 기독교적 교육이념과 정신에 힘입은 것으로 수많은 평양 숭실인들과 민족에 영향을 주었던 것이다.

참고문헌

김권정, "평양대부흥운동의 전국화", 『1907년 평양, 2007년』, 숭실대학교 인문과학연구소, 서울 숭실대학교 개교 110주년 기념 학술세미나 자료집 미간행논문, 2007.

김동진, 『일제의 한국침략사』, 서울: 한길사, 1980.

김영한, "숭실 2세기와 한국 교회", 『숭실대학교 개교 101주년 기념 한국 기독교문화연구소 특별 세미나 자료집』, 1998.

김형석, "한국 기독교와 3·1운동", 이만열 외, 『한국 기독교와 민족운동』, 도서출판 보성, 1986.

류대영, 『초기 미국선교사 연구』, 서울: 한국기독교역사연구소, 2003.

리처드 베어드 저, 김인수 역, 『배위량 박사의 한국 선교』, 서울: 쿰란출판사, 2004.

박은구, "숭실대학교의 첫 장을 연 배위량", 『인물로 본 숭실 100년』 제1집, 숭실대학교출판부, 1992(1), 1995(2), 1992

박용규, 『한국장로교사상사』, 서울: 총신대학교출판부, 2002.

박정신, 『한국 기독교의 인식』, 서울: 도서출판 혜안, 2004.

_____, "기독교와 한국역사," 『한국의 기독교』, 서울: 도서출판 겹보기, 2001.

백낙준, 『한국 개신교사』, 서울: 연세대학교출판부, 1991.

마포삼열 박사 전기편찬위원회, 『마포삼열 박사 전기』, 서울: 예수교장로회총회교육부, 1973.

애니 베어드 저, 유정순 역, 『따라따라예수따라가네』, 서울: 디모데, 2007.

윌리엄 뉴톤 블레어 저, 김승태 역, 『속히 예수 믿으시기를 바라나이다』, 서울: 두란노, 1995.

유영렬, "최초의 근대 대학: 숭실대학", 『전환의 시대 대학은 무엇인가』, 서울: 한길사, 2000.

_____, 숭실대학교 인문과학연구소, 『1907년 평양, 2007년 서울』, 숭실대학교 개교 110주년 기념 1907년 평양대부흥운동 100주년 기념 학술대회 미간행논문.

_____, 『민족과 기독교와 숭실대학』, 서울: 숭실대학교출판부, 1998.

윤경로, "105인 사건과 기독교의 수난", 이만열 외, 『한국 기독교와 민족운동』, 서울: 도서출판 보성, 1986.

이성전 저, 서정민·가미야 미나코 역, 『미국선교사와 한국 근대교육』, 서울: 한국기독교역사연구소, 2007.

이호우, "한국초교파복음주의 운동에 대한 역사적 고찰과 전망", 『일립논총』 제10집, 한국복음주의역사신학회, 2004.

정준영, "1910년대 조선총독부의 식민지교육정책과 미션스쿨: 중등교육의 경우", 『사회와 역사』 제72집, 서울: 한국사회사학회, 2006.

Clyde L. 맨슈렉 저, 심창섭·최은수 역, 『세계 교회사』, 서울: 총신대학교출판부, 1991.

한국기독교박물관, 『한국 선교와 숭실』, 서울: 대덕인쇄, 2007.

한국기독교사연구소, 『한국 기독교사 연구』 I.II, 서울: 기독교문사, 1989.

『숭실대학교 요람』, 서울: 숭실대학교출판부, 2007-2008.

『숭실대학교 100년사』 제1권, 서울: 숭실대학교출판부, 1997.

Baird, Richard. H. William M., Baird of Korea: A Profile, California, 1968.

Baird, William. M., "Our Educational Policy", Read in the Mission in Seoul, 1897.

_____, Report on Boy's School, Seoul, 1897.

_____, "Educational Report" for 1897.

_____, "Educational Report for 1899.

_____, "To A. J. Brown", 1905. 9. 15.

_____, "History of the Educational Work," Quarto Centennial Paper read before the Korea Mission of the Presbyterian Church in the U. S. A, 1906, 그리고 1909.

_____, Personal Report for the year, 1914-1915.

_____, "Pyeng Yang Academy", The Korea Mission Field. Vol. 2, 한국기독교백주년기념사업협의회, 1986.

Blair, William. Newton. God in Korea, Presbyterian church in the U. S. A., 1957.

Halsey, Le Roy, A History of the McCormick Theological Seminary of the Presbyterian Church, Chicago: McComick Theological Seminary, 1893.

Manschreck, Clyde. L., A History of Christianity in the World, 1974.

Moore, S. F., "Steps toward Missionary Union in Korea," The Missionary Review of the World, N. S. Vol. 18. No. 12, December, 1905.

The Annual report of the Board of Foreign Mission of the Presbyterian Church in the U. S. A. for 1906.

The Annual report of the Board of Foreign Mission of the Presbyterian Church in the U. S. A. for 1907.

Underwood, H. H., Mordern Education in Korea, New York: New International Press, 1926.

에큐메니칼 운동과 한국 기독교

에큐메니칼 운동의 역사와
제10차 WCC 부산 총회의 전망

1. 들어가는 말

　　한국 개신교의 대다수는 아직 세계교회협의회(WCC)에 가입하고 있지 않다. 한국기독교교회협의회(NCCK)에 가입한 교단들마저도 전부가 WCC의 회원 교단은 아니다. 한국 개신교의 상당수는 그동안 에큐메니즘(Ecumenism)과 WCC에 대하여 거부감을 가져왔다. 1950년대 말 대한예수교장로회 교단이 분열된 이유 가운데 하나가 이 에큐메니즘과 WCC에 대한 문제였다고 볼 수 있다.

　　대체로 한국 개신교인들은 에큐메니즘과 WCC 하면 교회의 과격한 정치참여나 사회참여를 생각한다. 이러한 상황에서 최근 대한예수교장로회(통합)의 증경총회장이며, 한국기독교교회협의회(NCCK)의 회장이었던 김삼환 목사가 2013년에 열릴 WCC 제10차 총회를 부산에 유치하였다. 기독교의 올림픽으로 불리는 WCC 총회가 유치되자, 정부를 비롯한 다수의 기독교계에서 환영을 표하였고, 한국 개신교계는 이를 기회를 실추된 개신교의 위상을 재고할 수 있는 좋은 기회라 여겼다. 그러나 총회를 유치하게 된 부산 지역의 고신교단과 대한예수교(합동) 측은 유치반대를 총회장의 이름으로 공공연히 발표하는가 하면, 복음주의 진영은 2013년에 WAE 총회를 한국에 유치하겠다고 맞불을 놓고 있는 것이 사실이다.

이러한 상황 속에서 이 글은 한국 교회에 바른 에큐메니즘과 WCC에 대한 바른 이해를 위해 쓰였다. 특히 에큐메니칼 운동의 역사와 신학, 제10차 부산 총회의 과제들은 무엇인지에 대한 이해를 시도해 보고자 한다. 이를 위해 이 글은 먼저 에큐메니칼이라는 용어의 어원과 그 의미, 그리고 에큐메니칼 운동의 형성배경을 역사적으로 살펴볼 것이다. 이어서 제1차 암스테르담의 WCC 총회로부터 제8차 하라레 총회까지의 에큐메니칼 운동의 역사와 그 신학에 대하여 살핀다. 매우 다양한 주제들과 방대한 내용으로 이루어져 있지만, 필요한 것만을 가능하면 간단하게 정리하였다. 마지막으로 제9차 포르트 알레그레 총회가 전망한 제10차 WCC 총회의 과제들과 숭실대학이 제10차 부산 총회에 무엇을 기여할 수 있는지에 대해 고찰할 것이다.

2. 에큐메니칼 운동의 기원과 형성

1) 에큐메니칼의 어원과 그 의미

에큐메니칼(Ecumenical)이란 단어는 그리스어 오이쿠메네에서 유래하였는데, 이것의 사전적 의미는 '사람들이 살고 있는 온 세상'(The whole inhabited world)이다. 그리스 – 로마세계에서 이 '오이쿠메네'는 사람들이 거주하는 온 세상, 문명세계 혹은 그리스 – 로마 문화영역, 나아가서는 로마제국을 의미한다. 신약성서에서 오이쿠메네는 15회나 사용되고 있는데 어떤 특정한 문화적 혹은 정치적 의미를 담고 있지 않는, "사람들이 살고 있는 온 세상'(행 17:31, 마 24:14)이라는 의미로 사용되었고, 또한 '제국'(눅 2:1, 행 17:6)을 의미하는 것으로도 사용된다.[1)]

이 '오이쿠메네'를 교회와 관련하여 처음으로 사용된 문서는 2세기의 『폴리캅의 순교』(Martyrdom of Polycarp)로서 '오이쿠메네'에서의 보편적 교회를 세 번이나 사용하고 있다. 오리겐은 시편 32장 8절을 해석하면서 '하나님의 교회가 오이쿠메네에 거한다.'는 말을 했고, 대 바질은 시편 48장 2절에 나오는 '온 세계'를 믿음을 알지 못하는 사람들로 보고 '오이쿠메네'를 복음전도의 대상으로 보고 있다.[2)] 그런데 '오이쿠메네'가 보편교회(The catholic Church)를 지

---

1) Wilem Adolf Visser't Hooft, Ruth Rouse and Stephan Charles Nell, ed., "The Word Ecumenical-Its History and Use", *A History of The Ecumenical Movement*(1517-1948), I (Geneva: WCC, 1996, 제3판), Appendix I, 735쪽.

2) 위의 책, Appendix I, 736쪽.

칭하는 것으로 사용된 것은 기원후 381년 콘스탄티노플 공의회가 기원후 325년의 니케아 공의회를 제1차 '에큐메니칼 공의회'(The first Ecumencal Council)라고 부른 데 기원한다. 에큐메니칼 공의회가 교회의 최고 기관이 되고 그 결정이 교회생활에 있어서 일반적 권위와 유효성을 갖게 되자, '에큐메니칼'이라는 단어는 교회 전체에 걸쳐서 권위 있고 유효하다고 받아들여진 것이라는 특별한 의미를 획득하게 되었다.

16세기에 와서 에큐메니칼에 대한 새로운 교회적 용법이 발견되고 있다. 즉 가장 널리 사용되고 있는 세 개의 신조들(사도신조, 니케아 신조, 아타나시우스 신조)이 '에큐메니칼'이라고 인정된다. 그리고 19세기와 그 이후에도 그 단어는 지리적 의미 또 교회적 의미로서 계속해서 사용되어 왔다. 1900년 뉴욕에서 에큐메니칼 선교대회가 열렸는데, 여기에서 에큐메니칼이라는 단어의 사용은 "각처에 있는 모든 교회들 속에 있는 전 세계적인 온전한 교회"(The whole worldwide Church in all its branches)라는 표현 속에서 지리적 의미와 교회론적 의미를 모두를 내포하였다.[3]

그러나 제1차 세계대전(1914-1918) 이후로 '에큐메니칼'이라는 말은 새로운 의미를 가지게 되었다. 그것은 '신앙과 직제'(Faith and Order) 운동, '삶과 봉사'(Life and Work) 운동, 그리고 '세계 선교'(IMC) 운동과 이 세 운동의 신학을 가리키는 것으로 사용되었다. 따라서 에큐메니칼 신학은 이 에큐메니칼 운동의 흐름에 나타난 신학을 말하는 것이다. 그리고 '에큐메니칼'이라는 용어는 역사 내에

---

3)   위의 책, Appendix Ⅰ, 737쪽.

서 교회의 주어진 하나됨을 나타내는 데 관련되어 있다. 교회의 생각과 행동이 에큐메니칼 하다고 하는 것은 교회가 하나됨(Una Sacta)을 이루고 한 분이신 주님을 인정하는 기독교인들의 교제를 실현하고자 하는 것이다.[4]

그리하여 비셔트 후프트는 역사의 흐름 속에 규정된 '에큐메니칼'이란 단어의 의미를 일곱 가지로 정리하였다. ① 사람들이 거주하는 온 세상과 관련된 혹은 이 뜻을 나타내는, ② 로마제국 전체와 관련된 혹은 이 뜻을 나타내는, ③ 교회 전체와 관련된 혹은 이 뜻을 나타내는, ④ 보편교회적 유효성을 갖고 있는, ⑤ 교회의 전 세계적인 선교적 확장과 관련된, ⑥ 두 개 혹은 그 이상의 교회들 간의, 또는 여러 교파들에 속한 기독교인들 간의 관계와 하나됨과 관련된, ⑦ 기독교의 하나됨에 대한 자각과 그 바람을 표현하는 내용 혹은 태도 등이다.[5] 그런데 비셔트 후프트가 살고 있었던 시대에는 창조질서 보전의 문제가 아직 부각되고 있지 않았기 때문에, '오이쿠메네'의 개념범위가 기껏해야 온 인류 공동체와 교회를 가리켰으나, 1970년대 들어서면 그것이 인간 세계를 넘어서서 전 우주와 자연 속에서 살고 있는 모든 생명체들을 포함한다.[6]

---

4) 위의 책, Appendix I, 740쪽.

5) 위의 책, Appendix I, 735쪽.

6) 1961년 지틀러(Sittler)가 뉴델리 WCC 총회에서 골로새서 1:15-20을 본문으로 한 우주적 기독론에 관한 주제 강연 이래로 에큐메니칼 운동은 '사람들이 살고 있는 지구'나 '전체로서 교회', 혹은 '교파들의 관계'와 같은 인간 중심 혹은 교회 중심의 시야를 넘어서서, 자연 혹은 우주만물에 대한 관심을 포함하기 시작하였다. 1975년 나이로비의 JPSS(A Just Participatory Sustainable Society: 정의롭고 참여적이며 지탱 가능한 사회), 1983년 밴쿠버의 JPIC(Justice, Peace and Integrity of Creation: 정의, 평화 그리고 창조질서의 보존), 그리고 1990년 서울 JPIC 세계대회를 거쳐, 1991년 캔버라 총회에 이르면 '오이쿠메네' 개념은 모든 생명체들의 거처 혹은 모든 생명체들의 공동체의 의미를 갖게 된다. 이런 의미에서 오늘날 '오이쿠메네'는 모든 생명들이 살고 있는 '집'으로 이해된다.

2) 에큐메니칼 운동의 기원과 형성

(1) 19세기 복음주의 부흥운동과 선교운동

교회 분열과 그 분열을 피하거나 극복하기 위한 노력에 대한 이야기는 이미 신약성경의 본문에서 찾아볼 수 있다. 그러나 현대 에큐메니칼 운동의 특징이요, 또 종국적으로는 세계 교회 협의회 형성으로서 구체화되는 교회 일치를 위한 지속적 노력은 1880년대 후반과 1900년대 초기에 있었던 영국, 유럽대륙, 그리고 미국의 다양한 자발적인 복음주의 부흥운동과 그에 따른 선교 활동들 속에서 추진되었다.[7]

19세기 영국의 복음주의 부흥운동은 개신교 선교의 선봉에 서서 지구촌 곳곳에 개신교를 심었다. 부흥운동에 영향을 받은 선교사들은 윌리엄 케리의 모범을 따라 인도, 호주, 뉴질랜드, 태평양 군도에 복음을 심었고,[8] 1807년에는 모리슨이 "런던 선교회"의 파송을 받아 최초의 개신교 중국 선교사가 되었다. 이들은 일본, 한국, 필리핀에 개신교를 선교하였다.[9] 유럽대륙에서도 복음주의 각성운동에 의하여 수많은 선교단체들이 생겼고, 대륙에서 파송받은 선교사들은 특히 네덜란드령 동인도에서 극동지역

---

7) Marlin VanElderen, *And So Set up Signs... The World Council of Churches' first 40 years ed.* by W.C.C. Geneva(1988), 이형기 역, 『세계교회협의회 40년사』(한국장로교출판사, 1993), 16-17쪽.

8) 헨리 마틴(Henry Martyn: 1781-1812)과 더글라스 더프(Alexander Duff: 1806-1878)는 인도에 마스든(Samuel Marsden: 1764-1838)은 호주, 뉴질랜드, 태평양에 복음을 심었다.

9) 1815년 〈바젤 복음주의 선교회〉, 1821년 〈덴마크 선교회〉와 〈파리 선교회〉, 1828년 〈라인 강 지역 선교회〉, 1836년 〈라이프치히 복음주의 루터 선교회〉와 〈북부 독일 선교회〉 등이 있다.

과 남아프리카에 활발히 선교하였다. 미국의 경우 19세기 초부터 제2차 대각성 운동(1787-1825)이 뿜어낸 에너지는 자발적 선교단체들로 표출되었다. 처음에는 지역별로 자발적 단체들이 생겼고, 그 다음에는 주 단위의 단체들의 연합이 생기고, 전국연합이 생겼다.[10]

그런데 19세기는 기독교 확장의 위대한 세기(The Great Century)[11]로 그 선교활동은 교파주의적 색채를 지녔다.[12] 19세기의 복음주의 부흥운동과 선교활동은 피선교지역의 선교현장에서 교파들과 선교단체들 사이에 친교와 연합의 필요성을 느끼기 시작하였다. 이 필요성은 동일한 선교현장에서 복음을 전파하는 여러 선교사들 사이에 경쟁과 대립에서 일어났다. 이러한 문제를 해결하고자 선교사들이 대화하고 협력하게 되었다. 1888년에 영국 런던에서, 1900년에 미국 뉴욕에서 세계 선교를 위한 에큐메니칼 선교협의회가 열렸다. 그리고 선교현장에서 일어나는 여러 문제들을 해소하고자 1910년에 에든버러에서 '제8회 국제선교대회'(WMC)가 열렸다. 이 선교대회를 통하여 에큐메니칼 운동이 탄생하였다.[13] 그러므로 선교와 에큐메니즘은 불가분리의 관계로, 복음주의적 부

---

10) 1810년 회중교회 소속의 〈외국 선교를 위한 미국 선교국〉, 1812년 〈외국 선교를 위한 미국 침례교 선교총회〉, 1817년에는 장로교가, 1818년에는 감리교가, 1820년에는 성공회가 각각 선교단체를 조직했으며, 연합계획을 수행하기 위해 〈미국 국내 선교회〉가 조직되었다.

11) Kenneth S. Latourett, *History of the Expansion of Christanity*, 7Vol.s, 1937-1945.

12) 1846년 영국 런던에서 "개신교 연맹"(Evangelishe Allianz)의 창설을 시작으로, 같은 교단에 속한 여러 지역(유럽과 북미)의 신앙인들이 하나의 연합체를 결성하였다. 1867년에 성공회협의회, 1875년에 세계장로교연맹, 1881년에 에큐메니칼 감리교회연맹, 1891년 회중교회연맹, 1905년에 세계침례교연맹이 결성되었다.

13) 임희국, "19세기 신앙각성운동, 선교운동, 에큐메니칼 운동의 시작", 『21세기 한국 교회의 에큐메니칼 운동』(서울: 대한기독교서회, 2008), 209쪽.

흥운동, 선교, 기독교적 일치 추구는 필연적으로 연결되어 있다.[14)

한편 영국에서 일어난 주일학교 운동이 에큐메니칼 운동으로 발전되었는데, 1889년 세계주일학교연맹이 결성되었다. 청년들의 신앙운동도 에큐메니칼 운동으로 발전되었는데, 1885년에 기독교청년연합회(YMCA)가 1894년에는 기독교여성청년연합회(YWCA)가 결성되었다. 또한 1886년에 대학생 해외선교운동(SVM)과 1895년에는 세계기독학생연맹(WSCF)이 에큐메니칼 운동으로 발전하였다.[15) 모트(John Mott), 올드햄(J. h. Oldham), 템플(William Temple), 죄더블롬(N. Soederblom)과 같은 초기 에큐메니칼 운동의 지도자들은 모두 기독학생운동의 지도자들이었다.[16)

(2) 신앙과 직제 운동과 삶과 봉사 운동

① 신앙과 직제(Faith and Order) 운동

미국 성공회의 주교인 찰스 브렌트(Charles Brent)는 에든버러에서 얻은 경험에 고무되어 몇 해 후 자신이 속해 있던 교회를 설득하여 '교리와 교회직제'에 대한 다양한 문제들을 토론하고자 전 세계의 모든 기독교 교파들을 세계대회로 초청하도록 하였다. 그 후 17년의 긴 세월동안 서신교환, 개인적 만남이 이루어졌고,

---

14) Ruth Rouse, "Vol.untary Movement and The Changing Ecumenical Climate," *in A History the Ecumenical Movement*, Vol. Ⅰ, ed, by RuthRouse and Stephen Charles Neill(Geneva: WCC, 1986), 300쪽.

15) 임희국, 앞의 글, 206-207쪽.

16) 이형기, 『복음주의와 에큐메니칼 운동의 세 흐름에 나타난 신학』(서울: 한국장로교출판사, 1999), 26쪽.

1927년 8월 100개가 넘는 교회들로부터 온 약 400여 명에 가까운 사람들이 신앙과 직제에 대한 첫 번째 세계회의를 위해 스위스 로잔에 모이게 되었다.[17]

제1차 로잔 신앙과 직제 세계대회에서 다루어진 의제 가운데 하나는 '기독교 세계의 하나됨과 현존하는 교회들의 하나됨에 대한 관계'였다.[18] 이 대회는 특별히 실천적 분야에서 협력할 것을 강하게 호소하는 말로 시작하였는데, '생활과 봉사'(Life and Work) 운동, 그리고 '교회를 통한 국제친선증진세계연맹'(The World Alliance for Promoting International Friendship through the Churches)과의 협력에 대한 호소였다.[19] 제2차 신앙과 직제 세계대회는 1937년 8월 3일 에든버러에서 열렸는데 123개 교파의 344명의 대표, 84명의 대표대리인, 그리고 15명의 계속위원회 회원들, 8명의 귀빈과 53명의 청년을 합하여 모두 504명이 모였다. 에든버러는 로잔대회의 결과물과 그 후 몇 년에 걸친 신학연구위원회의 연구보고서와 계속위원회의 결과물들을 앞에 놓고 있었다. 그 결과물들 가운데에는 생활과 봉사운동이 제안한 두 기구(신앙과 직제 운동과 생활과 봉사 운동)의 통합에 관한 토의가 포함되어 있었다. 에든버러 대회(1937. 8. 3)는 '60인 위원회'를 구성하여 35인 위원회의 제안을 검토하고 연구한 후 보고토록 하였다. 오래고 열띤 논쟁 끝에 WCC 창설 제안을 인정하자는 추천이 통과되었다.[20]

---

17) Marlin VanElderen, 앞의 책, 18쪽.

18) 위의 책, 19쪽.

19) 위의 책, 20쪽.

20) 이형기, 『에큐메니칼 운동사』(서울: 대한기독교서회, 1994), 171-172쪽.

② 삶과 봉사(Life and Work) 운동

　　제1차 세계대전 직전에 스웨덴의 루터교 대주교인 나단 죄
더블롬(Nathan Soderblom)에 의해 제안된 "평화에의 호소"에 힘입어 세
계교회의 사회참여 문제를 다루는 '삶과 봉사'(Life and Work) 운동이
등장하였다. 1920년 제네바에서 준비모임을 가진 후, 1925년 스
톡홀름에서 제1차 생활과 봉사 세계대회(The Universal Christian Conference
on Life and Work)가 개최되었다. 제1차 '생활과 봉사'(Life and Work) 세계
대회는 비록 성공적이지는 않았지만 스톡홀름의 지도자들은 "분
열된 교회가 세상을 감당하기에는 역부족이며, 교리는 교회를 분
열시키고 봉사는 교회를 일치시킨다."라는 영적 통찰을 얻게 되
었으며, 복음을 "인간의 모든 삶의 영역들에 적용시켜야 한다"는
일반적 주장에 대해서 일치를 보았다.[21] 유럽의 바르트 신학, 라
인홀드 니버에 의해 대표되는 북미의 "신정통주의 신학", 불가코
프(Sergius Bulgakov)와 베르쟈예프(Nicolas Berdzaev)로 대표되는 러시아 신
학자들은 이 시기의 삶과 봉사 운동에 방향을 제시하였다.[22]

　　1934년 본격적으로 제2차 '삶과 봉사'(Life and Work) 세계대
회가 준비되고 있을 때 영국 성공회의 윌리암 템플(William Temple)과
IMC의 총무인 올드햄(J. H. Oldham)이 참여하여 이 운동을 위한 신학
적 · 윤리적 기초를 다졌다. 1937년 옥스퍼드에서 개최된 제2차

---

21) 위의 책, 200쪽. 스톡홀름은 하나님 나라에 대한 기독교적 소망을 교회의 세상에 대한 책임에
　　어떻게 관련시켜야 하는가의 문제로 의견의 대립을 보였다. 유럽의 신학자들은 하나님 나라
　　와 역사를 단절로 보는 경향이었고, 영미계통의 신학자들은 하나님 나라가 역사 속에 실현될
　　것으로 보는 낙관론을 펼쳤다.

22) *Dictionary of Ecumenical Movement,* ed. by Nicholas Lossky and Others(Geneva: WCC, 1991),
　　612-623쪽.

'생활과 봉사' 세계대회는 "교회, 공동체, 국가"라는 주제로 "교회와 사회", "교회와 국가" 및 "교회, 사회 및 국가의 경제질서와의 관계"를 포괄적으로 천명함으로 이후 교회의 사회적 책임수행의 이정표의 역할을 하였다. 또한 이 대회는 중요한 결의사항으로 장차 세계교회협의회를 구성하게 되는 신앙과 직제와의 통합을 승인하였다.[23] 통합을 위한 대부분의 중요한 조직상의 문제들은 다음해 네덜란드의 위트레흐트(Utrecht)에서 열린 회의에서 해결되었다. 비셔트 후프트는 세계교회협의회의 창설과정에서 총무가 되어 줄 것을 요청받았고, 세계교회협의회의 개막총회는 1941년 8월로 예정되었다. 그러나 제2차 세계대전의 발발로 인하여 7년 후로 연기되었다.[24]

3. 세계교회협의회의 역사와 신학

1910년 에든버러 세계선교협의회(WMC)가 폐막할 즈음, 미국 성공회의 주교로서 필리핀의 선교사인 브렌트가 '신앙과 직제'(Faith and Order) 운동을 제안한 이래, 1927년 로잔에서 제1차 세계대회가 열렸다. 그리고 1914년 제1차 세계대전 직전에 죄더블롬이 제안한 삶과 봉사 운동은 1925년에 스톡홀름에서 제1차 세

---

23) Marlin VanElderen, 앞의 책, 22쪽.

24) 위의 책, 23쪽.

계대회를 가졌다. 이 두 운동의 대표들은 세계교회협의회(WCC)를 형성하고자 1938년 위트레흐트에서 모여 교회들의 세계화의 헌장인 WCC 교리헌장(WCC Basis)을 만들었다. 그러나 제2차 세계대전으로 10년을 기다린 다음 1948년에 암스테르담에서 제1차 WCC 총회를 열었다. 그리고 "국제선교협의회"(International Missionary Council)가 1961년 뉴델리 총회 때 WCC에 정식으로 합류하였다. "기독교교육 세계협의회"(The World Council of Christian Education)는 1971년에 WCC 회원이 되었다. 그러므로 세계교회협의회의 역사는 몇 개의 시내가 하나의 강으로 흘러들어 오는 모습으로 묘사된다. 1938년 신앙과 직제와 생활과 봉사, 1961년 개최된 국제선교협의회, 그리고 1971년 기독교교육 세계협의회가 그것이다.[25]

1) 제1차 암스테르담 총회

세계교회협의회의 제1차 총회가 네덜란드 암스테르담에서 1948년 8월 22일 개최되었다. "무질서한 인간에게 오시는 질서의 하나님"이라는 주제 아래 ① 하나님의 경륜 안에 있는 보편적 교회, ② 하나님의 경륜에 대한 교회의 증언, ③ 교회와 사회의 무질서, ④ 교회와 국제적 무질서 등 네 개의 분과로 나뉘어 토의되었는데, 이는 제2차 세계대전 직후의 무질서와 혼돈의 당시 세계 상황을 반영한 것이었다. 암스테르담 총회는 이러한 상황 속

---

25) 위의 책, 27-28쪽.

에서도 전체 44개국 147개 교회로부터 로마 가톨릭을 제외한 모든 교회의 대표들이 참석하였다.[26] 1910년 에든버러 회의의 의장이었던 존 모트, 그리고 오울드 햄, 그리고 대주교 게르마노스도 참석하였고, 총회의 위임을 받은 지명위원회는 존 모트(John Mott)를 명예회장으로 여섯 명의 회장단을 임명하였다.[27] 암스테르담 총회는 먼저 WCC의 본질에 관한 WCC의 초대 총무인 비셔트 후프트의 보고서를 기초로 WCC의 헌장을 제정하였다.

> 세계교회협의회는 예수 그리스도를 하나님이요 구세주로
> 인정하는 교회들로 구성되며, 교회는 그분 안에서 그들의
> 일치를 발견한다. 또한 세계교회협의회는 회원교회들을 통
> 제한다든지 혹은 그들에 대해 입법할 수는 없다.[28]

---

26) W. A. Visser't Hooft, *The Genesis and Formation of the World Council of Churches*, 이형기 역, 『세계교회협의회의 기원과 형성』(서울: 한국장로교출판사, 1993), 122쪽. 동방정교회의 고대 네 개 총주교구(Patriachates), 즉 알렉산드리아, 안디옥, 콘스탄티노플, 그리고 예루살렘 교회가 참석하였고, 또 그리스 교회, 미국 정교회, 서부 유럽의 러시아 총주교 대리관구(The Russian Exarchate)가 참석하였다. 그러나 다른 정교회들은 현재 상태의 세계교회협의회에 참가하기를 거부하기로 결정하였다. 신생교회(Younger Church)들은 옥스퍼드 회의와 에든버러 회의에서 보다 더 강하게 대표되어 아시아 교회로부터 22명의 대표들이 파견되었다. 그러나 아프리카 및 라틴아메리카 신생교회들 가운데 세계교회협의회에 참가할 준비가 된 교회들은 거의 없었다.

27) 위의 책, 124쪽.

28) *The First Assembly of the World Council of Churches*, Amsterdam 1948, 28쪽. "한 가지 계속적으로 오해되고 있는 사실은 세계교회협의회가 초대형 교회(superchurch), 교회권력의 중심지가 되어서 회원교회들을 통해 하고자 한다는 것입니다. 우리 헌법은 세계교회협의회는 결코 그 같은 의도를 갖고 있지도 않으며, 또 그 같은 권한을 주장하지도 않을 것입니다(중략) 두 번째 오해는 세계교회협의회가 정치적 목적을 추구한다는 것입니다. 우리의 과제는 우리는 한 분 주님을 섬기고 있으며, 그분의 다스리는 영역은 분명 정치를 포함하고 있지만 그분의 구원하시는 목적은 모든 정치적 제휴를 넘어서서 모든 정당과 모든 국가의 사람들을 포용하고 있음을 말과 행동으로써 증명하는 것입니다. 그렇다면 세계교회협의회의 진정한 역할은 무엇입니까? 우리는 교회들의 협의회이지, 하나의 통합된 교회의 유일한 협의회가 아닙니다. 우리의 협의회는 긴급한 해결책─길 위에서의 한 단계─즉, 교회가 서로서로 완전히 분리되어 있는 시기와 한 목자와 하나의 양의 무리가 있음이 가시적으로 드러날 그때 사이를 살아가고 있는 기구임을 나타냅니다(중략) 우리는 하나의 교제입니다. 이 교제를 통해 교회들은 서로서로에게 대해 무지했던 오랜 기간을 지나 보내고 서로서로 알기 시작했습니다. 이 교제로써 신

이 WCC 헌장은 세계교회협의회를 "교회들의 교제"로 정의하였고, 그 권위와 관련하여 WCC가 교회들 위의 교회가 아니라는 점을 분명히 했다.[29] 이러한 WCC 헌장의 내용은 WCC의 태동과 더불어 받아온 비판의 목소리들을 불식시키기 위함이었다.

암스테르담 총회가 다룬 주요한 의제 가운데 하나는 자본주의와 공산주의에 관한 문제였다. 총회의 제4분과의 주제인 '국제적 무질서'라는 표현은 미국 장로교인 존 포스터 델러스(John Forster Dules)와 체코슬로바키아의 신학자 조셉 흐로마드카(Josef Hromadka) 사이의 교류를 통해 총회에 반영되었다. 델러스는 공산주의를 세계평화의 커다란 장애물로 표현하였고, 흐로마드카는 공산주의를 사회적 활력소의 많은 것을 구현하는 힘으로써 관용적으로 이해해 줄 것을 호소하였다. 그러나 총회는 어떠한 문명도 하나님 말씀의 근본적 심판을 피할 수 없으며, 자본주의와 공산주의는 택할 수 있는 오직 두 개의 선택이라는 가정을 거부하였다.[30] 암스테르담 총회는 이데올로기로부터의 초월이라는 입장을 취하였던 것이다.

암스테르담 총회의 가장 중요한 에큐메니칼 과제는 '재건'이었다. 제2차 세계대전으로 유럽에서 1,250만의 사람들이 삶의 터전을 잃었고, 1만여 개의 교회건물들이 피해를 보았다. 이 같

앙, 메시지, 그리고 직제에 있어서 차이점들에 대해 서로서로 진지하고도 역동적인 대화를 하고 있습니다."

29) W. A. Visser't Hooft, *The Genesis and Formation of the World Council of Churches*, 앞의 책, 128-136쪽.

30) Marlin VanElderen, 앞의 책, 34쪽.

은 유례없는 어려움에 직면한 세계교회협의회의 첫 조치는 교회 간 원조에 초점을 맞추는 것이었다.[31] 세계교회협의회의 '목조교회와 건물' 분과위원회는 미국으로부터 자금을 얻어 138개의 병영막사를 스위스와 스웨덴 군으로부터 사들여 예배장소 및 목사관, 또 교구센터로서 개조하였다. 동방정교회 및 동유럽 교회들은 상당한 도움을 받았다. 1946년에 건립된 에큐메니칼교회대부기금이 그 역할을 담당하였다.[32] 뿐만 아니라 세계교회협의회는 피난민들을 위한 사업을 수행하는 중앙 피난민 대책기관을 설립하였다. 1946년의 유엔구호 및 재건기관과의 협약 하에 피난민 서기국은 무엇보다 먼저 독일, 오스트리아, 그리고 이탈리아에서 사업을 개시하였으며 서기국이 실행가능하게 되면서 폴란드, 체코, 헝가리에서도 활동을 개시하였다.[33] 1953년 한국전쟁이 끝나자, 한국교회협의회와 함께 재건부는 한국에서 일할 요원을 재모집하였고, 불구가 된 사람들의 갱생과 결핵환자들에 대한 보호와 과부 및 고아들에 대한 원조를 지원해 줄 것을 회원교회들에게 호소하였다.[34] 총회는 또한 교회 안에서의 여성의 역할에 대해서도 논의하여, 여성의 사역을 연구하는 항구적 위원회를 조직하기로 하였다.

암스테르담 총회는 신앙과 직제의 문제에 있어서 '가시적 일치추구'에 도달하지 못했고, '비교교회론'적 입장을 지향하였

---

31) 위의 책, 47쪽.
32) 위의 책, 48쪽.
33) 위의 책, 49쪽.
34) 위의 책, 52쪽.

다. 총회는 신약성서가 증언하는 계시된 교회 혹은 사도신경이나 니케아-콘스탄티노플 신조가 고백하는 믿음의 대상으로서의 교회를 말하고 있다. 이는 '주어진 일치'(a God-given unity)로서 향후 신앙과 직제가 추구하는 모든 가시적 일치와 모든 일치모델들의 전제가 되었다.[35] 1950년 토론토 중앙위원회는 '참교회, 교회들, 그리고 세계교회협의회'(The Church, the Churches, and the World Council of Churches)라는 성명서를 통해 교회론적 문제들을 다루었다.[36] 토론토의 토의가 불충분한 가운데 하나됨의 본질에 대한 보다 심화되고 더 많은 기술적이며 신학적인 논의가 신앙과 직제위원회에서 계속되었다.[37]

2) 제2차 에반스톤 총회

세계교회협의회의 제2차 총회가 1954년 8월 15일에서 31일까지 미국 에반스톤에서 "그리스도-세상의 소망"이라는 주제로 개최되었다. 그런데 에반스톤은 세계적 상황에 대처하기 위해 교회의 '사회적 책임'(responsible society)을 논했다. 즉 자본주의 사회이

---

35) 이형기, "신앙과 직제: 로잔대회에서 오늘에 이르기까지", 『21세기 한국 교회의 에큐메니칼 운동』(서울: 대한기독교서회, 2008), 239쪽.

36) Marlin VanElderen, 앞의 책, 57쪽. 이 성명서에 따르면 "그리스도 교회의 지체됨은 회원교회의 몸의 지체됨보다 더 포괄적이다"라는 사실을 인정한다는 것이다. 이 말은 '각 교회는 다른 모든 회원교회들을 참되고도 완전한 의미에서의 교회로 간주해야 함'을 뜻하지 않는다. 그러나 그들은 '서로를 한 분이신 주님을 섬긴다고 진정으로 인정하며' 또한 '다른 교회 안에 참된 교회의 요소가 있음을 인정한 것이다.'

37) 위의 책, 58쪽.

든, 공산주의 사회이든, 제3세계의 사회이든 '복음'과 '하나님 나라'가 교회의 사회참여의 표준이요, 모든 사회들에 대한 비판의 척도임을 암시하였다. 그리하여 에반스톤은 다차원적 의미에서 '책임적 사회'를 주장하였는데, 예컨대 정치적 민주화, 경제정의, 국가에 대한 책임, 그리고 제3세계에 대한 책임이다.[38]

　　에반스톤은 이러한 신학적 패러다임 속에서 두 가지 주제를 중요하게 부각시켰다. '인종차별' 문제와 '식민지 정책' 문제였다. 먼저 총회는 인종, 피부색, 혹은 민족적 혈통에 기반한 차별은 '복음에 위배되며 인간에 대한 기독교의 교리, 그리고 그리스도의 교회의 본질에 부합하지 않는 것'으로 기술하였다. 또한 교회들에게 '교회 자체의 생활 및 사회 내에서의' 인종차별 및 구별 폐지를 촉구하였다. 그러나 이 선포가 네덜란드 개혁교회(Dutch Reformed Church)의 반발을 불러 일으켰고, 남아프리카 회원교회들의 반발을 샀다. 결국 남아프리카의 네덜란드 개혁교회에 소속된 세 개 교단이 세계교회협의회에서 탈퇴하였다.[39]

　　탈식민지화는 1950년대 에큐메니칼 운동에서 지속적으로 대두된 주제였다. 에반스톤은 "민족들의 자기결정에 대한 정당한 권리는 인정되어야 한다."고 천명하였다. 그러나 유럽과 북아메리카의 교회들은 식민지 지배를 경험한 국민들에게 아주 조심스럽게도 천천히 독립과 자치정부를 준비해야 한다고 주문하였다. 반면 '신생교회들'로부터 온 기독교인들은 탈식민지화의 느린 진

---

38) 이형기, "삶과 봉사운동: 스톡홀름대회(1925)에서 오늘날까지", 『21세기 한국 교회의 에큐메니칼 운동』(서울: 대한기독교서회, 2008), 213-215쪽.
39) Marlin VanElderen, 앞의 책, 66쪽.

전에 대해 참을 수가 없었다. 결론은 대부분의 식민지 문제에 대해서는 조심스럽게 접근하는 것이었다.[40]

　　에반스톤 총회 이후 1954년부터 1960년 사이의 세계사의 특징은 동서 냉전체제하에서도 제3세계들의 탈식민주의, 정치적 독립, 민족주의 그리고 문화적 정체성 확립 등으로 나타났다. 또한 아프리카, 아시아, 라틴아메리카, 그리고 중동의 새로운 국가들에서 옛 사회구조들의 급속한 붕괴와 급속한 발전을 위한 정치적·경제적 체제의 요구가 일어나자, 1959년 WCC는 그리스의 데살로니키에서 "급격한 사회변혁에 대한 연구"(The Rapid Social Change Study)를 주제로 국제연구대회를 열고 제3세계의 시각에서의 민족주의 문제를 다루었고, 급변하는 시대에 있어서 '세계경제 정의'와 '복지'를 주장했다.[41]

　　한편 에반스톤은 암스테르담처럼 기독론에 근거한 교회의 주어진 일치를 주장하였다. 하지만 에반스톤은 교파들의 가시적 일치추구를 위해 선물로 주어진 기독론적 일치에 머무르지 말고 이 일치를 가시적이고 구체적으로 키워 나가야 할 것을 과제로 촉구하였다.[42] 1955년 신앙과 직제 위원회는 교회분열의 중요한 '비신학적 요소들' 가운데 하나로서 '제도주의'(institutionalism)에 대한 검토를 시작했다.

---

40)　위의 책, 70쪽.

41)　위의 책, 71-72쪽.

42)　S. Ⅰ .1.B. 5; 이형기,"신앙과 직제: 로잔대회에서 오늘에 이르기까지," 240-241쪽.

3) 제3차 뉴델리 총회

세계교회협의회 제3차 총회가 1961년 11월 19일부터 12월 3일까지 인도 뉴델리에서 "예수 그리스도 – 세상의 빛"이라는 주제로 개최되었다. 동방정교회와 오순절 교회를 비롯한 23개 교회와 교단이 새로 회원으로 가입하였는데, 그 가운데 18개가 아프리카, 아시아, 라틴아메리카에 있는 교회였다. 나머지 네 개는 동유럽(러시아, 루마니아, 불가리아, 폴란드)의 정교회에 속하였다. 기존의 모든 회원교회들이 신입회원들이 동유럽 공산권에 속해 있다고 해서 회원가입에 반대하지는 않았다. 거의 만장일치로 회원가입이 가결되었다.[43] 이리하여 세계교회협의회가 이제부터 명실 공히 '세계'교회협의회가 되었다.

뉴델리 총회에서 '국제선교협의회'(IMC)가 세계교회협의회 안으로 통합되었다. 그러나 둘이 하나로 합쳐지는 데 양쪽 모두에게 거부감이 있었다. 특히 국제선교협의회의 지도자 일부는 세계교회협의회의 신학적 입장을 신뢰하지 못하고 있었다.[44] 반면에 세계교회협의회에 속한 동유럽의 정교회에게 국제선교협의회는 개종(proselytism)의 두려움을 불러일으켰다. 그러나 이러한 부정적 인식들이 극복되면서 양자가 하나로 통합되었다.[45]

뉴델리 총회의 또 다른 중요한 사건의 하나는 가톨릭 교회

---

43) Marlin VanElderen, 앞의 책, 86쪽.
44) 국제선교협의회가 WCC에 통합됨으로써 선교에 관한 관심이 주변으로 밀려날 것을 우려하였다.
45) Marlin VanElderen, 앞의 책, 89쪽.

의 교황청이 뉴델리 총회에 옵저버들을 보냈다는 사실이다. 총회가 끝난지 일주일이 되던 때에 교황 요한 23세가 1962년에 '제2차 바티칸공의회'를 소집하겠다고 공포하였다. 세계교회협의회도 이 공의회에 초청하겠다고 밝혔고, 세계교회협의회는 초청에 응하겠다고 화답했다. 1965년에 세계교회협의회와 교황청은 양자의 관계개선을 위한 공동 작업위원회를 만드는 데 서명하였으며 그 이후로 위원회(Joint-Working Group)가 해마다 모였다.[46]

이 밖에도 뉴델리는 교회의 사회봉사 방법과 개선책에 대하여 숙고하였고, 이제는 교회의 사회봉사가 단순한 '시혜' 차원을 넘어서서 사회의 발전에 기여할 수 있는 프로그램을 마련해야 한다고 보았다. 그 결과 1966년 제네바에서 '교회와 사회협의회'(Conference on Church and Society)가 조직되었다. 이 협의회는 문화, 정치, 경제, 과학기술에서 진행되고 있는 혁명적 변화에 대하여 기독교인들이 어떻게 대처해야만 하는가에 대하여 논쟁하였고, 에큐메니칼 운동은 정의와 자유를 위한 급진적 정치행동에 보다 분명하게 헌신해야 한다는 압력을 받았다.[47]

한편 뉴델리 총회는 에반스톤의 기독론에 근거한 교회일치에 만족하지 않고 삼위일체 하나님 신앙에 근거한 보다 구체적이고 가시적인 교회일치를 추구하여 WCC의 헌장의 개정하였다. 그 개정은 노르웨이 교회의 제안에 따라 성경에 대한 언급을 추가하였고, 동방정교회의 제안에 따라 그 근본원칙이 삼위일체를

---

46) 임희국, 앞의 글, 270쪽.
47) Marlin VanElderen, 앞의 책, 104쪽.

명확히 하도록 자구를 다듬었다.

> 세계교회협의회는 성경에 따라 주 예수 그리스도를 하나님
> 이요 구세주로서 고백하며 또 이에 따라 한 분이신 하나님,
> 곧 성부와 성자와 성령의 영광을 위하여 공통된 소명을 다
> 함께 완수하고자 하는 교회들의 교제이다.[48]

즉 뉴델리는 교회일치의 근거로서 삼위일체 하나님을 제시하고 가시적 일치를 위해서 요구되는 요소들을 열거하고 있다. 특히 "각 장소에 있는 모든 기독교인들"은 구체적이고 가시적인 교회와 지역교회를 의미하는 것으로서, WCC가 획일주의적인 하나의 교회를 지향하는 것이 아니라, 구체적인 개교회들과 지역교회들의 정체성과 다양성을 지향하는 것을 의미한다.[49]

---

48) 위의 책, 90쪽; The Evanston Report(Harper & Brother, 1954), 83쪽. 뉴델리는 세계교회협의회는 하나됨을 다음과 같이 정의하였다. 우리는 하나님의 그의 교회에게 주시는 선물인 하나됨이 가시화되고 있는 중이라고 믿는다. 왜냐하면 예수 그리스도와 합하여 세례를 받으며 그를 주심이시요 구세주로서 고백하는 각처에 있는 모든 사람들이 성령에 의해 완전히 헌신하는 하나의 교제로 인도되어서 하나의 사도적 신앙을 갖고 하나의 복음을 전하며, 하나의 떡을 떼고, 함께 공동의 기도를 드리며, 모든 사람들을 공동체 삶에로 증거와 봉사로서 초대하고 또한 동시에 이 모든 사람들은 모든 장소, 모든 시대에 직제와 교회구성원을 받아들이며 또 모든 사람들이 하나님께서 자기 백성에게 요구하시는 일을 위하여 상황이 요구하는 대로 함께 행동하고 함께 말하는 방식으로 모든 시대, 모든 장소의 기독교 교제와 연합되는 것이다.

49) 이형기, "신앙과 직제: 로잔대회(1927)에서 오늘에 이르기까지", 242쪽. 더 나아가 가시적 일치의 구성적 요소들로 ① 하나의 사도적 신앙에 대한 공동의 고백, ② 공동의 세례와 성만찬, ③ 교회 회원권과 교역자들에 대한 상호인정, ④ 공동의 기도, 증거와 봉사 등을 들었다. 그리고 그와 같은 일치는 교회 자체를 위한 것이 아니고 모든 인간에 대한 증거와 봉사를 목표로 한다. 그러나 '각 장소의 기독교인들 혹은 모든 교회들'은 '모든 장소들과 모든 시대들의 전(全) 기독교적 코이노니아와 연합'해야 한다는 차원과 균형을 이루어야 한다. '모든 장소들과 모든 시대들의 전(全) 기독교적 코이노니아'는 이후 웁살라 총회에 논의되고 완성되는 일치 추구로 가장 이상적인 일치추구의 모형이다.

4) 제4차 웁살라 총회

　　세계교회협의회 제4차 총회가 1968년 7월 4일부터 20일까지 스웨덴 웁살라에서 "보라, 내가 세상을 새롭게 하노라"는 주제로 개최되었다. 총회의 분위기가 이전과 크게 달랐는데, 총회의 개회예배 설교를 맡은 마틴 루터 킹 목사가 4개월 전에 암살당하고, 대학생들과 젊은이들이 일으킨 학생운동으로 들끓고 있었기 때문이었다. 총회 참석자들은 인종차별이 세계평화와 정의를 위협한다는 의식을 예민하게 느끼고 있었다. 그리하여 1969년 WCC는 인종차별과 싸우는 프로그램(The Program to Combat Rasim)을 시작하였다. 이 프로그램은 제도와 관습으로 굳어진 백인 중심의 인종편견 의식과 싸우고 또 이들이 쌓아올린 견고한 사회 · 경제 · 정치적 기득권 구조와 싸우는 데 역점을 두었다.[50]

　　웁살라 총회의 가장 중요한 안건은 '경제 및 사회발전(개발)의 문제'였다. 당시 세계는 산아제한과 식량증산 그리고 분배에 커다란 관심을 두었다. 웁살라는 이를 위한 교회의 과제는 가난한 사람들과 눌린 사람들이 이 세 가지 목표를 위해 분투노력하는 현장으로 가서 그들과 연대하는 것이라 보았다. 이를 위해 WCC는 '개발'의 문제에 집중하여 '교회의 개발참여위원회'(CCPD : Commission on the Churches' Participation in Development)를 만들었다. 이 위원회는 현장연구조사, 교육, 자료집을 출판하였고 또 개발현장

---

50)　임희국, 앞의 글, 271쪽.

에서 기술지도와 재정지원을 하였다.[51] 그러나 웁살라의 '개발'(development) 개념은 단순히 강대국이 저개발 국가들에게 '자본과 기술'을 이전하는 도움을 의미하지 않았다. 그것은 '경제정의와 사회정의'의 문제였다. 웁살라는 1968년 메델린 가톨릭 주교회의에서 마르크시즘과 같은 사회학적 통찰이 기독교 신학에 수용된이래, 적절한 폭력의 사용까지 정당화하였다. 그리하여 웁살라 WCC에서 '해방신학'이 싹터 올랐다. 웁살라는 1960년대 말 "신앙과 직제"의 "창조세계 보전"에 대한 신학에는 거의 관심을 기울이지 않았고, 정의와 평화와 같은 역사에 관심을 보였다.[52]

한편 웁살라 총회는 뉴델리가 주장한 개교회 혹은 지역교회들의 구체적이고 가시적인 정체성 확립으로 만족하지 않고, 다양한 개교회들과 지역교회들 나아가서는 교파들의 '보편성'(catholic)을 주장하였다. 즉 교회 일치의 보편적 차원을 강조하였다. 그런데 총회 분과보고서는 교회의 보편성을 예수 그리스도의 보편적 구속사역에 근거시키면서, 이 보편성은 인류사회의 보편성 속에 침투하는 것으로 이해하였다.[53] 즉 웁살라는 교회의 보편성을 인류의 일치추구와 관련시킨다. 교회의 세계참여가 첨예화된 웁살라 WCC는 교회의 세계참여 차원에서의 보편성을 매우 강조하였다.[54]

---

51) 임희국, 앞의 글, 271쪽.

52) 이형기, 앞의 글, 216-217쪽.

53) S. 1. 7.

54) 이형기, 위의 글, 217-218쪽. 웁살라 총회 이후 1970년대에는 창조세계의 보전문제가 크게 부각되기 시작하였다. 1966년 "교회와 사회" 제네바 대회를 이어받아 WCC는 두 가지 분야의 일을 했는데, 하나는 1969년에 시작된 5년 연구 프로그램인 "과학에 기초한 기술세계 속에

5) 제5차 나이로비 총회

　세계교회협의회 제5차 총회가 1975년 11월 23일부터 12월 10일까지 아프리카 케냐의 나이로비에서 "예수 그리스도는 해방시키시고, 하나되게 하신다"는 주제로 개최되었다. 나이로비 총회는 처음으로 불교, 힌두교, 유대교, 이슬람교, 시크교 등 다른 종교 지도자들이 참석하여 서로 다른 신앙에 대하여 토론하게 되었다. 그러나 일부 기독교 지도자들은 이 토론이 대단히 위험하다고 우려하였다. 이러한 토론은 자칫 선교하는 의지를 약화시키고 또 종교 혼합주의(syncretism)로 나아갈 수 있다고 보았다. 나이로비는 특별히 여성 대표가 전체 참석자의 20%를 차지했다. 성차별은 인권 및 인종차별과 함께 '구조악과 해방투쟁'에 관한 보고서의 세 가지 주요 주제 가운데 하나였다. 그리하여 총회는 "교회 안에서 남성과 여성이 나란히 함께 공동체"를 이룰 수 있는 방안을 앞으로 4년 동안 연구하도록 하였다.[55]

　나이로비의 가장 주요한 안건은 교회의 사회참여에 있어

서 인간사회의 미래"였고, 다른 하나는 '폭력-비폭력'의 문제였다. 그리고 1970년 제네바에서 "기술, 신앙 그리고 미래사회"라는 제목으로 자연과학자들과 신학자들은 사회를 위해서 자연과학과 기술을 어떻게 사용해야 할 것인가에 대한 지침을 확정지었다. 그리고 1971년 이탈리아의 네미(Nemi)에서 열린 "교회와 사회" 확대회의는 신학자들, 자연과학자들, 자연과학자들에 대한 비평가들 및 제3세계의 경제학자들을 포함하는 경제학자들이 대거 참석하였다. 바로 이 대회에서 유전공학에 관계된 윤리적 이슈에 대한 연구계획이 세워졌고 인간환경의 악화와 환경파괴에 대한 최초의 에큐메니칼 토론이 있었다. 그리고 MIT에서 온 과학자들 팀 중 한 과학자는 "제한성장"(Limits to Growth)을 주장했고, 제3세계 경제학자들은 이에 대해 거부반응을 보였다. 1972년 로마 클럽의 "제한성장"과 헬싱키의 "유엔인간환경 대회"는 창조세계 보전문제에 대한 첫 이정표였다.

55)　Marlin VanElderen, 앞의 책, 132-133쪽; 임희국, 앞의 글, 272-273쪽.이 주제에 대한 논의가 계속 이어져서 1977년 태국 치앙마이에서 협의회가 열렸는데, 이 자리에서 종교 간 대화의 목적과 실천이 무엇인지 문서(Guidelines for Dialogue)로 작성되었다.

서 "정의롭고, 참여적이며, 지속 가능한 사회"(JPSS : Just, Participatory, and Sustainable Society)를 주장하였다. 나이로비는 '정의'를 제3세계 개발의 주된 목적으로 보고, 조직적 혹은 구조적 부정의에 대한 대립개념으로 보았다. 또 이 같은 부정의한 상황이 평화를 위협하는 것을 보았으며, '정의'(Justice)와 '참여'(Participation)를 인종주의, 여성차별, 인권문제 등에 관련시켰다. 그리고 '지속 가능성'(sustainability)은 과학과 기술의 오용과 남용으로 지탱되기 어려운 인간과 자연 사회가 '제한개발', '제한성장', 그리고 '생태학적으로 건강한 발전'에 의해서 지탱 가능한 사회로 바뀔 수 있음을 말한다. 그리하여 나이로비의 JPSS는 1983년 밴쿠버 WCC 총회에서 JPIC(Justice, Peace and Integrity of Creation)로 바뀌었고, 서울 JPIC 대회에서 '창조질서보전'(IC)이 급부상하기 시작하였다.[56]

나이로비는 "협의회를 통한 친교"(Conciliar fellowship)를 주장하였다. 협의회를 통한 친교는 '진정으로 연합된 지역교회들의 협의회를 통한 연합'으로서 지역교회들의 대표들이 협의회적 친교를 통하여 교회의 일치를 지향하는 것이다. 협의회들은 지역교회들과 보편교회 사이에 가교 역할을 하며, 이런 협의회적 친교가 없이는 보편교회를 향하여 전진할 수가 없다. 그런데 "협의회적 친교는 삼위일체 하나님의 협의회적 특성(concilianity of the Triune being of God)을 반사시키는 것으로 나이로비는 장차 로마 가톨릭 교회와 기타 비WCC 회원 교회들까지 모두 포함하는 "진정으로 보편적인 에큐메

---

56) 앞의 글, 219쪽.

니칼 협의회"(a genuinely universal ecumenical council)를 더욱 진전시켰다.[57]

6) 제6차 밴쿠버 총회

세계교회협의회 제6차 총회가 1983년 7월 24일부터 8월 10일까지 캐나다 밴쿠버에서 개최되었다. 총회의 주제는 "예수 그리스도 - 세상의 생명"이었다. 날마다 약 4,500명 정도 총회에 참석하였는데, 참석자들의 수만큼 다양한 활동들이 일어났다. 노란색, 흰색의 천으로 엮어 만든 대형 천막에서 예배를 드렸다. 예배의 절정에는 리마문서[58]를 토대로 구성된 예식서에 따라 성만찬이 거행되었다. 캔터베리 대주교 룬시(Robert Runcie)가 관장하였고 그 곁에서 다른 대륙, 다른 교회, 교단의 목회자들 여섯 명이 보좌하였다. 성서를 읽고 기도를 인도하는 순서는 로마 가톨릭 교회와 정교회가 맡았다.[59]

밴쿠버 총회는 "예수 그리스도 - 세상의 생명"이라는 주제 아래 ① 하나님의 선물인 생명, ② 죽음에 직면하여 죽음을 극복하는 생명, ③ 충만한 가운데 있는 생명, ④ 일치 속의 생명 등의 소주제들을 다루었다. 이 소주제들은 1980년대에 접어들면서

---

57) 앞의 글, 219쪽.
58) 페루의 리마에서 열린 신앙과 직제 세계대회(1982)는 『BEM 문서』(Baptism, Eucharist and Ministry)를 통과시킨 후, 각 WCC 회원 교회들에게 발송하여 그것에 대한 논찬들을 모았다. 이 문서는 신앙과 직제의 역사 이래 교회일치에 있어 항상 문제시되어 오던 세례, 성만찬, 직제에 대한 신학적 수렴과정이 되었고, 특히 에큐메니칼 성만찬 예전의 기본이 되었다.
59) 임희국, 앞의 글, 274-275쪽.

'생명' 문제가 크게 부상하고 있음을 말해 주었다. 특히 벤쿠버는 MIT '교회와 사회세계대회'(1979)의 결과를 ① 세계의 무기경쟁, ② 경제적 지배와 착취, ③ 생태계의 위기라는 세 가지 차원에서 수용하면서 JPIC를 역설하였다. 또한 밴쿠버 총회는 JPIC를 단순히 사회윤리 차원의 과제가 아니라 전 WCC 회원 교회들과 기독교 단체들, 나아가서 모든 비WCC 교회들과 비WCC 기독교 단체들 및 온 인류의 과제라고 천명하였다.[60]

　　서울 JPIC 대회에서는 '개발'을 끝낸 제1세계는 "IC"와 평화 문제에 집중했고, 개발을 계속적으로 필요로 하는 제3세계는 '정의'와 '발전' 문제에 집중하면서 서로의 의견이 충돌했다. 이 대회 직후 WCC의 JPIC분과는 JPIC 문제가 향후 세계교회가 감당해야 할 21세기의 과제라는 점을 확실히 하였다.[61]

　　한편 밴쿠버는 교회일치에 대한 새로운 진술을 제시하지 않고, 가시적 일치의 징표로서 ① 사도적 신앙의 공동 이해, ② 세례, 성만찬, 직제의 상호인정, ③ 공동의 결의방법과 권위 있는 공동의 교도(Teaching) 방법을 제시하였다.[62]

---

60) 이형기, 앞의 글, 220쪽.

61) 위의 글, 221쪽.

62) 이 셋 중에서 첫째로 "사도적 신앙의 공동이해"는 나이로비의 요구로 신앙과 직제가 1981년 부터 연구하여 1991년에 『하나의 신앙을 고백하며』(Confessing the One Faith: An Ecumenical Explication of the Apostolic Faith as it is Confessed in the Nicene-Constatinopolitan Creed, 381)를 출판하였고, 1993년 8월 스페인의 신앙과 직제 제5차 세계대회에서 거의 확정된 문서가 되었다. 둘째로 세례, 성만찬, 직제에 대한 상호인정은 이미 지적한 『BEM 문서』의 수렴과정으로 일단락된 것이나 다름없으며, 현재 진행 중인 문서는 "교회의 본성과 선교"이다. 셋째는 향후 계속연구과제로 남아 있다. 이형기, 위의 글, 247-248쪽.

7) 제7차 캔버라 총회

　세계교회협의회 제7차 총회가 1991년 2월 7일부터 20일까지 오스트레일리아 캔버라에서 "오소서 성령이시여 – 모든 피조물을 새롭게 갱신하소서"라는 주제로 개최되었다. 세계 100개국 이상 300개 이상의 교회, 교단 대표들이 참석하였고, 중국의 교회협의회(CCC)도 이번 총회에 참석하였다. 캔버라는 처음으로 '성령의 역사'에 초점을 맞추었고 이제까지 교회 중심으로 들어올 수 없었던 여성과 청년층의 참여를 독려하였다.

　캔버라 총회를 직전 세계는 급격한 '변화의 바람'을 경험하였다. 가장 큰 변화는 동유럽 국가들의 공산주의 체제의 붕괴와 냉전의 종식이었다. 그러나 기대했던 세계평화는 오지 않았다. 이러한 변화 속에서 총회는 '성령의 바람'을 기도하며 기원하였다. 그래서 캔버라에서는 '전쟁'이 특별한 관심을 끈 의제였다. 또한 오스트레일리아 토착원주민들의 권리에 대하여 토의하였다. 오스트레일리아 인구 1,700만 명에서 원주민은 불과 1~2%에 불과하지만, 이들의 사회적 불평등과 평등한 교육기회의 박탈에 세계교회협의회가 각별한 관심을 가졌고, 또 이들의 토착언어와 전통문화를 보존하는 데 관심을 기울여 복음과 문화의 관계를 심도 있게 논의하였다. 또한 캔버라는 모든 피조세계가 생존의 위협을 받고 있다는 점을 중요하게 보았다. 가난, 불의, 전쟁, 공해로 말미암아 지구상의 생명체가 위협받고 있다는 점이었다. 그래서 총회는 '성령의 오심'을 기도하였고, 네 개 분과로 진행되었다.

① 생명을 창조하신 하나님 – 당신의 피조세계를 보호해 주소서!
② 진리의 성령이시여 – 우리를 자유케 하소서! ③ 한 분이신 성
령이시여 – 당신의 백성들을 화해케 하소서! ④ 거룩한 영이시
여 – 우리를 변화되게 하시고 거룩하게 하소서!

캔버라는 이 가운데 제3분과 "일치의 성령이시여! 당신의
백성을 화해 시키소서"에서 "코이노니아" 개념을 가지고 교파들
의 다양성을 통한 일치를 설명했다.

> 삼위일체 하나님의 이름으로 세례를 받은 모든 기독교인들
> 은 성령을 통하여 예수 그리스도의 몸의 지체가 되고, 이 예
> 수 그리스도를 통하여 하나님과 화해하여 삼위일체 하나님
> 과 코이노니아(친교)를 갖는다.[63]

이것은 세계의 대부분의 교파들이 수직적인 코이노니아와
수평적인 코이노니아를 공유하고 있음을 말한다. 1990년을 계기
로 에큐메니칼 공동체는 '다양성 속에서 일치'라는 말보다 '다양
성 속에서의 코이노니아'란 말을 선호하게 되었다. 그런데 이 "다
양성 속에서 코이노니아"란 뉴델리의 "유기적 연합", 1960년대의
"화해된 일치" 혹은 "교파교회들의 교제", 웁살라의 "보편교회"와
"지역교회", 나이로비의 "협의회를 통한 교제"와 '협의회'(council),
그리고 '연맹'(alliance)과 '연방'(federal) 등 모든 일치 모델들을 아우르
는 것이다. 그러나 캔버라는 다양성의 한계를 제시하였다. "예수

---

63) S. Ⅱ. 58

그리스도를 하나님과 구세주로 고백할 수 없고(WCC 교리 헌장의 기초),
어제나 오늘이나 영원토록 동일하신 분으로 고백할 수 없으며,
성서 안에서 선포되었고 사도적 공동체에 의하여 설교된 인류의
구원과 최종적인 목표들에 대하여 고백할 수 없는"[64] 교파들은
합법적인 다양성을 이룰 수가 없다고 하였다.[65]

8) 제8차 하라레 총회

세계교회협의회 제8차 총회가 1998년 12월 3일부터 4일
까지 아프리카 짐바브웨 하라레에서 개최되었다. 하라레 총회는
특별히 세계교회협의회의 창립 50주년을 맞이하는 희년을 기념
하였다. 전 세계 각 지역의 교회에서 약 3,000명의 기독교인들이
하라레로 왔다. 그러나 하라레 총회는 소위 '에큐메니칼 빙하시
대'라고 말할 만큼 회원교회, 교단들이 서로 불편한 관계를 유지
하면서 참가하였다. 1997년 게오르그 정교회가 WCC에서 탈퇴하

---

64) S. Ⅱ. 2.

65) 이형기, "신앙과 직제 제5차 세계대회 스페인의 산티아고, 1993년의 분과 보고서", 『교회와
신학』 제26집(서울: 장로회신학대학교출판부, 1994), 257쪽 이하. 산티아고 데 콤페스텔라
제5차 신앙과 직제대회(1993)는 "신앙과 삶과 증거에, 있어서 코이노니아를 향하여"(Twards
Koinonia in Faith, Life and Witness)를 대회의 주제로 삼았다. 이 대회 문서는 '신앙'에 있어서
코이노니아, '삶'에 있어서 코이노니아, 그리고 '증거'에 있어서 코이노니아를 논한다. '신앙'
차원에서는 '복음'과 "니케아-콘스탄티노플 신조"(381)에 나타난 삼위일체 하나님 신앙을 공
유함으로 가능하고, '삶' 차원의 코이노니아는 '세례, 성만찬, 직제'를 상호 인정하는 교회 중
심의 삶을 뜻하며, 그리고 '증거' 차원의 코이노니아는 교회의 세계 선교와 사회참여에 관한
것이다. 이 신앙과 직제 세계대회가 지닌 가장 큰 특징은 '증거' 차원의 코이노니아였다. 즉 선
교와 JPIC를 포함하는 교회의 사회참여가 교회론적(교회의 '신앙'과 '삶' 차원의 코이노니아)
코이노니아에 근거해야 하며, 동시에 교회론적 코이노니아는 선교와 사회참여 차원의 코이노
니아를 지향해야 한다고 하는 것이다. 따라서 이 문서는 '코이노니아'의 우주적 의미를 주장
하고 있다.

였고, 불가리아 정교회가 그 뒤를 이었다. 나머지 대다수의 동방 정교회들(특히 러시아와 세르비아 정교회)도 WCC를 향한 불만과 비판의 수위를 높였다.[66] 총회의 주제는 "하나님께 돌아가세 – 소망 가운데서 기뻐하세"였다. 이 주제의 핵심은 '회개'인데 소망의 근원이신 하나님을 향한 회개였다. 동방정교회와 로마 가톨릭 교회와 프로테스탄트 교회가 아직 여전히 성만찬에 함께 참여하지 못하고 있는 만큼, 교회의 분열을 회개하는 것이다.

하라레 총회 직전인 11월에 세계 전역에서 약 1,000명 이상의 여성들과 소수의 남성들이 "여성 10년 페스티벌"에 참석하기 위해 하라레에 왔다. 이들의 대화의 주제는 폭력이었다. 여성들은 총회를 향하여 '폭력은 죄'이며 앞으로 10년 동안 신학적으로 연구하자고 제안했다. 이에 총회의 대표들은 "폭력극복 10년: 화해와 평화를 일구어 가는 교회, 2001 – 2010"을 결의하였다. 하라레의 "폭력극복 10년"은 '경제적 · 생태적 · 정치적 폭력'을 문제 삼고 있다. 이 운동은 JPIC 운동의 연장선상에서 2001 – 2010년까지 이어지는 유엔의 "평화의 문화" 운동(The International Decade for a Culture of Peace and Non-Violence for Children of the World)에 보조를 맞추는 것이었다.[67]

하라레의 각별한 관심은 빚을 많이 지고 있는 국가들의 빚

---

66) 정교회는 하나님 칭호를 '아버지와 어머니'로 부르는 것이나, 여성목회자 안수를 용납할 수 없었다. 이들은 자신들이 정(올바른)교회라 여겨 '다양성 속에서 상호 존중'을 지향하는 세계 교회협의회의 민주적 운영방식은 매우 낯설었다. 문화적으로도 동방정교회는 민족의식, 민족주의와 결합되어 있으므로 다분히 서방에 대해 부정적인 정서를 갖고 있었다.

67) Janice Love, "The Dacade to Overcome Violence," *The Ecumenical Review*, Vol. 53, No. 2(April 2001), 135-143쪽.

탕감문제였다. 이미 개막 환영사에서 짐바브웨 교회 총회장은 이 나라의 경제위기, 착취, 부정부패로 말미암아 기독교인들의 고통을 토로하였다. 하라레 총회를 마감하면서 앞으로 기독교의 중심축이 '북에서 남으로' 이동된다고 전망하였다. 서양(유럽, 북아메리카) 기독교는 점차 퇴조할 것이고 나머지 다른 지역의 기독교는 전통문화와 대화하면서 점차 '성육신적' 토착교회가 될 것으로 내다보았다. 이러한 전망과 함께 에큐메니칼 포럼을 만들자고 제안했다. 이제까지처럼 제네바 중심의 세계 에큐메니칼 운동이 아니라 각 대륙, 지역마다 하나의 구심점을 두는 에큐메니칼 지역포럼을 제안했다. 이와 더불어 이제까지 에큐메니칼 운동에 소극적인 자세를 취하며 여기에 참여하지 않았던 복음주의 교회들과 오순절 교회도 참여하게 하자고 제안했다. 또한 동방정교회는 세계교회협의회를 향해 강력한 구조조정을 주문하였다.

4. 제9차 포르토 알레그레 총회가 전망한 제10차 부산 총회의 과제

세계교회협의회 제9차 총회가 2006년 2월 남아메리카 브라질 포르토 알레그레에서 개최되었다. 이 총회의 주제는 "하나님, 당신의 은총 가운데서 세상이 변화되게 하소서"였다. 이 주제는 세상이 바뀌어야 한다는 강한 열망과 의지에서 상정되었다.

포르토 알레그로 총회는 하라레가 정한 "폭력극복 10년 운동"을 점검하면서 "화해와 평화를 추구하는 교회"(2000-2010)로 재정립하였다. 또한 세계교회협의회 총회가 라틴아메리카에서 처음으로 개최되어 이 대륙의 역사와 현실이 총회에 반영되었다.[68] 포르트 알레그로는 빈익빈 부익부를 가져오고 환경파괴를 더욱 가속화시키는 시장경제의 지구화(Neoliberal globalization)에 대한 문제에 집중하였다. 아울러 기후변화와 지구온난화 문제 등 생태학적 위기를 더욱 의식하고 있다.[69] 아울러 포르토 알레그레는 제10차 총회를 바라보면서 향후 우선적인 여섯 가지 프로그램을 설정하였다.

① WCC와 21세기 에큐메니칼 운동 : 이 프로그램은 WCC 회원 교회들 사이에 또 에큐메니칼 파트너들과 에큐메니칼 관계들을 양육시킨다. 에큐메니칼 비전을 해석하고 소통시키며 21세기 에큐메니칼 도전들을 촉진시키다.

② 선교, 복음전도 그리고 영성 : 이 프로그램은 WCC의 신앙과 직제, 그리고 CWME는 일치와 선교와 복음전도 그리고 영성을 지도하고 이에 대한 연구를 하도록 한다.

---

68) 특별히 스페인과 포르투칼의 식민지배를 받은 이 대륙은 지배세력이 옮겨 온 그들의 사회정치체제와 문화적 가치가 토착문화와 종교를 파괴하였다. 이제는 그 식민지배 세력이 물러갔음에도 불구하고 가난, 불평등, 외세의존이 남아 있다. 최근 10년 동안에 대륙에서 심각한 경제적·정치적 위기에 직면하였다. 제도권 교회들은 그 힘을 잃고 또 사회적 영향력도 줄어든 반면에 교파의 색채가 없는 교회들이 등장하였다. 대형 교회(Mega-Church)들이 등장하고 유사교회(Para-Church)들이 등장하였다. 특별히 제도권 교회가 새 시대의 새로운 도전에 제대로 대응하지 못하자, 젊은이들이 교회를 떠나갔다.

69) WARC는 2004년 아크라 총회 이래로 경제정의와 지구환경에 대한 정의문제를 미국 주도의 신자유주의 경제세계화에 총 집중하고 있다. 2006년 12월(Vol. 56) Reformed World지는 그 주제를 '제국'(The Empire)이라 하여 주로 부시 정권하의 미국의 경제적·군사적·신자유주의적 제국주의의 본성을 이야기하고 있다.

③ 공공의 증거(권력을 중점적으로 다루면서 평화를 주장하기) : 이 프로그램은 폭력, 전쟁, 인권, 경제적인 부정의, 빈곤, 그리고 배제에 대한 교회들의 관심사에 관련한 사업들을 다룬다.

④ 정의, 섬김, 그리고 창조세계에 대한 책임 : 이 프로그램은 인간의 곤궁을 해결하기 위해 불의를 철폐시키며, 창조세계에 대한 위협들에 대처하려는 교회들의 노력들을 지지할 것이다. 특히 그것은 교회들의 다음과 같은 일들을 돕고 강화시킬 것이다. 기후변화, 물, 에너지, 해에 관련된 사항들, 그리고 새로운 기술들의 사용과 남용과 오용에 대한 일.

⑤ 교육과 에큐메니칼 영성 : 에큐메니칼 교육을 실시하고 있는 사람들과 기관들의 네트워크를 만들고, 훈련, 교육에 대한 필요를 확인하고 장학금을 제공하며, 교과과정을 발전시키고 에큐메니칼 도서관과 아키브를 운영한다.

⑥ 종교 간 대화와 협력 : 타자, 종교, 그리고 폭력과 같은 주제들에 대하여 양자 간 그리고 다자 간 대화를 도모하고 지역 간의 만남과 문화 간의 만남을 도모할 것이다. 또한 교회들로 하여금 다종교의 세계 속에서 기독교인들이 된다고 하는 것이 무엇을 의미하는 가를 숙고하게 하며, 종교가 갈등을 부추기기 위해서 사용되는 나라들에서 교회들로 하여금 종교 간 변호를 하도록 무장시킨다.[70]

---

70) www.oikoumene.org/en/programmes.html; 이형기, "신앙과 직제: 로잔대회(1927)에서 오늘에 이르기까지", 『21세기 한국 교회의 에큐메니칼 운동』(서울: 대한기독교서회, 2008), 255-258쪽.

5. 나가는 말 : 제10차 WCC 부산 총회와 숭실대학을 중심으로

평양숭실대학의 설립자 윌리암 베어드는 미국의 제2차 복음주의 부흥운동의 주역이며, 선교현장에서 연합적인 사역을 환영하는 무디의 영향을 받아 조선에 들어왔다.[71] 그는 적극적으로 교회연합사업을 지지했으며 1900년 뉴욕의 에큐메니칼 선교대회에도 참석하기도 하였다. 1905년 "한국 복음주의 선교사공의회"가 형성되어 초교파적 연합사업이 추진되자, 그의 교회연합운동에 대한 신념은 장감연합운동을 통한 합성숭실대학(Union Christian College)의 설립운동에서 두드러지게 나타났다. 1905년 6월 북감리교 선교부 총회가 서울에서 열렸을 때, 여기에 참석한 베어드는 교육사역에 있어서 서로 연합하여 협력할 것을 촉구하였다. 그 결과 장로교와 감리교 선교부는 1906년 10월부터 합성숭실대학을 설립하여 운영하게 되었다.[72]

이와 같은 베어드의 에큐메니칼한 교회연합정신은 그동안 서울숭실대학의 〈한국기독교문화연구소〉, 〈한국기독교사회연구소〉, 〈기독교학과〉, 〈기독교학대학원〉 등을 통하여 계승되어 왔다. 1967년 10월 10일에 창설된 〈한국기독교문화연구소〉는 "전국목회자신학세미나"를 통하여 전국의 1,000명이 넘는 초교

---

71) 박정신, "역사의 베어드, 베어드의 역사", 『베어드와 한국 선교』(서울: 숭실대학교출판부, 2009), 22쪽.

72) 김명배, "윌리암 베어드와 숭실대학", 『베어드와 한국 선교』(서울: 숭실대학교출판부, 2009), 138쪽.

파 목회자들이 참가하여 에큐메니칼 정신의 구현을 실현하였다. 또한 한국 교회와 사회에 기여하기 위해 1986년 7월 1일 설립된 〈한국기독교사회연구소〉는 에큐메니칼한 교회연합정신을 바탕으로 많은 한국 기독교계의 에큐메니칼 운동의 지도자들을 배출하고 그들이 본 연구소와 관계를 맺으며 사역하도록 하였다. 뿐만 아니라 이러한 기초 위에 1998년 설립된 〈기독교학대학원〉과 〈기독교학과〉는 다양한 교단을 배경으로 한 학생들과 교수들로 초교파적인 에큐메니칼 운동의 장이 되어 왔다.

필자는 이러한 에큐메니칼한 역사와 전통을 가진 숭실대학이 2013년 제10차 WCC 부산 총회의 개최와 관련하여 총회의 준비과정과 진행에 있어서 다음과 같은 위상과 역할, 그리고 실천적 활동을 할 것을 제안하고자 한다.

첫째로 WCC는 제8차 하라레 총회 이후 교회일치를 위한 수단으로 '기독교 포럼'을 등장시켰다. 이것은 WCC를 해체하지 않으면서도 그리고 WCC를 여러 대화 파트너들 가운데 하나로 여기면서 로마 가톨릭 교회, 복음주의교회들, 오순절교회들, 기독교 세계연맹체(Christian World Communions), 각 나라의 교회협의회들과 기타 기독교 단체들과의 '포럼'을 시도하고자 하는 것이다. 이것은 WCC 웁살라 총회가 바라보았던 "진정으로 보편적인 에큐메니칼 협의회"(a genuinely universal ecumenical council)의 이상을 구현하려는 노력이다. 필자는 한국 기독교 역사에 있어서 최초의 에큐메니칼 정신에 설립되었고, 지금도 다양한 교파와 교단의 학생들로 구성된 교육기관인 숭실대학이 이와 같은 에큐메니칼 '기독교 포럼'

의 장으로 역할을 감당하기를 바란다. 특히 2013년 WCC 부산 총회를 앞두고 총회유치에 대한 찬반양론이 분분한 때에 복음주의적 정신과 에큐메니칼적 정신을 함께 지니고 있는 숭실대학이 그어느 기관보다 일치를 이루어낼 수 있는 장점을 지니고 있다고 본다.

둘째로 제9차 포르토 알레그레 총회는 제10차 총회의 과제로 에큐메니칼 운동과 영성의 교육을 제시하였다. 이를 위해 에큐메니칼 교육을 실시하고 있는 사람들과의 네트워크를 만들고, 훈련과 교육에 필요한 경우 장학금을 제공하고, 교과과정을 발전시키고 에큐메니칼 도서관과 아키브를 운영할 것을 제안하였다. 필자는 숭실대학의 '기독교학'은 신학교육만이 아닌 타 학문과의 소통과 융합을 지향하는 학제 간 연구와 교육, 그리고 이를 바탕으로 다양한 영역의 기독교적 지도자들을 배출하는 것을 그 목적으로 한다고 이해한다. 그런데 이와 같은 교육은 타 종교를 비롯한 타 학문과의 대화를 강조하는 WCC가 지향하는 에큐메니칼 교육과 공통점이 있다. 그러므로 필자는 숭실의 기독교학의 영역의 하나로 에큐메니칼 운동과 역사에 대한 교육을 강화하고, 이를 통해 한국 교회와 사회에 에큐메니칼 지도자들을 양성하여야 한다고 본다. 특히 2013 부산 총회를 앞두고 행사진행을 담당할 요원들, 예컨대 분과위원, 통역요원들을 양성하여 에큐메니칼 영성을 경험케 하는 일은 매우 중요한 숭실 기독교학의 과제 가운데 하나라 생각된다.

참고문헌

김명배, "윌리암 베어드와 숭실대학", 『베어드와 한국 선교』, 서울: 숭실대학교출판부, 2009.

말린 벤엘데렌 저, 이형기 역, 『세계교회협의회 40년사』, 한국장로교출판사, 1993.

박정신, "역사의 베어드, 베어드의 역사", 『베어드와 한국 선교』, 서울: 숭실대학교출판부, 2009.

비셔 후프트 저, 이형기 역, 『세계교회협의회의 기원과 형성』, 서울: 한국장로교출판사, 1993.

이형기, 『복음주의와 에큐메니칼 운동의 세 흐름에 나타난 신학』, 서울: 한국장로교출판사, 1999.

_____, "삶과 봉사운동: 스톡홀름대회(1925)에서 오늘날까지", 『21세기 한국 교회의 에큐메니칼 운동』, 서울: 대한기독교서회, 2008.

_____, "신앙과 직제: 로잔대회에서 오늘에 이르기까지", 『21세기 한국 교회의 에큐메니칼 운동』, 서울: 대한기독교서회, 2008.

_____, "신앙과 직제 제5차 세계대회 스페인의 산티아고, 1993년의 분과 보고서", 『교회와 신학』 제26집, 장로회신학대학교출판부, 1994.

_____, 『에큐메니칼 운동사』, 서울: 대한기독교서회, 1994.

임희국, "19세기 신앙각성운동, 선교운동, 에큐메니칼 운동의 시작", 『21세기 한국 교회의 에큐메니칼 운동』, 서울: 대한기독교서회, 2008.

Confessing the One Faith: An Ecumenical Explication of the Apostolic Faith as it is Confessed in the Nicene-Constatinopolitan Creed, 381.

Dictionary of Ecumenical Movement, ed. by Nicholas Lossky and Others, Geneva: WCC, 1991.

Latourett, Kenneth S., History of the Expansion of Christanity, 7vols, 1937-1945.

Love, Janice, "The Dacade to Overcome Violence," The Ecumenical Review, Vol. 53, No. 2, April 2001.

Rouse, Ruth, "Voluntary Movement and The Changing Ecumenical Climate," in A History the Ecumenical Movement, Vol. I, ed, by Ruth Rouse and Stephen Charles Neill, Geneva: WCC, 1986.

The First Assembly of the World Council of Churches, Amsterdam 1948.

The Evanston Report(Harper & Brother, 1954.

VanElderen, Marlin. & So Set up Signs... The World Council of Churches' first 40 years ed. by W.C.C. Geneva, 1988.

Visser't Hooft. Wilem Adolf, Ruth Rouse & Stephan Charles Nell, ed., "The Word Ecumenical-Its History and Use," A History of The Ecumenical Movement(1517-1948), I, Geneva: WCC, 1996, Appendix I.

Visser't Hooft. W. A., The Genesis and Formation of the World Council of Churches, Geneva: WCC, 1987.

www.oikoumene.org/en/programmes.html.

한국 장로교회 분열의 역사와 일치추구 방안에 관한 연구[1)]
: WCC 신앙과 직제위원회의 산티아고 문서를 중심으로

1. 들어가는 말

한국 교회는 1884년 처음으로 이 땅에 들어와 암울했던 민족의 시대에 시대를 밝히는 등불이 되었고, 수많은 사람들에게 영혼의 안식과 위로를 주던 생명의 종교였다. 그리고 이제 선교 125주년을 넘어 양적으로 세계 교회가 놀랄 만한 교회로 성장하였다. 그러나 이러한 놀라운 성장의 이면에는 많은 부정적 요소들이 함께 있는 것도 사실이다. 몇 년 전부터 신문과 방송 매체를 통하여 집중적으로 보도된 대형 교회의 재정 불투명 문제, 교회세습의 문제, 목회자의 부도덕성과 비윤리성의 문제, 그리고 교회의 분열로 인한 분쟁에 관한 소식은 우리를 참으로 부끄럽

---

1)   이 논문은 한국개혁신학회의 『한국개혁신학』 제23권(서울: 도서출판 불과구름, 2008. 4)에 게재한 것을 수록한 것이다.

게 만든다. 특히 최근 MBC의 〈뉴스 후〉 프로그램에 의해 다시 시도된 기독교 비판은 우리 사회의 교회와 교회의 지도자들에 대한 비판적·부정적 시각의 수위가 어느 정도에까지 왔는지를 가늠케 한다.

그러나 교회에 대한 이러한 비판에도 불구하고, 교회와 그 지도자들은 진지하게 귀를 기울이지 않고 있다. 교회 안에 자성과 갱신의 목소리가 없는 것은 아니지만, 교회의 위기를 바로 진단하고 대응하는 모습을 보이지 않고 있다. 여전히 다수의 교회와 교회지도자들은 교회성장주의와 교권에만 관심을 기울이고 있으며, 교회를 향한 사회적 요구와 필요에 진지한 응답을 제공하지 못하고 있다. 특별히 교회의 분열로 인한 싸움은 이러한 모든 현상의 근본적 원인 가운데 하나로 한국 교회와 사회에 심대한 부정적 영향을 미치고 있음에도 불구하고, 교회와 그 지도자들은 교회일치와 연합운동을 위한 노력을 진지하게 기울이지 않고 있다. 오히려 교회는 민주화 이후 한국 사회 보수화 경향과 더불어 더욱 보수화되었고, 교회연합과 일치를 추구하는 에큐메니칼 운동은 쇠퇴 내지 퇴조하는 경향을 보이고 있다.

그러나 필자는 교회의 일치와 연합운동을 추구하는 에큐메니칼 운동은 한국 교회가 사회적 비판에 적절히 대응하고, 다시금 사회로 하여금 교회에 대한 신뢰와 믿음을 갖게 하며, 더 나아가 과거에 한국 사회로부터 존경을 받는 공동체로 거듭나게 하는 중요한 동인임을 믿는다. 분열된 교회를 하나 되게 하고, 선교현장에서 일치된 연합 사업의 시도는 교회를 교회답게 하며, 사회로부터 신뢰와 존경을 받도록 만든다. 그러므로 필자는 사회로부터 비판을 받는 한국 교회가 다시금 신뢰를 회복하고 존경받는 종교공동체가 되기 위해서는 교파를 초월한 연합과 일치 운동이 절실히 필요하다고 본다. 그래서 이 글은 사회로부터 비판받는 한국 교회 문제들의 원인 가운데 하나가 교회의 분열이라 보고, 에큐메니칼적 시각에서 교회 일치를 위한 방안을 모색해 보고자 한다.

이러한 목적을 위해 이 글은 내용상 먼저 한국 장로교회의 분열의 역사를 살펴본다. 그리고 하나의 교회로 시작한 장로교회가 왜 분열을 경험하였고, 지금도 계속하고 있는지 그 원인을 구명해 보고, 아울러 개혁교회 일반의 분열 원인도 규명해 보고자 한다. 또한 분열의 원인을 규명하는 것으로 그치지 않고 W.C.C 신앙과 직제 위원회가 1993년 교회일치를 위하여 내놓은 산티아고 문서(Towards Koinonia in Faith, Life, and Witness)를 분석해 봄으로 한국 장로교회의 일치의 방안을 모색해 보고자 한다.

2. 한국 장로교회의 분열의 역사

1) 제1차 고신 측의 분열

(1) 분열의 원인 : 신사참배

초기 한국 교회는 1905년 을사보호조약과 1910년 경술국치로 나라를 잃은 백성이 찾아와 위로를 얻으려 했고, 민족의 자주 독립과 국권회복운동에 중심적 역할을 하였다. 일제는 이러한 기독교를 박해하였고, 105인 사건을 비롯하여 기독교 지도자들을 대대적으로 체포, 구속하였다. 더욱이 1919년 3·1운동 이후에 일제는 황국신민화를 이유로 한국 교회에 신사참배를 강요하였으며, 마침내 거의 모든 기독교회는 일제의 강압으로 신사에 참배하였다. 장로교 또한 한국의 기독교 교파 가운데 마지막으로 1938년 제27차 총회에서 신사참배를 가결하였다. 그 결과 장로교회는 신사참배하는 변절자와 신사참배를 반대하여 순교와 옥고를 치르는 자들이 생기게 되었으며, 이것이 한국 장로교회의 제1차 분열의 원인이 되었다.

(2) 분열의 과정

① 교회의 재건

북한 지역에서는 해방이 되자, 신사참배 반대로 투옥된 채 정민, 이기선 목사 등 20여 명이 출옥하였다. 이들은 평양 산정현 교회에 모여 1945년 9월 20일 한국 교회 재건 기본원칙을 발표하였다.[2] 이 재건원칙이 발표되자, 북한 교회는 이 원칙을 받아들여 교회, 노회들이 신사참배 죄악을 시인하였고, 목사들은 2개월간 자숙기간을 가졌다.[3] 그리고 평북 6노회는 1945년 11월 14일부터 일주일간 선천 월곡동 교회에서 교역자 퇴수회를 개최하였다. 이 자리에서 박형룡 박사가 "한국 교회 재건 기본원칙"을 발표하자, 신사참배결의총회의 회장이었던 홍택기 목사 등 친일파들은 "신사참배에 대한 회개와 책벌은 하나님과의 관계에서 해결해야 할 성질"이라고 주장하며 강력히 반발하였다.[4] 그러나 출옥성도와 친일파들의 교회재건을 둘러싼 감정대립에도 불구하고, 평북 6노회는 1945년 12월 초 평양 장대현 교회에서 북한 5도 연합노회를 조직하여 교회를 재건하였다. 그러나 곧 공산주의자들의 기독교 박해가 시작되었고, 공산당 어용 기독교 단체인 "조선기독

---

2) 김양선, 『한국 기독교 해방 10년사』(서울: 대한예수교장로회출판부, 1956), 45쪽. ① 교회의 지도자(목사, 장로)들은 모두 신사에 참배하였으니 권징의 길을 취하여 통회 정회한 후 교역에 나갈 것, ② 권징은 자책 혹은 자숙의 방법으로 하되 목사는 최소한 2개월간 휴직하고 통회 자복할 것, ③ 목사와 장로의 휴직 중에는 집사나 혹은 평신도가 예배를 인도할 것, ④ 교회재건의 기본원칙을 전한 각노회 또는 지교회에 전달하여 일제히 이를 실행케 할 것, ⑤ 교역자 양성을 위한 신학교를 복구 재건할 것.

3) 김인수, 『한국 기독교회사』(서울: 한국장로교출판사, 1994), 305쪽.

4) 김양선, 앞의 책, 46쪽.

교도연맹"가 창설되었다.

한편 남한 교회의 재건은 부산을 중심으로 한 경남지역에서 이루어졌다. 그 이유는 순교자 주기철, 최상림 목사, 출옥성자 손양원, 주남선, 한상동 목사 등이 모두 경남 사람이고 이들이 다년간 그곳에서 목회하였기 때문이었다.[5] 그리하여 1945년 9월 18일 부산진 교회에서 경남노회가 조직되었고, 11월 3일 제47회 경남노회가 개최되었다. 그러나 새로 조직된 경남노회가 신사참배 자숙안을 결의하자, 교권주의자들은 이 자숙안을 거부하고 교권장악운동에 몰두하였다. 이듬해인 1946년 12월 3일 경남노회 정기노회에서도 다시 신사참배가 죄냐 아니냐의 문제로 소란이 일어났으나, 경남노회는 이 문제를 다루지 않기로 결정하였다. 그러나 신사참배 문제는 이후 고려신학교의 출범과 고려파의 분열의 씨가 되었다.[6]

② 고려신학교의 설립과 경남노회의 분열

평양 산정현 교회의 한상동 목사는 북한 교회 재건을 단념하고 부산으로 가던 중 서울에서 박윤선 목사를 만나 신학교 설립을 의논하였다. 그는 자유주의 신학에 물들지 않고, 신사참배를 반대했던 평양장로회 신학교와 같은 보수정통 신학교의 설립이 급선무라 생각하였던 것이다. 박윤선 목사의 동의를 얻은 한상동 목사는 박형룡 박사를 교장으로 추대할 것을 결정하였다.

---

5) 위의 책, 51쪽.
6) 김양선, 위의 책, 149-152쪽.

그러나 박형룡 박사의 귀국이 지체되자, 1946년 9월 20일 박윤선 목사를 교장으로 고려신학교를 부산에서 개교하였고, 경남노회는 제47회 임시노회에서 출옥성도들의 신학교 설립을 환영하고 학생들의 추천과 교사 2동의 대여를 약속하였다.[7]

　　그러나 고려신학교는 경남노회와 관계가 원만치 못하였다. 교장인 박윤선 목사가 출옥성도들과 가까운 메이천파 선교사들과 긴밀한 관계를 유지하자, 노회 내 일부 교권주의자들과 소원해졌기 때문이었다.[8] 그리하여 그해 12월에 개최된 경남노회는 신학교의 인준은 총회가 하는 것이므로 노회가 할 수 없다고 선언하고 신학교 학생 추천은 모두 취소한다고 선언하였다. 이에 고려신학교 설립자인 한상동 목사는 "경남노회가 바로 설 때까지 탈퇴하겠다"고 선언을 하였고, 여기에 67개 교회가 한상동 목사를 지지하는 성명서를 발표하였다. 사태가 중대해지자 경남노회는 수습키 위해 1947년 3월 10일 임시노회를 소집하여 모든 임원을 사직케 하고 출옥성도들이 제안한 교회재건 방안을 재확인하게 되었다. 이에 한상동 목사도 노회탈퇴를 번의하고 다시 노회에 복귀하였다.[9]

　　이런 상황 속에 1947년 9월 20일경 박형룡 박사가 귀국하여 한상동 목사와 "신학교는 전국 교회의 지지를 얻을 것"과 "메이천파 선교부뿐만 아니라 남·북장로회, 캐나다·호주 장로회

---

7)　위의 책, 150-151쪽.

8)　김덕환, 『한국 교회 교단 형성사』(서울: 정원문화사, 1985), 12쪽.

9)　김인수, 앞의 책, 323쪽.

선교부와 합작할 것"등을 합의한 후 고려신학교 교장으로 취임하였다. 그러나 한상동 목사가 합의한 내용을 이행치 않고 오히려 기존 교회와 결별할 것을 요구하자,[10] 박형룡 박사는 조선 신학교에서 전입해 온 학생들과 서울로 올라와 1948년 5월 20일 남산에 장로교 신학교를 설립하였다. 박형룡 박사가 떠나자 일부 교권자들은 1948년 7월에 "고려신학교와 신성파에 대하여"라는 성명서를 발표하고 임시노회 소집을 요구하였다. 그리하여 같은 해 9월 21일 부산 항서교회에서 열린 임시노회는 고려신학교의 인정 취소를 결의하였다. 그러나 이때로부터 경남노회는 고려신학과 출옥성도를 지지하는 일파와 고려신학을 적극 반대하는 교권주의자 일파와 중간파와의 3파로 분열되었다.[11]

(3) 분열의 결과 : 고려파의 출범

1948년 제34회 총회는 전남노회가 고려신학교에 학생을 추천해도 좋으냐는 문의를 제출하자, 고려신학교 인가를 취소하였다. 총회가 고려신학교의 독선적인 태도를 바르게 보지 않았을 뿐 아니라 법적으로도 총회와 유기적인 관계가 없었기 때문이었다.[12] 한편 1950년 4월 열린 제36회 총회는 두 개의 경남노회 총대문제와 고려신학교 문제로 싸움이 벌어져 총회는 비상정회되

---

10) 김덕환, 앞의 책, 139쪽.
11) 김양선, 앞의 책, 156쪽.
12) 김양선, 앞의 책, 157쪽.

었다. 그러나 1951년 5월 부산 중앙교회에서 속개된 제36회 총회는 경남노회 총대로 기성교회 쪽의 총대를 받았고, 고려신학교 측을 정죄하였다.[13]

이에 총회의 상황을 직시한 한상동을 중심한 고려파는 경남 법통노회를 조직하였고, 1952년 9월 11일 진주 성남교회에서 모인 제57회 노회에서 "대한 예수교 장로회 총노회"를 조직하였다. 한편 1954년 4월 29일 열린 제37회 총회도 고려신학교와 그 관계단체와 총회는 하등의 관계가 없다는 재언명과 법통노회 대표자 엄주신 장로의 고별선언을 최후로 고려신학파는 총회와 완전히 이별하였다. 그리하여 고려파는 1956년 9월 20일 부산 남산 교회당에서 여섯 개 노회, 곧 경남, 경북, 경기, 전라, 부산, 진주노회 총대 목사 52명과 장로 43명 등 95명이 회집하여 대한 예수교 장로회 총회를 조직하게 되었다.[14]

2) 제2차 기장 측의 분열

(1) 분열의 원인 : 자유주의 신학

초기 한국 교회의 보수적인 신학사상을 대표하는 인물은 박형룡이었다. 그의 보수신학은 평양 숭실대학의 창설자 배위량,

---

13) 민경배, 『한국 기독교회사』(서울: 대한기독교출판사, 1990), 465쪽.
14) 김양선, 앞의 책, 159-160쪽.

마포삼열 등 철저한 보수주의 신학자의 사사와 한국 최대의 보수 신앙가 길선주 목사의 신앙적 가르침에 기초하여 있었다.[15] 또한 미국 웨스트민스터 신학교의 메이첸의 강한 영향을 받아 보수적 신학의 틀을 형성하였고, 그의 보수적 신학은 한국 장로교회와 신학에 강한 영향을 주고 있었다.[16]

한편 일본의 자유주의적인 학교에서 교육을 받은 자들이 1920년대에 돌아오고 1930년대에 한국 교회 희년을 맞아 그 영향력을 발휘하면서 한국 교회에서 자유주의 신학사상이 대두하기 시작하였다.[17] 이들 중 대표적인 신학자는 김재준이었다. 김재준은 일본의 청산학원(靑山學院)과 미국의 웨스턴 신학교에서 자유주의 신학사상을 공부하였다. 그는 극단적 자유주의자는 아니었으나, 성경의 축자적 영감과 성경의 역사적 · 과학적 무오류를 역설하는 보수주의 신학자와는 완전히 대립되는 자유주의 신학자였고, 전통과 정통을 무시할 뿐만 아니라, 그것과 대결하여 싸우려는 철저한 자유주의 신학자였다.[18] 그리하여 이렇게 서로 다른 신학사상을 배우고 귀국한 보수 신학의 박형룡과 자유주의 신학의 김재준의 대립과 싸움은 한국 장로교회의 제2차 분열의 원인이 되었다.

---

15) 위의 책, 188쪽.
16) 정성구, 『총신과 박형룡 박사』(서울: 총신대학교출판부, 1989), 22쪽.
17) 간하배, 『한국 장로교 신학사상』(서울: 개혁주의신행협회, 2007), 63쪽.
18) 김양선, 앞의 책, 189-190쪽.

(2) 분열의 과정

① 조선신학교의 설립

1938년 9월 평양장로회신학교가 신사참배 문제로 무기 휴학에 들어간 후 개교가 절망적이 되자, 서울의 채필근 목사는 「기독교보」를 통해 조선신학교의 설립을 제창하였다. 이에 김영주, 차재명 목사 등이 동감하였고, 김대현 장로가 거액의 기부금을 출연하여 1939년 3월 27일 조선신학교 설립기성회를 조직하였다. 그리고 그해 가을 승동교회에서 개강과 동시에 총회에 직영설립을 청원하였다. 그러나 총회는 이를 부결하고 다만 승인에 멎었음으로 채필근, 김영주, 함태영, 이정로 목사를 교수진으로 하여, 다음해 4월 정식 개교하였다. 이 조선신학교는 최초로 선교사의 주도권에서 벗어난 한국인의 신학교로 설립되었으며,[19] 교계 내의 자유주의 신학 사상의 경향을 지닌 사람들의 집합지였다.[20]

그러나 채필근 목사가 평양으로 떠난 후, 조선신학교도 일본 당국과 어려움에 봉착하였다. 학교 당국은 해결책으로 일본에서 공부한 송창근, 김재준 등을 교수로 초빙하였다. 김재준은 신학교육을 평생의 염원으로 하였던 만큼 대망을 가지고 신학교육에 헌신하였고, 이때 그는 신학교육 규범을 발표하였다.[21] 이것은

---

19) 위의 책, 191-192쪽.
20) 간하배, 앞의 책, 103쪽.
21) 김양선, 앞의 책, 193-194쪽. ① 우리는 조선 교회로 하여금 복음 선포의 실력에 있어서 세계적일 뿐 아니라, 학적·이상적으로도 세계적 수준에 도달하게 할 것, ② 그러하기 위하여 우리 신학교는 경건하면서도 자유로운 연찬을 경하여 자율적으로 가장 복음적인 신앙에 도달하도록 지도할 것, ③ 교수는 학생의 이상을 억압하는 일이 없이 충분한 동정과 이해를 가지고 신학의 제학설을 소개하고 다시 그들의 자율적인 결론으로 칼뱅 신학의 정통성을 재확인

김재준 교수가 평양신학교의 전통과 교육이념을 전적으로 개혁한 것으로 그가 이미 보수주의 신학사상과 대결할 결심을 굳혔음을 보여 준다. 그리고 조선신학교가 자유주의 신학으로 출발하여 자유주의 신학의 발전을 추구하며, 자유주의 신학의 확립을 달성코자 함을 보여준 것이었다.[22] 한편 해방이 되자, 송창근, 김관식, 김영주 목사 등은 1946년 남부총회에 조선신학교의 총회 직영을 청원하였고, 총회는 전교단지도자들의 주도하에 있음으로 아무런 토의와 이의 없이 채택되었다.

② 장로회신학교 총회 직영결의와 총회신학교의 신설

평양장로회신학교가 재건되었으나 공산주의자들에 의해 이용되어 사라지게 되자, 서울의 조선신학교가 총회 유일의 직영 신학교가 되었다. 이에 1948년 봄 김재준 교수 사건[23]으로 보수신학을 세운다는 이유로 서울에서 이정로, 이인식, 이재형 목사를 중심으로 장로회신학교 재건운동이 일어났다. 이들은 같은 해

함에 이르도록 할 것, ④ 성경연구에 있어서는 현 비판학을 소개하되 그것은 성경연구의 예비 지식으로 이를 채택함이오 신학 수립과는 별개의 것이어야 할 것, ⑤ 어디까지 조선 교회의 건설적인 실제면을 고려에 넣는 신학이어야 하며 신앙과 덕에 활력을 주는 신학이어야 할 것, ⑥신학을 위한 분쟁과 증오 모략과 교권이용 등은 조선 교회의 파멸을 일으키는 악덕이므로 삼가 그런 논쟁을 피할 것.

22) 위의 책, 194-195쪽.

23) 이영헌, 『한국 기독교회사』(서울: 컨콜디아사, 1980), 245쪽. 1947년 이른 봄 김재준 교수의 자유주의 사상에 강한 불만을 가진 조선신학교 학생 51명은 그해 4월 18일 대구에서 열린 제33회 장로회 총회에서 김 교수의 교수 내용이 명시된 진정서를 제출하였다. 학생들의 호소는 총회의 주의를 끌게 되었고, 총회는 조사위원 8명을 선정하여 사실을 조사하게 하였다. 이때 김 교수는 조사위원들과 문답을 통해 성경은 구속의 진리를 계시함에 있어서는 무오하나 자연과학이나 역사과학의 지식부문에 있어서까지 정확무오한 것이 아님을 진술하였다. 이에 조사위원회는 김 교수가 성경무오의 교리를 부인한다는 보고서와 그의 진술서 두 매를 첨부하여 신학교 전체 이사회에 보고하기를 만장일치로 가결하였다.

3월 15일 대전 제일교회에서 신학문제 대책위원회를 전국적으로 구성하고 장로회신학교 즉시 개교는 일단 보류하고, 조선신학교의 개혁안을 성공시킴으로써 신학교 문제를 해결하고자 하였다.[24] 그러나 1948년 4월 20일 제34회 총회에서 조선신학교 개혁안은 조선신학교의 적극반대로 부결되었다. 이에 신학대책위원회는 그해 5월 20일 서울 창동교회에서 장로회신학교의 개교를 결정한 후, 이정로 목사를 이사장으로 이사회를 조직하고, 임시 교장으로 박형룡 박사를 선임하였다.[25] 장로회신학교의 재건은 전 평양신학교의 재생을 의미하는 것으로 이로써 보수주의신학 고수운동이 본격화되었으며, 자유주의 신학은 그 지반의 근본적인 동요를 보게 되었다.[26]

전국의 여러 노회들이 장로회신학교의 총회직영을 헌의하자, 1949년 4월 19일 모인 제35회 총회는 장로회신학교의 총회직영을 결의하였다. 총회의 장로회신학교 직영결정은 곧 보수주의 신학사상의 승리요, 조선신학교의 직영취소를 의미하는 것이었다. 이때 한경직 목사는 두 신학교를 합동하자는 안을 내어 총회는 합동위원회를 구성하고 합동안을 만들도록 하였다. 그러나 양신학교는 합동하는 신학교의 교수진 구성을 놓고 의견의 접근을 보지 못하였고, 양 신학교의 합동운동은 결국 무산되었다.[27] 그리하여 1951년 5월 부산 중앙교회에서 속회된 총회에서 신학

24) 김양선, 앞의 책, 228-229쪽.
25) 김인수, 앞의 책, 326쪽.
26) 김양선, 앞의 책, 245쪽.
27) 위의 책, 246-248쪽.

교 합동위원회는 두신학교 합동노력은 무위로 끝났다고 보고한 후, 두 신학교의 총회직영을 취소하고, 총회가 직영하는 새 신학교를 세울 것을 제안했다. 이에 총회는 두신학교의 직영을 취소하고 총회가 직영하는 총회신학교를 세울 것을 결의하였다. 조선신학교는 폐교하기를 거부하고 전란으로 인해 부산으로 옮기면서 "한국신학대학"이란 이름으로 새 출발하였다.[28]

(3) 분열의 결과 : 기독교 장로회의 출범

총회가 조선신학교의 폐교를 결의하자, 조선신학교는 양 신학교의 합동결의를 각 노회에 묻지 않고 총회가 직결한 것은 헌법을 위반한 것이요, 비법이며, 비신앙이라고 하며 총회의 결의에 순응할 뜻이 없음을 분명히 하였다. 이에 따라 1953년 4월 대구 서문교회에서 열린 제38회 총회는 계속 자유주의 신학의 입장을 견지하는 김재준의 조선신학교에 대해 엄격한 규정을 내렸다.[29] 이에 조선신학교 측 총대는 총 퇴장하였고, 장로회 총회 호헌대회를 9월 17일 대구에서 열어 총회 결정의 불법성을 공격하며 전국적인 해명을 호소했다. 그리하여 호헌 대회 이후 자유, 보수 양 진영의 분쟁은 날로 격화되어 군산, 전북, 김제, 중서 등

---

28) 간하배, 앞의 책, 201쪽.

29) 김인수, 앞의 책, 327-328에서 재인용. ① 조선신학교 졸업생에게는 일체 교역자 자격을 부여치 않는다. ② 한국신학대학 교수 김재준 목사는 목사직을 박탈하고 그의 소속 노회인 경기노회에 제명을 지시하여, 이를 선포케 한다. ③ 제36회 총회 시 성경축자영감설을 부정한 조선신학교 교수요, 카나다인 스코트(Scott) 목사를 심사하여 해당 노회에 명하여 처단케 한다. ④ 각 노회에서 위 두 교수의 사상을 옹호, 지지, 선전하는 자는 해당노회에서 처벌한다.

의 노회는 분립되었으며, 지교회들의 분열과 법적 투쟁이 일어 났다.[30] 결국 조선신학교 측은 1953년 6월 10일 한국신학대학 강당에서 전북, 군산, 김제, 충남, 경서, 목포, 충북, 제주 등 분립된 아홉 개 노회의 대표들이 모여 법통 38회 총회를 열고, 전에 결의된 제37, 38회 결의사항을 백지화하였다. 그리고 1954년 6월 10일 이 법통 총회는 한국신학대학에서 총회를 열어 교단의 이름을 "대한 기독교 장로회"라 명칭을 변경하고, 사도신경과 장로회 공동신조 의 준수와 국내외 장로교와의 협조를 천명하는 성명서를 공포하 였다.[31]

3) 제3차 통합과 합동의 분열

(1) 분열의 원인 : 3천만환 사건

제3차 분열은 총회신학교의 자금유용 사건 소위 3천만환 사건으로 시작되었다. 총회신학교는 1953년 휴전 후 조선신궁이 있던 남산 옛 교사에서 교육을 시작하였다. 그러나 학생 수에 비하여 장소가 적합지 않아 다른 부지를 물색하였다. 그러나 이마저도 여의치 않아 어쩔 수 없이 현재의 사용하고 있는 부지를 정

---

30) 간하배, 앞의 책, 206쪽.

31) 민경배, 『한국 기독교회사』, 466쪽.

부에 교섭하여 불하를 받고자 하였다.[32] 그리하여 학교 당국과 교장인 박형룡 박사는 정부로부터 부지를 불하 받기 위해 박호근에게 부탁을 하였고, 박형룡 박사는 박호근에게 로비금으로 약 3,000만 환을 영수증도 받지 않고 부정 지출하였다. 그러나 거약이 지불되었음에도 박호근은 정부로부터 대지 불하도, 대학인가도, 신학교 건축허가도 받지 못하였다.[33] 그리하여 박형룡 박사는 이 사실을 이사회에 통보하고, 사표를 제출하였다. 박형룡 박사가 궁지에 몰리자 정기오, 박찬목 같은 소장파들이 일어나 교장은 책임이 없다고 하면서 교장직의 사임은 할 필요가 없다고 부추겼다. 그러나 신학교 이사회는 1953년 3월 대전에 모여 박형룡 박사의 사표를 수리하고 명예교수로 있게 하였다.[34] 그후 이 사건은 제44회 대전 총회에서 경기노회 총대선정 혼란사건, W.C.C의 에큐메니칼 노선과 N.A.E의 대결로 발전하여 예장이 통합과 합동으로 분열되는 씨가 되었다.

(2) 분열의 과정

① 경기노회 총대 사건

교회분열의 직접적인 동기는 경기노회 총회 총대선정 문제였다. 1958년 5월 14일 경기노회는 제44차 총회에 나갈 총대

---

32) 김인수, 앞의 책, 349쪽.
33) 이영헌, 앞의 책, 319쪽.
34) 김인수, 앞의 책, 350쪽.

선거를 실시하여 총대 총 28명 중 N.A.E 측 18명, W.C.C 측 10명을 선출하였다. 그러나 투표위원의 부주의한 실수로 총대로 당선된 황금찬 목사가 누락된 사실이 노회폐회 후 발견되었다. 이에 당시 노회장 이환수 목사와 임원들은 도의적 책임을 지고 사임을 하였고, 노회는 회장 서리로 강신명 목사를 선출하고 재투표를 실시하였다. 투표결과 두 번째 투표에서는 W.C.C 측이 26명이고 N.A.E 측이 두 명이 선출되었다.[35]

그런데 문제는 총대 명단을 총회에 제출하는 과정에서 발생하였다. N.A.E의 회장이며 경기노회 회장인 이환수 목사는 정기노회에서 선출한 명단을 총회에 먼저 제출하였고, 강신명 목사는 임시노회에서 선출한 명단을 제출하여 경기노회 총대 명단이 둘이 되는 불상사가 발생하였다. 이에 1959년 9월 대전에서 열린 제44회 총회에서 두 명단 중 하나를 받기로 하고, 투표에 붙인 결과 이환수 측 119표, 강신명 측 124표, 기권 5표로 임시노회에서 선출된 총대에게 회원권을 주었다. 회장은 임시노회 측 총대가 선정되었음을 선포하고 총대명부에 기재케 하였다.[36]

② W.C.C와 N.A.E의 대립

신학교 부지매입으로 야기된 3천만환 사건은 W.C.C와 N.A.E 측의 대립과 서로 얽혀 분열을 야기하였다. 신학교 부지매입 사건은 박형룡 박사의 책임이 분명함에도 그를 지지하는 사람

---

35) 이영헌, 앞의 책, 328쪽.
36) 김인수, 앞의 책, 351쪽.

들은 박형룡 박사를 인책하면 한국 보수주의가 무너진다고 생각하여 그의 인책을 회피해 보려고 하였다. 그들에게 있어서 박형룡 박사의 퇴진은 그동안 구축했던 세력과 그 지지기반의 상실이라는 위기적 사실로 받아들여졌다. 따라서 박형룡 박사를 밀어내는 것은 결국 보수정통을 밀어내는 것이고, 장로교의 자유, 진보세력이 득세하는 것이라고 설득전을 펴면서, 소위 에큐메니칼, 용공문제를 들고 나오기 시작했다.[37] 그리하여 1958년 영락교회에서 열린 제43회 총회에서 N.A.E 측은 W.C.C는 용공이요 신신학이요 단일교회를 지향한다고 비난하면서 에큐메니칼 운동을 하는 W.C.C 측과 함께 할 수 없다고 하고 분열을 시작하였다. 그러나 분열 이후 W.C.C의 탈퇴문제가 잠정적으로 합의된 것으로 보아 에큐메니칼 문제는 분열조성의 원인이 아니었다. 오히려 이후에도 일치의 기미가 보이지 않았던 것은 그 배후에 박형룡 박사의 거취문제가 더 큰 원인으로 받아들여졌기 때문이었다.[38]

(3) 분열의 결과 : 통합과 합동의 출범

1959년 9월 24일 제44회 총회가 대전 중앙교회에서 개회되었다. 이 총회는 경기노회 총대 문제로 지금까지 누적되어 오던 N.A.E 측의 불만이 분출되면서 제3차의 분열을 가져온 총회였다. 총회는 전 경기노회장 이환수 목사가 제출한 경기노회 총대

---

37) 「기독공보」, 1959. 10. 5: 김인수, 위의 책, 354쪽에서 재인용.
38) 이영헌, 앞의 책, 332쪽.

명부와 강신명 목사가 제출한 임시노회의 명단을 놓고 투표에 붙였다. 투표 결과 임시노회 측의 총대가 회원이 되었다. 그러자 다음날 속개된 총회에 N.A.E 측의 박희몽, 김자경 장로가 회의장에 나타나 "독사의 자식들"이라는 저주를 퍼붓고 에큐메니칼을 용공이요, 신신학이요, 단일교회운동이라고 하면서 회의를 방해하였다. 결국 총회는 증경 총회장들로 타결책을 강구하도록 하였고, 증경 총회장들은 11월까지 총회를 연기하고 경기노회 총대를 다시 조정하자는 타협안을 내놓았다.[39]

그러나 이렇게 대전에서 모였던 제44회 총회는 결과적으로 통합 측과 합동 측으로 분열하는 또 한번의 역사를 만들었다. 에큐메니칼 총대들은 그 밤으로 상경하여 서울 연동교회에서 회의를 속개하여 총회장에 이창규 목사, 부회장에 김석진 목사, 서기에 김광현 목사 등을 선출하여 '연동 측'을 형성하였다. N.A.E 측 또한 자기들의 결의대로 11월 승동교회에 모여 총회를 속개하여 '승동 측'을 형성하였고, 총회장에 양화석, 부회장에 나덕환, 서기에 박찬목 목사를 선출하였다.[40] 총회가 분열하게 된 근본적인 원인은 W.C.C 대 N.A.E의 대결이 아니라 박형룡 교장의 3,000만 환 부정지출을 은폐하기 위해 에큐메니칼을 걸고 나온 것이었다.[41] 결국 1959년 44회 총회를 마지막으로 '통합'과 '합동'으로 세 번째 분열을 하였다. 통합과 합동의 분열도 표면상으

---

39) 김인수, 앞의 책, 351쪽.
40) 위의 책, 352-353쪽.
41) 이영헌, 앞의 책, 335쪽.

로는 교리나 경건의 문제 등이 거론되고 있지만 실상은 이권과 권력획득이 중요한 목적으로 자리 잡고 있었다. 이로 인해 총회도 분열이 되고 신학교도 장신과 총신으로 자리 잡게 되었다.

3. 한국 장로교회와 개혁교회 일반의 분열 원인

1) 한국 장로교회의 분열 원인

우리는 지금까지 한국 장로교회의 분열의 역사를 살펴보았다. 지금까지 서술한 것을 살펴보면 우리는 한국 장로교회가 해방을 전후하여 분열하기 시작하였고, 이후에도 수많은 세포분열을 하여 2008년 현재 장로교회가 100여 개 이상으로 분열하였음을 알 수 있다. 그러면 왜 한국의 장로교회는 분열하였는가? 초기에 미국의 남·북장로교, 호주·캐나다 장로교 등 네 개의 선교부가 연합으로 "선교협의회"(Council of Mission)를 조직하여 하나의 교회로 출발하였고 선교의 현장에서 상호협조하였던 한국 장로교가 왜 이렇게 나뉘었는가?

이형기는 이에 대하여 먼저 분열의 책임은 선교사들보다 한국 장로교인들에게 더 많았음을 밝히고, 신사참배 문제로 분열된 제1차 고려파의 분열은 신학적으로 "교회론"과 관련이 있으며, 이는 교회의 가시적 거룩성(Visible sanctity)의 강조로 인한 분리주의였다고 한다. 그리고 제2차 기장의 분열은 양식사적 비평에 의한 성서관을 가진 김재준의 신정통주의 신학과 20세기 초 미국의 근본주의적 축자영감설에 의한 성서관을 가진 박형룡의 정통주의 신학이 충돌한 신학적으로는 보수와 진보의 대립이요, 성경의 권위와 해석에 관한 논란이었다고 한다. 또한 통합과 합동이 분열한 제3차 분열은 W.C.C와 N.A.E 측의 대립과 지방색의 대립, 그리고 박형룡의 3천만환 사건이 개입되어 분열이 일어났다고 한다.[42] 그러므로 이와 같은 한국 교회 분열의 원인은 교리적 · 교권적인 여러 이유가 그 주된 내용이었다고 한다. 그러나 이형기는 더 나아가 한국 교회 분열의 원인을 신학 외적으로 사회적 · 경제적 · 민족적 차원에서 찾는다. 그는 ① 조선조 말 유교 사회의 사색당파와 싸움, ② 유교적 율법주의, ③ 불교적 타계주의, ④ 도교와 선교적 자연주의와 신비주의, ⑤ 개인과 가정의 행복만을 추구하는 샤머니즘적 기복사상, ⑥ 소수 집단적 이기주의 (족벌, 학벌 등), ⑦ 교권과 인권문제 등 수많은 신학 외적인 요인들이 한국 장로교를 분열시켜 오는 일에 크게 작용했을 것이라고 지적하였다.[43]

한편 이종성은 한국 장로교의 주요 분열의 원인은 ① 지방감정, 개인감정, ② 대일관계 : 친일, 항일, ③ 신학적 견해 : 보수 정통 대 진보 자유, ④ 외국 교회의 영향 : WCC-WARC 대 NAE,

---

42) 이형기, 『세계교회의 분열과 일치추구의 역사』(서울: 장로회신학대학교출판부, 1994), 320쪽.
43) 위의 책, 320쪽.

⑤ 교회정치인들의 대립과 알력 등으로 말한다.[44] 민경배 또한 한국 교회의 분열의 원인을 지방적인 것과 신학적인 것 두 가지가 복합적으로 작용한 것으로 본다. 그는 지방적으로 다수의 기독교인이 서북지방에 분포되어 있으면서 남한의 교회들이 소외되어 있었는 데 공교롭게도 서북지방은 보수적인 경향이고, 서울 지방의 교회들은 진보적인 경향을 띠고 있었다는 것이다.[45] 곽선희 목사는 대체로 분열은 세계적으로나 국내적으로나 그 원인은 인간적 요소에 있다고 지적하고, 분열될 때에는 순전히 인간적 요소로 분열하다가 분열 후에는 그 분열을 고수하기 위해 교리가 생기고 신앙적 이유가 생긴다고 지적하여 한국 장로교회가 인간적 요인에 의해 분열되었음을 강조하였다.[46]

그러므로 우리는 이상의 선행 연구를 토대로 한국 장로교회의 분열의 원인을 살펴보면 신학적으로 ① 성경의 권위와 해석에 대한 논쟁, ② 가시적 거룩성의 문제, ③ 자유주의 신학논쟁, ④ 에큐메니즘에 대한 논쟁 등을 들 수 있고, 신학 외적으로는 ① 정치사회적 요인, ② 지방색의 문제, ③ 교권주의 문제 등을 들 수 있다.[47]

---

44) 이종성, "장로교회 통일에 관한 제언", 『장신논단』 제11집(서울: 장로회신학대학교출판부, 1995), 17-119쪽. 그리고 변창배, "WCC 교회론에 비추어 본 한국 장로교회 연합운동에 관한 연구"(서울: 장로회신학대학교 대학원 미간행석사학위논문, 1996), 39쪽에서 재인용.

45) 변창배, 위의 글, 39쪽.

46) 조남수, "한국 장로교회의 분열과 일치추구에 관한 연구"(서울: 장로회신학대학교 대학원 미간행석사학위논문), 45쪽.

47) 변창배, 앞의 글, 41쪽.

2) 개혁교회 일반의 분열 원인

(1) 개혁교회의 신학 외적 분열 원인

루카스 비셔는 개혁교회들의 약점 중의 하나로 교회분열을 들고, 그 분열의 원인을 개혁교회의 역사를 통하여 살펴보고 다음과 같이 세 가지 측면으로 이야기했다.

첫째, 교회가 사회 속에서 증거하는 것과 관계하여 분열이 일어났다. 이형기는 이를 정치·사회적 이슈에 대한 태도 접근방법이라 하였다. 비셔는 개혁교회들은 노예제, 인종차별, 독재정치에 대한 인정과 거부, 공산주의에 대항한 싸움 등의 문제들과 관계하여 분열되었다고 한다. 또한 미래에는 다른 종교들의 대표자들과의 대화와 협력, 여성문제들 등이 점증하는 분열의 원인이 될 것이라고 전망한다. 그러나 비셔는 이러한 문제들은 비록 논쟁적인 것이라 할지라도, 이것들이 교회를 분열로 필요는 없다고 본다. 분열의 대가가 너무 크기 때문에 이러한 문제들은 조심스럽게 숙고되어야 한다는 것이다. 뿐만 아니라 이것들이 미래에는 논쟁의 초점이 되지 않을 수도 있기 때문이라는 것이다.[48]

둘째, 선교운동의 역사 안에 분열이 일어났다. 비셔에 의하면 지난 2세기 동안 각 개혁교회들과 선교단체들은 그들의 사역을 다른 교회와 협력함 없이 동일한 나라에서 선교사역에 종사하

---

48) Lukas Visher, "Unity and division in the Reformed churchs", *Reformed Witness in the Ecumenical Movement*(Seoul: Presbyterian TheologicalSeminary, 1994), 1쪽.

였고, 그러므로 몇몇의 국가에서 여러 교회들은 출생에서부터 분열되어 탄생하였다고 한다. 그래서 그들은 기본적으로 동일한 가르침과 동일한 조직구조를 공유하더라도 분열되어 발전하였고, 그들의 역사 속에서 명백한 특징들을 획득하였다는 것이다.[49)

셋째, 이민이 교회의 분열을 가져왔다. 비셔는 많은 교회들이 민족적 이민의 결과라 한다. 그에 의하면 가장 두드러진 예가 미국의 상황에서 제공되었는데, 스코틀랜드, 네덜란드, 독일, 헝가리 이주민들이 한 교회에서 모이지 못하고 오늘날에도 지속되는 그들 자신의 교회들을 형성하였다고 한다. 그리고 만약 근본적인 변화가 일어나지 않는다면, 동일한 역사적 과정은 미국에 있는 중국과 한국인 공동체에도 일어나기 쉽다고 주장한다.[50)

이와 같은 비셔의 교회분열에 관한 신학 외적인 원인에 대한 지적에 더하여 이형기는 그의 논문 "한국 장로교회의 분열과 일치추구"에서 부흥주의 운동과 성령강림을 강조하는 운동에 의해 교회가 분열하였으며, 에큐메니칼 운동은 수렴과 연합의 결과뿐만 아니라 분열도 가져 왔으며, 그리고 진리가 계층 간의 갈등을 심화시켜 교회를 분열시켰다고 한다.[51)

---

49) 위의 책, 2쪽.
50) 위의 책, 2쪽.
51) 이형기, 앞의 책, 321-324쪽.

(2) 개혁신학의 교회 분열적 요소

비셔는 참 교회를 위한 투쟁이 개혁교회의 진영 안에서 분열의 원인이 되었다고 지적하였다. 그에 의하면, 개혁교회들은 처음부터 참 교회를 위한 투쟁 속에서 수많은 신학적·교리적 논쟁으로 흔들렸다.

첫째로 교회의 직제(structure)에 관한 문제들로 분열되었다. 즉 교회 내에 어떤 형태의 직제가 필요한가? 지역공동체는 교회를 다스림에 어떤 역할을 해야 하는가? 교회와 국가의 적절한 관계는 무엇인가? 이러한 질문들에 수세기 동안 다양한 개혁교회적 부속전통(sub-traditions)들인 장로교, 회중교회, 자유교회들을 생산했다.[52]

둘째로 신앙고백들의 권위와 기능, 성서의 본질과 역할에 대한 견해의 차이가 지속적인 분열을 야기시켰다. 그에 의하면 이러한 모든 분열 뒤에는 복음에 대하여 충실하고자 하는 열망이 타협을 허락하지 않게 하였으며 그 결과 교회는 분열되었다고 한다. 그러나 그는 개혁교회들의 참 교회를 보존하고자 하는 모든 시도들은 결과적으로 교회를 분열시키는 자기 실패였다고 한다.[53]

셋째로, 개혁교인들의 저교회적(low church) 교회관이 교회를 분열시켰다. 그에 의하면 개혁교회들은 교회를 성령의 능력 안에 그리스도를 통하여 그들에게 주어진 공동체라기보다 그들은 교

---

52) Lukas Visher, 앞의 책, 1쪽.
53) 위의 책, 1쪽.

회를 그리스도의 목적을 섬기기 위하여 불림 받은 자원단체로서 간주하는 경향이 있다고 한다.[54]

넷째로, 개혁교회의 배타적인 지역교회에 관한 강조가 교회를 분열시킨다. 비셔에 의하면 물론 지역교회에 관한 강조는 매우 중요하고 개혁교회의 의미 있는 발견들 중의 하나라고 한다. 그리스도는 말씀이 선포되고 성례전이 거행되는 곳이면 어느 곳이든지 현존하시고 더욱이 그는 말씀을 듣고 성례를 축하하기 위해 모인 지역공동체 안에 현존하신다. 그러나 비셔는 이 강조는 명백히 또한 부정적 측면을 가지고 있다고 한다. 즉 이 강조는 보편교회에 관한 견해를 감소시켰고, 개혁교회들로 하여금 보편적 차원에서 공동의 책임성의 엄격한 의미를 발전시키는 데 실패케 하였다고 한다. 더욱이 개혁교회는 민족적·인종적·언어적인 것을 넘어선 응집력이 약하고 자연적으로 보편적 공동체로서 함께 모이지 못하고 있다. 그러므로 비셔에 의하면 개혁교회의 문제는 지역적 차원과 보편적 차원 사이의 상호작용이 적절하게 기능하지 못하는 것이라 한다.[55]

이형기는 성서나 신앙고백에 대한 우상화 경향, 선택사상, 말씀과 성령의 능력으로 항상 새롭게 현존하시는 계시에 대한 강조, 개인적 체험을 강조하고 공동체의 친교의 측면을 낮게 평가하는 경향 등이 교회분열의 신학적 이유였다고 주장한다.[56]

---

54) 위의 책, 2쪽.
55) 위의 책, 2쪽.
56) 이형기, 앞의 책, 324-327쪽.

이상과 같은 다양한 원인으로 야기되는 교회의 분열이 교회나 사회에 미치는 영향은 교회 내적으로는 교회의 부패상이요, 결과적으로는 교회 성장에 장애요인이며 비기독교인들에게는 교회 권위의 상실이다. 그러므로 한국 장로교회는 분열된 교회를 하나 되게 하고 선교의 현장에서 초기교회처럼 활동하기 위해서는 W.C.C의 신앙과 직제 위원회가 벌이는 교회의 일치추구의 운동에 주의를 기울여야 하며 특히 1993년 스페인의 산티아고에서 토의한 "Toward Koinonia in Faith, Life, and Witness"를 통하여 일치를 위한 영감을 받아야 할 것이다.

4. 산티아고 문서에 의거한 한국 장로교회 일치추구 방안

1993년 8월 2일부터 8월 14일까지 스페인 북서쪽에 있는 조그마한 도시 산티아고에서는 세계교회협의회의 제1사업 분과 위원회에 속해 있는 "신앙과 직제 위원회"가 주최하는 제5차 세계대회가 열렸다. 이 세계대회 주제는 "신앙과 생활과 증거에서 코이노니아를 지향하여"(Towards Koinonia in Faith, Life, and Witness)로 이는 기독교 신앙의 본질은 무엇이며, 무엇이 우리를 하나 되게 하는가? 그리고 하나님의 코이노니아를 알고 실현하기 위하여 우리는 무엇을 해야 하는가? 등을 논하고 세계 교회의 일치추구의 방안을 모색하기 위한 모임이었다. 특별히 이 대회는 그동안 신앙과 직제위위원회의 작업들을 총정리하고 일치의 방법으로 코이노니아 개념을 설정한 것이다.

　　신앙과 직제 위원회는 이 대회를 준비하기 위해 대회문서를 각 개교회에 미리 배포하고 이것을 대회에서 네 개의 분과로 나누어 토의에 부쳐 분과보고서를 작성하였다. 그리하여 제1분과는 "코이노니아의 이해와 그 암시"라는 제목으로 코이노니아의 성서적 근거를 논하였다. 제2분과는 "하나님의 영광을 위하여 하나의 신앙을 고백하여"라는 제목 아래 하나의 신앙과 사도성의 문제를 논했다. 제3분과는 "그리스도 안에서 나누는 공동의 삶"이라는 제목 아래 세례, 성만찬, 직제, 교회론에 대하여 논하였다. 그리고 마지막으로 제4분과는 "새로워진 세계를 위한 공동의 증거"라는 제목 아래 하나님의 공동증언 문제를 논하였다. 이 글은 이 분과보고서의 내용을 중심으로 한국 교회 일치방안을 추구해 보고자 한다.

1) 제1분과 보고서에 비추어 본 한국 장로교회의 일치방안

　　제1분과 보고서는 서론 부분으로 선물로서의 코이노니아, 소명으로서의 코이노니아[57], 코이노니아의 여정에 참여하는 방

---

57)　Fifth World Conference on Faith And Order, Santiago de Compostela, 1993, *Towards Koinonia in Faith, Life and Witness*(WCC Publications, Geneva, 1993), Faith and order Paper No.163, 8쪽. 코이노니아는 선물이자 소명이다. 본 보고서는 "코이노니아의 신적 선물은 선물이자 소명이다.

안[58]으로 이루어져 있다. 이는 코이노니아에 대한 성서적 근거를 제시하고 있는 것이다. 즉 서론에서 "코이노니아"라는 개념은 모든 시대를 통하여 교회와 기독교인의 경험을 이해하는 열쇠적 개념으로, 모든 기독교인들을 함께 묶는 삼위일체 하나님의 경험과 실제로 본다.[59] 그리고 코이노니아를 '하나님의 선물'로 규정하고, 이는 기독론적, 삼위일체론적, 성령론적 근거를 가지고 있는 것으로 풀이한다. 본 분과 보고서는 먼저 코이노니아의 기독론적 근거를 다음과 같이 말한다.

> 예수님의 교역, 가르침, 그리고 무엇보다도 그의 죽음과 부활의 빛에서 기독교 공동체는 하나님이 그의 아들을 보내어 각 사람이 다른 사람과 하나님과의 친교를 가능하게 하셨다는 것을 믿는다. 그의 비유들, 기적들, 다른 사람들에 대한 용서와 자기 내어줌의 교역과 소외된 자들을 하나님의 백성을 삼으시는 것은 모든 사람에게 코이노니아를 제공하는 것이다.[60]

기독교인들과 기독교 공동체들로 하여금 인류를 향하신 하나님의 의도의 징표요 미리 맛봄으로써 코이노니아를 가시화시키도록 한다"고 기록하였다. 또한 코이노니아의 과정은 교회의 고난의 과정으로 "케노시스 – 자기 내어줌과 자기비움"이 요구된다고 한다. 그리고 이를 인류 공동체의 JPIC에 참여와 가난한 자들을 돌보는 것으로 묘사한다.

58) 위의 책, 8쪽 코이노니아의 여정에 참여하는 방법에 대하여는 "영적 에큐메니즘이 코이노니아를 촉진할 모든 노력들을 뒷받침할 수 있다"고 진술한다. 그리고 코이노니아를 증진시키기 위하여 다른 신학적 언어와 문화적 에토스를 이해해야 한다고 말하고, 지금까지 대화에 주저해온 독립교회와 오순절과 같은 교파들이 코이노니아의 여정에 참여할 것을 촉구한다. 이밖에도 코이노니아의 여정에 참여하는 방법으로 JPIC 과정에 참여, 성만찬에 참여 내지 인정 등을 들고 있다.

59) 위의 책, 6쪽.

60) 위의 책, 6쪽.

이는 예수 그리스도로 인하여 하나님과 인간, 인간과 인간 사이의 코이노니아의 관계가 회복되었음을 말한다. 다음으로 삼위일체 하나님의 내적인 코이노니아를 설명함으로 코이노니아의 삼위일체론적 근거를 제시한다. 즉 "예수 그리스도와 성부와 성령 사이의 신적 친교의 신비스러운 삶은 인격적이고 관계적이다. 이것은 그들 사이에 성령을 주고 받는 삶이다. 이것은 그 심장부에 십자가를 품고 있는 친교의 삶이다."[61] 그리고 "기독교인들이 성령의 능력을 통하여 그리스도와 함께 죽고 그리스도 안에서 새로운 삶을 살며, 하나님 아버지께 연합된다"고 말함으로 코이노니아의 성령론적 근거를 제시한다. 또한 교회 안에서 성령은 코이노니아를 실현하며, 교회의 통일성과 다양성의 상호의존은 삼위일체 하나님께 근거되어 있다. 그러므로 교회의 통일성과 다양성은 하나님의 선물로 코이노이나와 밀접한 관계를 갖는다.

우리는 이상에서 코이노니아의 성서적이고 신학적 근거를 분과 보고서의 내용을 중심으로 살펴보았다. 필자는 이 보고서에 나타난 코이노니아에 대한 신학적·성서적 근거를 통하여 한국 장로교회의 분열을 극복할 신학적·성서적 근거를 발견한다. 즉 한국 장로교회들은 원칙적으로 교리적·신학적 문제에 있어서 교회 분열적 요소들을 지니고 있지 않음을 발견한다. 다시 말하면 기독론과 삼위일체론, 성령론이라는 코이노니아의 성서적·신학적 근거는 이미 한국 장로교회들이 주어진 선물로 공유하고 있기 때문에, 한국 장로교회들은 근본적으로 이미 주어진 선물로

---

61) 위의 책, 7쪽.

써 코이노니아를 나누고 있으며, 이미 주어진 일치(a God-given Unity)를 누리고 있다. 그러므로 필자는 본 보고서를 통하여 한국 장로교회의 각 교단들이 이미 주어진 선물과 주어진 일치를 확인하고 분열된 교회의 가시적 일치 추구로 나아가야 한다고 믿는다. "하나의 독노회로 시작된 한국 장로교회는 다시금 하나의 장로교 총회 아래 모이는 완전한 일치를 추구하면서 세계 개혁교회들 및 세계의 모든 교파들과 에큐메니칼 관계를 맺어 나가야 할 것이다."[62]

2) 제2분과 보고서에 비추어 본 한국 장로교회의 일치방안

제2분과 보고서는 신앙고백을 통한 코이노니아, 사도성에 대한 인정, 한 신앙의 다양한 표현, 일치를 돕는 구조들로 구성되어 있다. 이 분과보고서의 "신앙고백을 통한 코이노니아"는 "신앙과 직제위원회의 업적 가운데 니케아 – 콘스탄티노플 신조를 통하여 신앙 속에서 우리의 코이노니아를 정교하게 하였다."고 진술한다. 그리고 세례와 신앙 사이의 깊은 내적 관계에 대한 이해에 따라 많은 공동체들이 '물과 삼위일체'에 의해 다른 교파의 세례를 인정하고, 재세례를 금할 것을 요구한다. 이는 신앙과 직제위원회가 코이노니아를 니케아 – 콘스탄티노플 신조를 고백함으

---

62) 이형기, "한국의 개혁신학 전통이 한국 장로교회들의 연합에 어떻게 기여할 수 있을까?", 「95 한국 장로교 연합과 일치 운동 자료집」, 576쪽.

로 추구하는 것이다.[63]

한편 "사도성에 대한 인정"에서 사도성을 "니케아 – 콘스탄
티노플 신조에서 하나의, 거룩한 · 보편적 · 사도적 교회라고 고
백하는 교회의 신앙의 사도적 특성을 뜻하고, 안수례 받은 직제
뿐 아니라 성직자, 평신도, 여성, 남자를 포함하는 교회 전체의 특
성"을 나타낸다고 진술한다.[64] 그리고 사도적 신앙을 가진 교회
에 대하여 다음과 같이 진술한다.

> 교회의 영구적인 사도적 징표는 모든 기독교인들의 과제인
> 사도적 신앙에 대한 증언과 복음선포, 교역적 책임의 전수
> 및 기독교인들의 살아있는 공동체와 세계 교회에 대한 교회
> 의 봉사이다. 그래서 사도적이라는 개념은 세계 도처에 파
> 송되어 정의, 평화, 창조질서의 보존에 참여하는 것이다.[65]

한편 분과보고서 "한 신앙의 다양한 표현"은 사도적 신앙
은 여러 문화적 · 사회적 · 종교적 상황들에 대응하여 다양한 신
학적 · 언어적 · 사회적 표현을 가지며, 그렇기 때문에 "신앙의 표
현의 다양성은 모든 진리에로 인도하는 성령에 의해 부여받고,
교회 위에 있는 충만한 축복으로 생각되어야 한다"고 진술한다.
그러나 그 다양성에는 한계가 있음을 다음과 같이 지적한다.

---

63)   Fifth World Conference on Faith And Order, Santiago de Compostela, 1993, *Towards Koinonia in Faith, Life and Witness*, 14쪽.

64)   위의 책, 15쪽.

65)   위의 책, 15-16쪽.

예수 그리스도를 어제나 오늘이나 영원토록 동일하신 하나
님과 구세주로 함께 고백할 수 없고, 성경이 선포하고 사도
적 공동체가 설교한 구원과 인간의 궁극적인 운명에 대하
여 함께 고백할 수 없는 다양성은 부당한 다양성이다.[66]

이것은 니케아 콘스탄티노플신조와 성경을 통일성의 원리
로 삼는 것이었다. 한편 분과보고서 "일치를 돕는 구조들"에서는
"교회의 근본적인 구조는 사도적 신앙 안에서 일치를 유지할 가
르침과 선포를 위해 안수례 받은 교역자이다. 따라서 이것은 성만
찬에서 제의적 사역자이다. 이것과 함께 다른 봉사와 직제가 교
회의 삶의 부분을 형성한다."[67]고 진술하여 안수례 받은 교역자를
교회의 근본구조로 봄과 동시에 다른 봉사와 직제도 교회의 삶을
구성하는 것으로 본다. 또한 감독들의 역할에 관하여도 말하는데,
공동의 결의와 공동의 가르침을 위한 감독의 역할을 논하였다.
또한 이 보고서에서는 "보편적 에큐메니칼 협의회"를 지향하여
"진정으로 보편적인 에큐메니칼협의회"(A genuinely Universal Ecumenical
Council)를 제안하였다. 그리고 이를 위해 세 가지의 제안을 하였는
바 첫째 신앙과 직제위원회로 하여금 "기독교 일치의 보편적 교
역"에 대한 연구를 하게 하였고, 둘째 로마 가톨릭과 1998년 에큐
메니칼 총회를 개최하도록 하였고, 셋째 JPIC와 같은 사회적 교역
을 사도적 신앙에 뿌리를 내리게 하고, 연대하여 수행하고, 공동

---

66) 위의 책, 17쪽.
67) 위의 책, 19쪽.

책임을 지는 구조를 제안하였다.

　　이상에서 제2분과 보고서 "하나님의 영광을 위한 하나의 신앙을 고백함"에 대하여 고찰해 보았다. 그런데 필자는 이 보고서에서 한국 장로교회의 가시적 일치를 위해서는 우선적으로 개혁교회 내의 각 교파들이 "사도적 신앙"에 대한 연구를 행하여 일치를 위한 공통분모를 찾아야 함을 제시받는다. 즉 "사도들의 복음", "사도들의 예수 그리스도에 대한 증언들", "사도들의 증언에 나타난 삼위일체론적 뿌리", "사도들의 신앙과 순종", "사도들의 세례와 성만찬", "사도들의 교역과 선교" 등 코이노니아의 통일성을 구성하는 사도들의 신앙의 내용을 오늘 우리 한국 교회들이 발굴해 내야 한다는 것이다.

　　이것은 특별히 우리 장로교회 안에서 일치추구를 위하여 이루어야 할 작업이다. 3차에 걸친 분열의 기간 동안 신학적으로 근본주의와 진보주의의 교리 논쟁이 항상 있었고, 일부 한국 장로교회들은 아직도 지엽적인 교리상의 입장으로 분열을 계속하고 있다. 그러므로 사도적 신앙에 대한 공동의 이해를 추구함으로 최소한 분열의 실패를 막을 수 있을 것이다. 그러나 본 보고서에 의하면 코이노니아는 획일적 통일성을 의미하지 않으며 신앙 표현의 다양성을 인정하고 있다. 그러므로 분열의 과정 속에서 생성된 한국 장로교단의 고유한 신앙적 전통은, 다양성의 한계로 인식되는 복음진리에 배치되지 않는 한 교회를 향한 충만한 축복의 차원에서 인정되어야 할 것이다.

　　다음으로 본 보고서가 세계 교회의 일치추구를 위해 "진정으로 보편적인 에큐메니칼 협의회"를 구성할 것을 제안한 것처럼 필자는 한국 장로교회들은 "보편적인 한국장로교회협의회"와 같은 기구의 창설을 요청받는다고 믿는다. 과거 한국 장로교회는 "한국장로교협의회"[68]와 "한국예수교장로교협의회"[69]로 나누어져 지금까지 내려오고 있다. 그러나 이 두 협의회는 일부의 장로교회들로 이루어져 있기 때문에 "진정으로 보편적인 한국장로교회협의회"는 되지 못하고 있다. 그러므로 "진정으로 보편적인 한국장로교협의회"가 장로교회의 일치를 위해 절실히 필요하다.

특히 이 점에 대하여 루카스 비셔는 "일치를 위해 가장 중요한 발걸음은 각 나라에서 장로교회들의 일치추구이며 보편교회 안에서 유효한 파트너가 되기 위해서는 모든 나라에서 장로교회들은 일치를 위한 요청을 원칙적으로 강조할 필요가 있다"고 언급한 바 있다. 이형기도 우선 장로교파들의 에큐메니칼 부서를 각 총회와 노회, 개교회 내에 설치할 것을 제안하고 이를 남선교회 차원에서, 여전도회 차원에서, 청년회 차원에서, 각 신학교의 학생회 차원에서 구성할 수 있을 것이라고 제안하였다. 그러므로

---

68) "한국장로교협의회"는 1981년 2월 12일 기독교 회관에서 대한예수교장로회 고신, 대신, 통합, 한국 기독교장로회 등을 비롯한 교단이 참가하여 "한국 장로교회의 전통을 계승 선양하며, 회원 교단 간의 친교를 도모하고, 공동관심사를 상호 협의할 뿐 아니라 필요한 경우 공동사업을 추진하는 것"을 목적으로 창립되었다. 그리고 1년 뒤인 제2차 총회에서 대한예수교장로회 합동 측이 새로 가입하였다. 그러나 한국장로교협의회는 1986년 한국장로교일치연구위원회와 한국장로교예배모범연구위원회를 조직하였으나 2, 4년간 뚜렷한 성과없이 지나고 말았다. 변창배, 앞의 글, 63-65쪽.

69) 예수교장로회협의회(약칭 예장협)은 1992년 10월 19일 합동개혁, 합동 보수호헌, 합동정통 등 대한예수교 장로회 25개 교단이 공식 출범시켰다. 이들은 웨스트민스터 신앙고백서와 12신조만을 내세우며 WCC, WARC 및 재통합된 미국 장로교회의 노선을 따르지 않고 세계장로교협의회와 관계를 맺고 있다. 그러나 1995년에 예수교장로회협의회를 주도하던 합동 측이 다시 한국장로교협의회로 복귀하고 합동정통과 호헌 측이 한국장로교협의회에 가입함에 따라 예수교장로회협의회의 활동은 유명무실하게 되었다. 변창배, 앞의 글, 65쪽.

필자는 분열된 한국 장로교회가 해야 할 가장 우선적이고 중요한 사역은 초기 한국 장로교회가 하나의 노회 하나의 총회로 시작된 것처럼, 모든 장로교단들이 함께 참여할 수 있는 "진정으로 보편적인 한국장로교협의회"의 창설이 긴급히 요청된다고 본다.

3) 제3분과 보고서에 비추어 본 한국 장로교회의 일치방안

제3분과 보고서의 제목은 "그리스도 안에서 나누는 삶"으로 이는 세례, 성만찬, 직제에 관한 내용을 다룬다. 즉 세례, 성만찬, 직제를 교파 간 인정하고 나누는 그리스도 안에서의 교제하는 공동의 삶을 말한다. 이것은 1982년 리마에서 수렴된 "BEM" 문서를 취급한다. 먼저 세례에 대하여 살펴보면 세례의 구원론적 의미를 다음과 같이 말한다.

> 인간의 복음이 듣고 신앙으로 반응할 때 이들은 세례를 받아 그리스도의 몸의 코이노니아 속으로 돌입하고, 성령으로 말미암아 하나님의 양자 됨의 특권을 누리게 되며, 하나님께서 인류를 위하여 약속하시고 계획하신 신적인 삶에의 참여를 미리 맛보면서 기뻐한다.[70]

---

70) Fifth World Conference on Faith And Order, Santiago de Compostela, 1993, *Towards Koinonia in Faith, Life and Witness*, 24쪽.

또한 세례의 상호인정과 공동인정을 진술한다. 뿐만 아니라 이 분과보고서는 성만찬에 있어서도 교회들의 상당한 수렴을 이루었다. 특히 BEM 문서에 근거하여 성만찬을 "회상"과 "성령 초대"의 개념을 이해하여, "성만찬의 희생제사적 성격"과 "그리스도의 임재의 본성"에 대한 여러 가지 상이한 입장들이 서로를 이해하고 수렴의 방향으로 나아갔다. 그리하여 "성만찬을 완전한 일치에로 가는 은혜의 수단"으로 이해하고 타 교파의 성만찬에 참여케 하였다. 그러나 오늘날 성만찬의 문제는 성만찬을 "교회의 가시적 일치의 수단에 불과한 것이 아니라 그것의 궁극적 표현"으로 보고, "성만찬 예배 시(時)에 누가 집례하는가"가 문제되고 있다. 그리하여 로마 가톨릭과 동방정교회는 개신교의 성만찬 예배에는 참석하나 떡과 즙은 받지 않고 있다.

직제의 문제는 교회일치에 있어서 가장 큰 걸림돌이다. 그러나 분과보고서는 삼위일체 하나님의 이름으로 공동의 세례를 받은 모든 기독교인들은 예수 그리스도와 그의 구원사역에 대한 증인이 되도록 도전받았고, 세례 받은 자들의 소명과 교역이 안수례 받은 교역자들의 특수소명과 교역에 따라야 한다고 주장한다. 그러나 그럼에도 불구하고 본 보고서에 의하면 코이노니아로 가는 도상에 아직도 해결되지 않은 문제들이 남아 있다. 예컨대 세례받은 자들의 교역과 특수교역과의 관계, 안수례 받은 직제의 체제유형과 구조, 안수례 받은 교역자와 성만찬 집례자와의 관계, 여성 안수문제, 감독직과 수위권의 문제들이 아직도 더 논의되어야 한다.

이상은 "그리스도 안에서 나누는 삶"으로 세례, 성만찬, 직제를 통한 일치추구이다. 이 부분에서는 아직도 세계교회와 신앙과 직제위원회 차원에서 더 연구되고 논의되어야 할 사항들이다. 그러나 이 보고서를 통해서 우리 한국 장로교회의 일치추구의 방향이 어떻게 나아가야 하는지 시사를 받을 수 있다. 그동안 한국 장로교회들은 세례와 성만찬, 그리고 직제에 대한 이해에 있어서 일치된 견해를 가지고 있었다. 즉 한국의 장로교단들은 세계 교회들의 교회일치 추구에 있어서 문제가 되어온 세례, 성만찬, 직제에 대한 신학과 실천에 있어서 하등의 문제를 가지고 있지 않았다. 다만 한국 장로교회는 신학적으로는 교회의 가시적 거룩성의 강조를 둘러싼 신사참배 문제로 야기된 제1차 분열과 3천만 환 사건으로 시작되어 에큐메니칼과 복음주의의 대립으로 발전하여 일어난 제3차 분열은 일정정도 직제의 문제에 영향을 주었고, 그 결과 강단의 교류를 인위적으로 금하고 있는 현상으로 발전하였다.

그러므로 본 보고서에 비추어 볼 때 이미 교파를 달리하는 세계 교회들이 세례, 성만찬, 직제에 있어서 일치를 위한 대화를 하고 있는 이때에 한국 장로교회 내에서도 에큐메니칼 기구를 통하여 세례, 성만찬, 직제에 대한 공동의 이해 문서를 추구하는 것이 바람직한 일치추구의 모습일 것이다. 그리고 이 공동 이해의 문서를 바탕으로 한국 장로교회는 성만찬적 교제와 직제를 확대해 나가야 한다. 주의 식탁에서 함께 나누는 교제를 통하여 일치의 확신과 선교를 위한 헌신을 극적으로 경험해야 한다. 특히 한국 장로교회의 분열의 역사는 교단 간 직제의 교류를 금하는 경향을 초래하였는데, 일치운동의 기초로서 서로 다른 교단들의 목회자들의 강단교류와 신학자들의 대화와 협력이 절실히 요구된다 하겠다.

4) 제4분과 보고서에 비추어 본 한국 장로교회 일치방안

제4분과 보고서는 "새로워진 세계를 위한 공동증거에로 소명"으로 "증거"의 부분을 다룬다. 먼저 본 분과 보고서의 "하나님 나라를 바라보고 나가는 교회와 인류"는 인류 및 창조세계와의 관계에서 교회는 삼위일체 하나님과의 코이노니아와 하나님 나라를 미리 보여 주는 "신비"요, 하나님 나라 실현을 위한 "예언자적 징표"라고 진술하고, 교회가 인류를 사회의 갱신과 창조세계의 회복을 가져오기 위하여 "회개"와 "영성의 심화"를 기해야 한다고 주장하였다.[71] 그리고 분과 보고서 "선교와 복음전도에 있어서 공동증거"는 "심오한 확신의 차이로 각각 개별적으로 증거하지 않으면 안 되는 상황을 제외하고는 공동증거를 추구해야 한다"는 룬트의 원리를 상기시키고 선교와 복음전도를 방해하는 세가지 ① 교회들 사이의 개종, ② 종교의 자유, ② 복음과 문화를 연구하여 극복할 것을 제안하였다.[72]

---

71) 위의 책, 33쪽.
72) 위의 책, 37-38쪽.

또한 분과 보고서 "타 종교인들과의 대화하는 공동증거"에
서는 기독교인들은 "예수 그리스도 안에서 일어난 하나님의 구원
의 메시지를 모든 사람들과 모든 민족들과 함께 나누어야 할 위
임명령(마 28:19)을 받았기 때문에 기독교인의 기본적인 정체성을
가지고 타 종교인들과의 대화하지 않으면 안 된다"고 하였다.[73]
그리고 분과 보고서 "창조세계의 배려에 있어서 공동증거"는 "역
사 속에서 행동하는 삼위일체 하나님은 모든 창조세계를 지탱하
신다."고 진술하고 기독교인들에게 "창조세계와 인류의 깨어진
관계에 대한 하나님의 치유에 참여할 소명"과 "새로운 기독교적
인간론"의 정립을 요구하고 환경보호를 위한 성서적 근거를 제시
하였다.[74]

　　이상과 같이 "증거" 부분을 다루는 제4분과 보고서는 교회
의 JPIC를 통한 선교와 사회봉사에 의한 인류공동체의 갱신을 말
한다. 더 나아가 이 인류와 전 창조세계 사이의 코이노니아를 지
향해야 함을 말한다.[75] 그러므로 우리는 본 보고서를 통하여 한국
장로교회가 교회일치 추구의 일환으로 선교와 사회참여 그리고
창조질서 보존을 위하여 함께 협력해야 함을 발견한다. 이를 위
해서 먼저 한국 장로교회는 선교 차원에서 지역교회와 보편교회
의 역동적 코이노니아를 이루어야 한다. 그동안 한국 장로교회들
은 선교에 있어서도 개교회 중심주의를 벗어나지 못하였고, 많은

---

73)　위의 책, 38-41쪽.

74)　위의 책, 41-43쪽.

75)　이승갑, "신앙과 직제의 교회 일치추구에 조명한 한국 장로교 일치추구 운동의 전망"(서울:
　　　장로회신학대학교 대학원, 미간행석사학위논문, 1995), 149쪽.

문제점과 실패를 경험하였다. 그러므로 선교 사역은 초기 한국 선교사들이 그러했듯이 반드시 교회연합사업을 통해서 추진되어야 한다. 또한 한국 장로교회는 한국 사회 민주화와 통일문제와 같은 사회참여에 있어서 교파 간의 협력은 물론 타 종교인과 비기독교인들과의 협력을 적극적으로 추구해야 한다. 환경문제의 접근에 있어서도 개혁교회들은 일치된 연대성을 가지고 풀어나가야 한다. 그러므로 필자는 한국 장로교회는 선교와 사회참여 그리고 창조질서의 보존이라는 JPIC 차원의 선교에 있어서 일치와 협력을 위하여 가시적인 기구의 구성이 시급히 요청된다고 본다. 또한 이를 위해 교파와 교단의 지도자들이 적극 나설 것을 제안한다.

5. 나가는 말

지금까지 우리는 한국 장로교회의 분열의 역사와 그 원인, 그리고 개혁교회 분열의 일반의 원인에 대해 살펴보았다. 그리고 세계교회협의회의 산하 신앙과 직제 위원회의 1993년 산티아고 문서를 중심으로 코이노니아를 통한 한국 장로교회의 일치추구의 방안을 모색해 보았다. 이 글에 의하면 한국 장로교회는 크게 세 차례에 걸쳐 분열을 경험하였다. 제1차 분열은 해방 후 교회재건의 과정에서 신사참배 문제로 인한 출옥성도들과 기존교회 지도자들의 갈등에서 비롯된 고신 측의 분열이다. 제2차 분열은 신학적으로 보수주의와 자유주의 신학논쟁과 갈등에서 야기된 기독교 장로회의 분열이었다. 세 번째 분열은 박형룡 박사의 3천만환 사건을 발단으로 경기노회 총대문제와 에큐메니칼 측과 N.A.E의 갈등이 복합적으로 작용한 통합과 합동의 분열이었다.

이러한 한국 장로교회 분열의 원인을 살펴보면 제1차 고신 측의 분열은 신학적으로 교회론과 관련된 문제로 교회의 가시적 거룩성을 절대시한 출옥성도들의 분리주의적 경향성과 교권주의자들의 갈등이 그 원인이었다. 제2차 기장의 분열은 양식사적 비평에 근거한 성서관을 가진 김재준 교수의 신정통주의 신학과 미국의 근본주의적 축자영감설에 의한 성서관을 가진 박형룡 박사의 정통주의 신학이 충돌한 보수와 진보의 대립이 그 원인이었다. 그리고 제3차 통합과 합동의 분열의 원인은 3천만환 사건을 중심으로 한 교권다툼, 지방색의 대립, WCC와 NAE의 대립 등이 복합적으로 작용하여 일어난 사건이었다. 이상과 같은 한국 장로교회의 분열의 역사는 오늘의 한국 장로교회들에게 일치추구의 과제를 남겼다.

오늘날 21세기 현대사회는 다원화와 지방화, 그리고 세계화되어 가고 있으며, 국제적 차원에서의 상호의존과 협력이 더욱더 심화되어 가고 있다. 이러한 현대사회의 지방화와 세계화의 흐름은 세계 교회들로 하여금 교회 연합과 일치를 추구하는 에큐메니칼 운동의 필요성을 절감케 하고 있다. 교회들로 하여금 JPIC 문제들에 도전케 하기 위해서는 교회들, 교단들, 그리고 교파들

간의 상호협력과 일치를 요구하고 있다. 그리하여 WCC의 신앙과 직제위원회는 1993년 스페인의 산티아고에서 세계 교회의 일치추구를 위한 방안으로 "신앙과 삶, 증거에 있어서 코이노니아를 향하여"라는 문서를 내놓았던 것이다. 그러므로 수많은 교단들로 갈라져 있는 한국 장로교회는 WCC의 신앙과 직제위원회가 제안한 산티아고 문서에 대한 진지한 연구를 통하여 한국 장로교회의 일치를 위한 노력을 경주하여야 할 것이다.

그런데 사실 한국의 장로교회들은 산티아고 문서의 서론에서 언급하고 있는 "하나님의 선물로서의 코이노니아"와 "코이노니아"의 기독론적, 삼위일체론적, 성령론적 근거를 이미 공유하고 있다. "주어진 일치"를 이미 공유하고 있다는 것이다. 그러므로 한국 장로교회는 이 문서를 통해 에큐메니칼 신학의 기초 위에서 사도적 신앙을 공통분모로 한 "신앙" 차원에서의 코이노니아와 세례, 성만찬, 직제를 중심으로 한 "삶" 차원에서의 코이노니아 나아가 복음전도와 사회참여를 포함한 "증거" 차원에서의 코이노니아를 통해 교단 상호 간의 협력과 일치의 미래를 열어 나가야 한다.

그러나 실질적으로 한국 교회의 현실을 보면 일치를 이루기에는 요원하다. 한국 장로교회들은 개교회, 개교단 중심주의에서 빠져 있고, 일치운동에 대한 잘못된 시각, 목회현장에 있는 교회지도자들의 무지와 무관심, 신학교에서의 신학생들의 편향된 신학지식의 습득 등 복합적으로 작용하여 일치운동이 제자리를 찾지 못하고 있다. 그러나 한국 장로교회는 많은 난관이 있지만 산티아고 문서가 제안한 모든 장로교단들이 참여하는 "진정으로 보편적인 한국장로교협의회"라는 에큐메니칼 기구를 최우선적으로 구성하여야 한다. 그리고 이를 통하여 모든 교단들이 참여하는 지역적·보편적 차원에서의 상호 교류와 협력을 이루어 가야 하며, "신앙과 삶과 증거에서의 코이노니아"를 함께 실현해 나아가야 할 것이다.

참고문헌

간하배, 『한국장로교신학사상』, 서울: 개혁주의 신행협회, 2007.

강희창, "WCC의 교회일치 추구에 있어서 교회론적 의미의 변천과정에 대한 연구", 서울: 장로회신학대학교 대학원 미간행석사학위논문, 1993.

김광수, 『한국 기독교 재건사』, 서울: 기독교문사, 1982.

김덕환, 『한국 교회 교단 형성사』, 서울: 정원문화사, 1985.

김양선, 『한국 기독교 해방 10년사』, 서울: 대한예수교장로회출판부, 1956.

김인수, 『한국 기독교회사』, 서울: 한국장로교출판사, 1994.

민경배, 『한국 기독교회사』, 서울: 대한기독교출판사, 1990.

박경수, "WCC 입장에서 본 바르트의 교회론과 바티칸 II의 교회론", 서울: 장로회신학대학교 대학원 미간행석사학위논문, 1995.

변창배, "WCC 교회론에 비추어 본 한국 장로교회 연합운동에 관한 연구", 서울: 장로회신학대학교 대학원 미간행석사학위논문, 1996.

비셔트 후프트 저, 박상증 · 김상식 역, 『에큐메니칼 운동의 미래』, 서울: 대한기독교서회, 1994.

이승갑, "신앙과 직제의 교회 일치추구에 조명한 한국 장로교 일치추구 운동의 전망", 서울: 장로회신학대학교 대학원, 미간행석사학위논문, 1995.

이영헌, 『한국 기독교회사』, 서울: 컨콜디아사, 1980.

이종성, "장로교회 통일에 관한 제언", 『장신논단』 제11집, 서울: 장로회신학대학교출판부, 1995.

이형기, 『세계교회의 분열과 일치추구의 역사』, 서울: 장로회신학대학교출판부, 1994.

_____, "한국의 개혁신학 전통이 한국 장로교회들의 연합에 어떻게 기여할 수 있을까?", 「95 한국 장로교 연합과 일치 운동 자료집」.

_____, "신앙과 직제 제5차 세계대회(스페인의 산티아고, 1993)의 분과보고서", 『교회와 신학』 제26집, 서울: 장로회신학대학교출판부, 1994.

정성구, 『총신과 박형룡 박사』, 서울: 총신대학교출판부, 1989.

조남수, "한국 장로교회의 분열과 일치추구에 관한 연구", 서울: 장로회신학대학교 대학원 미간행석사학위논문, 1991.

한국장로교협의회, 「95 한국 장로교 연합과 일치 운동 자료집」, 서울: 한국장로교협의회, 1995.

_____, 「한국 장로교 선교연합을 위한 자료집, 1982-1994」, 서울: 한국장로교협의회, 1994.

「기독공보」, 1959. 10. 5.

Fifth World Conference on Faith And Order, Santiago de Compostela, 1993.

Towards Koinonia in Faith, Life and Witness, WCC Publications, Geneva, 1993, Faith and order Paper No.163.

Visher, Lukas, "Unity and division in the Reformed churchs", Reformed Witness in the Ecumenical Movement , Seoul: Presbyterian Theological Seminary, 1994.

김명배 박사

약력 숭실대학교 사학과(B.A)
　　　　장로회신학대학교 신학대학원(M.Div)
　　　　장로회신학대학교 대학원 역사신학(Th.M)
　　　　장로회신학대학교 대학원 역사신학(Th.D: 한국교회사 전공)
　　　　경인여자대학, 숭실대학교, 서울장신대학교,
　　　　장로회신학대학교 출강
　　　　숭실대학교 교수

저서 박사학위논문으로 "한국개신교 사회참여에 나타난
　　　　교회와 국가의 관계"(2007)를 비롯한 다수의 논문이 있으며,
　　　　저서로는 『영은교회 40년사』(영은교회출판부, 2000)와
　　　　『베어드와 한국선교』(공저, 숭실대학교출판부, 2009),
　　　　그리고 『하나님의 때와 인간의 시간』(공저, 쿰란출판사, 2009),
　　　　『해방 후 한국 기독교 사회운동사』(북코리아, 2009)
　　　　등이 있다.

세계 교회사 전통에 비추어 본
한국 기독교사

2010년 4월 15일 초판 1쇄 발행
2011년 6월 15일 초판 2쇄 발행

지은이 | 김명배
펴낸이 | 이찬규
펴낸곳 | 북코리아
등록번호 | 제03-01240호
주소 | 462-807 경기도 성남시 중원구 상대원동 146-8
　　　우림2차 A동 1007호
전화 | 02-704-7840
팩스 | 02-704-7848
이메일 | sunhaksa@korea.com
홈페이지 | www.bookorea.co.kr
ISBN | 978-89-6324-064-0(93230)

값 17,000원

이 책은 2011년도 문화체육관광부에서 선정한 **우수학술도서**입니다.